Design Thinking mit SAP®

 **PRESS**

SAP PRESS ist eine gemeinschaftliche Initiative von SAP SE und der Rheinwerk Verlag GmbH. Unser Ziel ist es, Ihnen als Anwendern qualifiziertes SAP-Wissen zur Verfügung zu stellen. SAP PRESS vereint das Know-how der SAP und die verlegerische Kompetenz von Rheinwerk. Die Bücher bieten Ihnen Expertenwissen zu technischen wie auch zu betriebswirtschaftlichen SAP-Themen.

Damit Sie nach weiteren Büchern Ihres Interessengebiets nicht lange suchen müssen, haben wir eine kleine Auswahl zusammengestellt:

Martin Elsner, Glenn González, Mark Raben
SAP Leonardo. Konzepte, Technologien, Best Practices
323 Seiten, 2018, gebunden
ISBN 978-3-8362-6414-3
https://www.sap-press.de/4684/

Holger Seubert
SAP Cloud Platform. Services, Nutzen, Erfolgsfaktoren
327 Seiten, 2018, gebunden
ISBN 978-3-8362-6320-7
https://www.sap-press.de/4646/

Thomas Schneider, Werner Wolf
Erweiterungen für SAP S/4HANA. Das Praxishandbuch
510 Seiten, 2018, gebunden
ISBN 978-3-8362-6204-0
https://www.sap-press.de/4613/

Dwayne DeSylvia, Jonathan Yagos
SAP Build. Prototyping and Design
540 Seiten, 2018, gebunden (engl.)
ISBN 978-1-4932-1653-6
https://www.sap-press.de/4566/

Aktuelle Angaben zum gesamten SAP PRESS-Programm finden Sie unter
www.sap-press.de.

Manuel Busse

Design Thinking mit SAP®

Liebe Leserin, lieber Leser,

sich etwas einfallen lassen, kreative Lösungen für Probleme finden, das ist es, was einem im Leben und ganz besonders im beruflichen Kontext weiterhilft. Erzwingen lässt sich Kreativität nicht, und Ideen hat man auch nicht auf Knopfdruck, aber man kann lernen, Gedanken fließen zu lassen und sich dabei nicht selbst zu beschränken oder beschränken zu lassen.

Wem das jetzt etwas zu spirituell klingt, dem sei gesagt, dass es in diesem Buch ganz konkret und handfest zugehen wird. Design Thinking als Ansatz verabschiedet sich ein wenig von dem Gedanken, dass gute Ideen zufällig und immer spontan aufkommen. Vielmehr sind sie das Ergebnis kreativer Teamarbeit, die sich darum dreht, die Nutzerinnen und Nutzer zu verstehen, für die ein Problem gelöst werden soll. Auf dem Weg zu einer guten Idee werden viele andere verworfen, und vielleicht ist am Ende eine Idee, die zunächst verrückt erschien, mit einigen Anpassungen genau die richtige.

Design Thinking hat als Technik schon vor einiger Zeit Einzug in die Geschäftswelt gehalten und wird von großen Unternehmen wie Nike, IKEA, Siemens, Audi und eben auch SAP geschätzt. Gerade im Industriedesign und in der Softwareentwicklung kann diese Herangehensweise helfen, innovative Lösungen zu entwickeln, die einen großen Nutzerkreis ansprechen und entsprechend am Markt erfolgreich sind. Manuel Busse stellt Ihnen in diesem Buch das Konzept des Design Thinkings (auch im Umfeld von SAP Leonardo) vor und zeigt Ihnen anhand eines beispielhaften Workshops, wie Sie es im SAP-Kontext gewinnbringend einsetzen können. Ich bin sicher, dass Sie und Ihre Kollegen mit der Lektüre Ihr kreatives Potenzial (wieder-)entdecken!

Wir freuen uns stets über Lob, aber auch über konstruktive kritische Anmerkungen, die uns helfen, unsere Bücher zu verbessern. Scheuen Sie sich nicht, mich zu kontaktieren. Ihre Fragen und Anmerkungen sind jederzeit willkommen.

Ihre Maike Lübbers
Lektorat SAP PRESS

maike.luebbers@rheinwerk-verlag.de
www.rheinwerk-verlag.de
Rheinwerk Verlag · Rheinwerkallee 4 · 53227 Bonn

Auf einen Blick

Wir hoffen, dass Sie Freude an diesem Buch haben und sich Ihre Erwartungen erfüllen. Ihre Anregungen und Kommentare sind uns jederzeit willkommen. Bitte bewerten Sie doch das Buch auf unserer Website unter **www.rheinwerk-verlag.de/feedback**.

An diesem Buch haben viele mitgewirkt, insbesondere:

Lektorat Maike Lübbers, Janina Karrasch
Korrektorat Petra Bromand, Düsseldorf
Herstellung Kamelia Brendel
Typografie und Layout Vera Brauner
Einbandgestaltung Julia Schuster
Coverbilder iStock: 857146092 © pixelfit; Shutterstock: 654542482 © amasterphotographer, 1019525452 © little star
Satz III-Satz, Husby
Druck mediaprint solutions GmbH, Paderborn

Dieses Buch wurde gesetzt aus der TheAntiquaB (9,35/13,7 pt) in FrameMaker. Gedruckt wurde es auf chlorfrei gebleichtem Offsetpapier (90 g/m²). Hergestellt in Deutschland.

Bibliografische Information der Deutschen Nationalbibliothek:
Die Deutsche Nationalbibliothek verzeichnet diese Publikation in der Deutschen Nationalbibliografie; detaillierte bibliografische Daten sind im Internet über *http://dnb.d-nb.de* abrufbar.

ISBN 978-3-8362-6703-8

1. Auflage 2019
© Rheinwerk Verlag, Bonn 2019

Informationen zu unserem Verlag und Kontaktmöglichkeiten finden Sie auf unserer Verlagswebsite **www.rheinwerk-verlag.de**. Dort können Sie sich auch umfassend über unser aktuelles Programm informieren und unsere Bücher und E-Books bestellen.

Inhalt

Vorwort

Wie findet man eigentlich wirklich gute Ideen, die sich umsetzen lassen und am Markt durchsetzen, und wie findet man diese tollen Ideen am besten noch effizient und vor allem regelmäßig? Wenn es auf diese Frage eine einfache Antwort gäbe, wäre es nicht erforderlich, über das Thema Design Thinking ein Buch und ein entsprechendes Vorwort zu schreiben. Ist es aber!

Wertschöpfende Ideen und kreative Problemlösungen entstehen nicht oder nur selten durch Zufall. Vielmehr sind sie das Ergebnis einer gut strukturierten Teamarbeit, in der sich die Teammitglieder gegenseitig unterstützen, ihre Ideen sammeln und kreativ verändern, kritisch auf ihren Erfolg hin hinterfragen, testen und iterativ optimieren. Die erfolgreichsten Teams schaffen es dabei, stets die Bedürfnisse ihrer potenziellen Anwender und Anwenderinnen in den Vordergrund der Lösungsfindung zu stellen und so den besten Mehrwert für die Kunden in die Lösung zu integrieren.

Bereits in den ersten Vorlesungen des Wirtschaftsstudiums werden die Studierenden mit dem Begriff *Nutzen* vertraut gemacht. »Unter Nutzen (englisch: *utility*) versteht man in der Wirtschaftswissenschaft das Maß an Bedürfnisbefriedigung, das den Wirtschaftssubjekten aus dem Konsum von Gütern und Dienstleistungen entsteht.« (Wikipedia, *http://s-prs.de/670300*). Meistens verschwindet dieses erlernte Wissen nach der Klausur, spätestens aber nach dem Studium auf geheimnisvolle Weise. Der Begriff Nutzen selbst bleibt aber im Gedächtnis verankert und wird gerne bei der Definition von Verkaufsstrategien und Marketingkampagnen wieder hervorgeholt. Es wird häufig nach dem Nutzen oder Mehrwert eines Produkts oder einer Dienstleistung gesucht. Genauso häufig wird aber auch nur die Umkehrung einer Problemstellung gefunden. Dabei scheinen wir in der Regel zu vergessen, dass Nutzen etwas mit dem Nutzer (dem Wirtschaftssubjekt) oder dem Kunden zu tun hat – ganz zu schweigen davon, dass der Nutzen immer relativ zur Situation des Nutzers ist. Ein hungriger Mensch wird eventuell bereit sein, für eine Bratwurst mit Pommes vier Euro auszugeben. Bei der fünften oder zehnten Portion wird das nicht mehr der Fall sein, hier spricht man vom Grenznutzen. Ist die oder der Hungrige aber Vegetarier, dann wird ihre oder seine Zahlungsbereitschaft schon bei der ersten Bratwurst eher bei null liegen.

Vertriebsstrategien und Marketingkampagnen stellen häufig das Produkt oder die Dienstleistung in den Mittelpunkt. Nutzer oder Kunden kommen nicht oder nur am Rande vor. Oft werden sie vom Unternehmen nur bemerkt, wenn sie sich nach dem Kauf beschweren. Ist das Produkt defekt, wird es zurückgenommen, repariert oder ausgetauscht. So weit, so gut, mal abgesehen davon, dass das bei einer Dienstleistung nicht immer möglich ist. Entsprechen das Produkt bzw. die Leistung aber nicht der Erwartungshaltung des Käufers oder der Käuferin, zeigt sich das eigentliche Problem des Anbieters. Er hat den Nutzen falsch eingeschätzt und/oder falsch kommuniziert. Das wiederum liegt in der Regel daran, dass der Nutzer gar nicht einbezogen wurde, sodass seine Bedürfnisse tatsächlich nicht bekannt waren oder gar die falsche Zielgruppe betrachtet wurde. Selbstverständlich werden die Konsumenten nicht grundsätzlich außen vor gelassen. Produkttests und Testverkäufe gehören zum gängigen Toolset vieler Unternehmen. Und trotzdem scheitern viele Produkte bei ihrem Marktangang. Ganze Unternehmen können in der Bedeutungslosigkeit verschwinden, wenn sie disruptive Veränderungen der Bedürfnisse nicht in ihren Produkten und Leistungen berücksichtigen.

Die Bedürfnisse der Nutzer, also der Kunden, in den Mittelpunkt des innovativen Handelns zu stellen (*Customer Centricity*) gehört aus unserer Sicht bereits an den Anfang des Produktlebenszyklus, also in die Phasen der Ideenfindung und Konzeption. Daher haben wir 2012 bei der itelligence AG nach geeigneten Methoden gesucht, um unsere Produkte und Beratungsdienstleistungen im SAP-Umfeld von Beginn an besser und nutzerorientiert aufzusetzen. Im Rahmen eines mehrtägigen Workshops lernten wir den Design-Thinking-Arbeitsansatz bei SAP kennen.

Schnell war allen Beteiligten klar, dass die dabei verwendeten Techniken und Ansätze der itelligence AG neue, mehr und vor allem bessere Möglichkeiten bieten würden, den Innovations- und den Ideenfindungsprozess zu verbessern, den Nutzen für die Kunden in den Vordergrund zu stellen und unseren Anspruch als designorientierte Firma umzusetzen.

Die Design-Thinking-Ansätze nutzten wir dabei zunächst für die Entwicklung zahlreicher Produkte im SAP-Umfeld. Der Erfolg dieser Produkte und der Spaß, den unsere Mitarbeiter und Mitarbeiterinnen ebenso wie unsere Kunden mit dieser Form der Arbeit hatten, führten schnell dazu, dass auch andere Probleme mit Design-Thinking-Methoden im eigenen Hause gelöst werden sollten und Kunden entsprechende Unterstützung bei uns anforderten. Im Jahr 2013 haben wir daher in unserem Headquarter in Bielefeld einen großen Design-Thinking-Raum als »DenkWerkstatt« eingerichtet und begonnen, eigene Kollegen und Kolleginnen als Design-Thinking-Coaches auszubilden, um den zunehmenden Bedarf adäquat bedienen zu können.

Mittlerweile nutzen wir Design Thinking nicht nur für die eigene Produktentwicklung. Die Bandbreite der Aufgabenstellungen reicht inzwischen von der Konzeption eines kundenindividuellen SAP-Programms über die Neugestaltung von User Interfaces und Programmoberflächen bis hin zur Erarbeitung neuer oder optimierter Prozesse. Design Thinking eignet sich aber auch optimal zur Lösung allgemeiner Problemstellungen, wie z. B. für die Mitarbeiter-Incentivierung, die Gestaltung von Arbeitsplätzen oder die Ableitung einer konkreten Roadmap aus Strategien und Visionen neuer Technologien. Die manchmal anzutreffende anfängliche Skepsis der

Kunden und Teilnehmenden gegenüber der Design-Thinking-Methode und dem Andersdenken und -arbeiten wird regelmäßig zu Beginn der Workshops überwunden. Die Begeisterung der Teilnehmenden führt sogar regelmäßig zu dem Wunsch, weitere Aufgabenstellungen mit dieser Methode anzugehen. So führt die zunehmende Akzeptanz dazu, dass wir auch für Themen außerhalb des SAP-Kosmos mit der Durchführung von Design-Thinking-Workshops beauftragt werden.

Das aktuell größte Potenzial eröffnet sich aber im Innovation Management. Der Geschäftsbereich Innovation & Portfolio, in dem auch der Autor dieses Buches tätig ist, trifft regelmäßig auf Kunden und Interessierte, die bereits eine Idee für ein neues Produkt oder Geschäftsfeld oder für den Einsatz neuer Technologien haben. Und genau hier schließt der Einsatz von Design Thinking die Lücke zwischen der vagen Vorstellung oder Idee und deren konkreter Umsetzung. Die frühzeitige Einbindung unterschiedlicher Sichtweisen und Skills, gepaart mit der kreativen Arbeitsweise und der konsequenten Orientierung an den Nutzern über den Test der Prototypen, führt schnell zu konkreten Ergebnissen und der Definition weiterer Schritte. Idealerweise wird die anschließende Umsetzung durch weitere Design-Thinking-Workshops etwa zu Meilensteinen und nächsten Releases begleitet.

Um den Kreis zum Anfang dieses Vorwortes zu schließen: Wenn Sie nach der Design-Thinking-Methode vorgehen, erübrigt sich die Frage nach dem Mehrwert oder Nutzen für die Vertriebsstrategie, denn dieser Nutzen wurde längst im Rahmen der Workshops herausgearbeitet und verifiziert!

Manuel Busse ist ein kreativer und neugieriger Berater und einer unserer ersten und erfahrensten Design-Thinking-Coaches, stets bestrebt, neue Methoden zu erarbeiten und einzusetzen. Seine Begeisterung für die Design-Thinking-Arbeitsweise überzeugte schnell viele Manager(innen) und Kolleg(inn)en im Unternehmen, aber auch zahlreiche Kunden und führte dazu, dass bei der itelligence AG weitere Design-Thinking-Räume als »Denkoasen« ausgebaut wurden. Er leitet seit mehreren Jahren Design-Thinking-Workshops bei unseren Kunden und auf internen Veranstaltungen sowie Workshops mit artverwandten Methoden. Im Center of Excellence »User Experience« ist er als Experte für Design Thinking verantwortlich, leitet die Community aus Coaches, Moderierenden, Unterstützern und Bereichsleiter(inne)n, die das Thema bei itelligence einsetzen und vorantreiben, und koordiniert die Kontakte zu Design-Thinking-Coaches in anderen Konzernunternehmen. Seine umfangreichen Erfahrungen sind in dieses Buch eingeflossen und werden Ihnen sicherlich einen umfassenden und tiefen Einblick in die Rahmenbedingungen und Funktionsweise von Design Thinking bieten. Die praktischen Beispiele aus tatsächlich durchgeführten Workshops sowie die Übungsaufgaben ermöglichen Ihnen, erste eigene Schritte und Erfahrungen in der Anwendung der Methode zu erleben. Checklisten, Beispiele und nützliche Literaturhinweise im Anhang dienen der Vertiefung und erleichtern Ihnen die Arbeit.

Lassen Sie sich durch dieses Buch inspirieren. Und probieren Sie es aus, denn nichts überzeugt mehr als das eigene Erleben der Methode. Wir selbst wurden in den ersten Workshops von Skeptikern zu Design-Thinking-Fans und sind sicher, dass es Ihnen ähnlich gehen wird. Daher wünschen wir allen Leserinnen und Lesern viel Spaß und Erfolg dabei.

Bielefeld, im Januar 2019

Norbert Rotter, CEO, itelligence AG
Kirsten Bruns, Head of Portfolio Management, itelligence AG
Dr. Axel Sieker, Head of Innovation Management, itelligence AG

Einleitung

Hallo liebe Leserin, hallo lieber Leser,

ich möchte mich dir kurz vorstellen: Mein Name ist Manuel Busse, und ich bin seit 2016 als Design-Thinking-Coach tätig, d. h., ich moderiere Workshops und bringe diese Methode anderen Menschen bei. Und nun möchte ich mit diesem Buch die Gelegenheit nutzen, um dir Design Thinking aus verschiedenen Perspektiven vorzustellen. Ein Thema aus verschiedenen Perspektiven zu betrachten, um ein tieferes Verständnis zu erlangen, ist ein Grundprinzip des Design Thinkings. Darüber hinaus möchte ich die Arbeitskultur in Unternehmen so verändern, dass man sich traut, Dinge auszuprobieren und iterativ zu einem Ergebnis zu kommen, anstatt immer sofort den großen Wurf zu erwarten. Arbeitsplätze, die Raum für Kreativität und Spiel lassen, und die Zusammenarbeit in abteilungsübergreifenden Teams sind ebenfalls starke Pluspunkt der Methode und etwas, das ich gerne in allen Unternehmen sehen würde.

Ich werde dich in diesem Buch duzen. Ein Design-Thinking-Team duzt sich üblicherweise untereinander, denn die Teams arbeiten demokratisch und gleichberechtigt, und das Duzen kann im Team Barrieren und Hemmnisse beseitigen. Im Laufe des Buches wirst du diese Sichtweise verstehen.

Die Welt mitzugestalten ist eine Chance, die wir uns nicht entgehen lassen sollten. Deshalb möchte ich dich auf die Reise mitnehmen, auf der du Design Thinking kennenlernen, verstehen, ausprobieren und die Welt danach vielleicht aus einer etwas anderen Perspektive sehen wirst.

Passt Design Thinking in die SAP-Welt?

Die kurze Antwort ist: »Ja, auf jeden Fall!« Design Thinking ist zur Lösung sehr vieler komplexer Fragestellungen hervorragend geeignet. Von diesen komplexen Fragestellungen haben wir in der IT-Welt und auch in Zusammenhang mit SAP-Lösungen eine ganze Menge, wie vielleicht jeder bestätigen kann, der einmal an einem SAP-Projekt beteiligt war.

Bei Design Thinking geht es immer um Menschen im Mittelpunkt der Betrachtungen. Ich finde, das ist ein starkes Argument für den Einsatz im SAP-Umfeld, denn zum einen wollen wir mit IT-Lösungen Menschen unterstützen oder ihnen die Arbeit erleichtern bzw. neue Arbeit für sie ermöglichen. Zum anderen ist in den ersten Jahrzehnten der Informationstechnologie der Mensch mit seinen Bedürfnissen meiner Meinung nach sehr vernachlässigt worden. Der Funktionsumfang bzw. die

Umsetzung funktionaler Anforderungen standen hier oft nicht nur deutlich weiter oben auf der Prioritätenliste als die Anwender mit ihren Bedürfnissen, sondern in vielen Fällen wurden Themen wie guter Bedienbarkeit und User Experience überhaupt keine Beachtung geschenkt. Hauptsache, es lief. In den letzten Jahren sind auch diese Themen in den Fokus gerückt, und ich glaube, dass es absolut richtig ist, dafür Zeit und Geld zu investieren. Zufriedene Mitarbeiterinnen und Mitarbeiter arbeiten schneller und zuverlässiger, wenn ihre Arbeitsabläufe bestmöglich unterstützt werden, als wenn sie ständig auf Hindernisse und Probleme stoßen.

SAP-Gründer Hasso Plattner ist einer der größten Verfechter von Design Thinking. Wegen seiner Überzeugung von dieser Methode und auf sein Anraten hin setzt auch SAP seit Jahren auf Design Thinking, um neue Produkte und Lösungen zu entwickeln und bestehende zu verbessern. Damit ist vollkommen klar: Ja, die SAP-Welt und Design Thinking passen hervorragend zueinander, und sie beeinflussen sich auch gegenseitig.

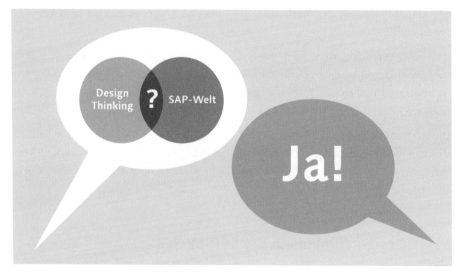

Abbildung 1 Die SAP-Welt und Design Thinking passen sehr gut zusammen.

Was will das Buch erreichen?

Dieses Buch möchte dich in die Welt des Design Thinkings einführen, dir Möglichkeiten aufzeigen, die Methode in deinem Arbeitsumfeld einzusetzen. Vor allem möchte ich dich mit meiner Begeisterung für diese Methode und die dahinterstehende Haltung anstecken. Wenn es mir gelingt, wirst du als begeisterte(r) Design-Thinking-Anwender(in) die Methode nutzen und vielleicht selbst als Coach tätig werden und anderen Menschen helfen, die Methode zu verstehen und sie richtig in der Praxis einzusetzen. Vielleicht bringen wir so gemeinsam mehr Optimismus in die Projekte dieser Welt und schaffen es, neue Lösungen zu finden, die vorher unmöglich schienen. In diesem Zusammenhang mag ich einen oft zitierten Satz ganz besonders:

> »Alle sagten: Das geht nicht. Dann kam einer,
> der wusste das nicht und tat es einfach.«

Heutzutage sind Schlagwörter wie Digitalisierung, Innovationen, Apps, Mobilität, Big Data, das Internet, Internet of Things (IoT) und Industrie 4.0 in den Medien und auch in Unternehmen sehr präsent. Unternehmen sind heute mehr gefordert denn je, sich weiterzuentwickeln, sich an ständig ändernde Bedingungen anzupassen und sich laufend neue Produkte und Dienstleistungen einfallen zu lassen, um auch morgen noch relevant zu sein und am Markt zu bestehen. Dabei kann Design Thinking helfen. Klar, es ist kein Allheilmittel. Es ist nur ein Weg von vielen möglichen. Aber ich bin überzeugt: Es ist einer, der sehr gute Ergebnisse liefert. Also: Auf geht's! Lass uns das scheinbar Unmögliche mal ernsthaft in Betracht ziehen, um dann einen Schritt weiter zu kommen. Und morgen machen wir das wieder – und dann jeden Tag, bis wir unser Ziel erreicht haben.

Design Thinking ist mehr als eine Methode für Workshops, dennoch beginnen viele ihren Einstieg in Design Thinking mit ebendiesen. Workshops bieten eine hervorragende Gelegenheit, mal eine andere Herangehensweise zu testen. Getreu dem Motto, das mich fast meine gesamte Zeit als SAP-Berater begleitet hat: »Think big, start small«. Deshalb liegt das Augenmerk dieses Buches auf den ein- bis zweitägigen Workshops zur Bearbeitung einer IT-Fragestellung, die vielleicht schon eine ganze Weile ungelöst im Raum steht.

Aufbau des Buches

In diesem Buch geht es um Design Thinking im Kontext der SAP-Welt. Ich beginne damit, dir Design Thinking im Allgemeinen zu erklären. Dann möchte ich meine persönlichen Erfahrungen, Tipps und Tricks mit dir teilen, damit auch du Design-Thinking-Methoden einsetzen und Workshops dazu moderieren kannst.

In Kapitel 1, »Eine kurze Einführung in Design Thinking«, möchte ich dir eine kleine Einführung in Design Thinking, die Ursprünge und die Gedanken dahinter geben. Dazu gehört auch, aufzuzeigen, wie die Methode funktioniert und was bisher an bekannten und erfolgreichen Produkten damit entstanden ist. Das ist vielleicht wichtig für dich, denn Referenzen machen es leichter, an etwas zu glauben und uns darauf einzulassen, auch wenn es manchmal am Anfang befremdlich erscheint.

Manchmal höre ich, wenn ich über Design Thinking spreche, Aussagen wie: »Das ist doch nicht neu!« oder »Wo kommt das jetzt her?«. Auch darauf möchte ich gerne eingehen. Ja, Design Thinking ist schon vor einiger Zeit entstanden und nicht jetzt erst frisch vom Himmel gefallen. Woher Design Thinking kommt, welche Rolle der Mensch dabei spielt und welche Elemente Design Thinking ausmachen, darum geht es in diesem Kapitel. Skeptiker können auch direkt zum Abschnitt 1.6, »Ist das Ganze nicht einfach nur Spielerei?« springen, um zu erfahren, warum Design Thinking keine Spielerei ist.

Kapitel 2, »Was bietet SAP zum Thema Design Thinking an?«, stellt den Bezug zwischen Design Thinking und der SAP-Welt her. Da ich seit 2006 in der SAP-Branche arbeite und dementsprechend auch deren Sichtweise auf die IT-Welt teile, liegt es nahe, die Verbindung der beiden Themenbereiche zu beschreiben. Die Auftraggeber für meine bisherigen Workshops mit Kunden waren allesamt mit SAP-Software bestens vertraut, da sie Kunden von SAP oder Angestellte eines SAP-Partners sind. Darüber hinaus gibt es bereits einige sehr gute Bücher zu Design Thinking am Markt. Ich möchte mit diesem Buch den Leserinnen und Lesern aus der SAP-Welt etwas Einzigartiges bieten – ein Buch, das mit dem Blick eines Beraters für SAP-Lösungen ins Thema Design Thinking einführt. In diesem Kapitel gehe ich also auch darauf ein, was SAP selbst zum Thema Design Thinking anbietet.

In den nächsten Kapiteln werde ich dir anhand eines fiktiven Workshops die einzelnen Phasen, ihre Ziele und das Vorgehen darstellen. Dabei geht die Arbeit schon deutlich vor dem Workshop los und über den Workshop hinaus: In *Kapitel 3, »Auf in die Praxis: die Vorbereitungen«*, beginnen wir mit den Vorbereitungen eines Workshops, von der ersten Kontaktaufnahme mit dem Auftraggeber über die Formulierung der Problemstellung und die Zusammenstellung des Teams bis hin zur Einladung der Teilnehmerinnen und Teilnehmer zum Workshop.

Was ist direkt vor dem Beginn des Workshops zu tun? Darum geht es in *Kapitel 4, »Jetzt geht's los: die Durchführung«*. Ich beschreibe die Vorbereitungen für den Design-Thinking-Workshop von der Ankunft vor Ort über die Vorbereitung des Raums bis zur Begrüßung des Teams. Außerdem gehe ich auf die Spielregeln für den Workshop und die Arbeit mit dem Team ein und gebe dir dafür Tipps.

In *Kapitel 5, »Ein Beispiel-Workshop – Phase ›Discover‹«*, beginnt der fiktive Workshop. Wir beginnen mit dem Verständnis des Problems. Ich stelle dir hier die ersten Methoden vor. Da Design Thinking grundsätzlich sehr offen ist und dadurch dem Coach viele Gestaltungsmöglichkeiten lässt, möchte ich hier ein paar alternative Methoden einführen und jeweils mit einem Beispiel veranschaulichen. Das Ziel dieser Phase ist der Erwerb eines tiefen Verständnisses des Problems.

Nach der Erarbeitung eines gemeinsamen Verständnisses für das Problem kreiert das Team dann möglichst viele Lösungsideen für diese Problemstellung. Du bist der Coach, der sie dabei unterstützen kann, möglichst viele Ideen einzubringen, um sie später zu filtern, zu bewerten und zu entscheiden, wie es weitergeht. In *Kapitel 6,*

»Ein Beispiel-Workshop – Phase ›Design‹«, stelle ich dir Methoden vor, die du dazu verwenden kannst. Es sind meine Lieblingsmethoden als Startpunkt für deinen eigenen Werkzeugkasten.

Der Workshop-Tag geht zu Ende. Was ist nun zu tun? Was ist zu beachten? In *Kapitel 7, »Ein Beispiel-Workshop – Abschluss«*, gebe ich dir Empfehlungen, um den Workshop abzuschließen, und dazu, wie du den Grundstein für eine gute Dokumentation der Workshop-Ergebnisse legst, damit die Erkenntnisse und Ideen des Workshops konserviert werden und es im Anschluss daran weitergehen kann. Was beim Abschluss zu beachten ist, verrate ich dir hier.

Kapitel 8, »War's das? Nachbereitung und Dokumentation«, dreht sich um die Nachbereitung und Dokumentation des Workshops. Ich verrate dir dabei, wie ich Dokumentationen von Workshops erstelle und warum ich es wichtig finde, es so zu tun.

Nach dem Workshop sollten dessen Ergebnisse ihren Weg in die Realisierung und damit von der Theorie in die Praxis finden. Darum geht es in *Kapitel 9, »Phase ›Deliver‹ – wie geht's nach dem Workshop weiter?«*. Da die Umsetzung in der Praxis sehr unterschiedlich verläuft, ist dieses Kapitel nur ein kleiner Anstoß dazu, worum es in dieser Phase geht.

Zum Abschluss des Buches geht es in *Kapitel 10, »Und jetzt bist du dran!«*, um dich: Ich möchte dir ein paar Denkanstöße geben, wie es mit Design Thinking in deinem Arbeitsumfeld und vielleicht auch darüber hinaus weitergehen kann. Wie ich dir ja bereits angekündigt habe, geht es mir darum, das Feuer zu entfachen und weiterzutragen.

Im *Anhang* des Buches findest du zu guter Letzt Checklisten und Vorlagen, die du für das Erlernen der Methoden und für deine eigenen Workshops verwenden kannst. Du kannst sie alle nach deinen Vorstellungen anpassen – sie sind ein weiterer Baustein für deinen eigenen Werkzeugkasten. Dieses Material und andere nützliche Vorlagen kannst du auf der Webseite zum Buch unter *www.sap-press.de/4797* herunterladen.

Danksagung

Mein besonderer Dank gilt Kirsten Bruns, die mich damals zum Thema Design Thinking gebracht hat, und Axel Sieker und Stefan Eller für die Gelegenheit, mich bei itelligence mit Design Thinking zu beschäftigen. Mein Dank gilt meinem Arbeitgeber itelligence AG für die Erlaubnis, dieses Buch schreiben zu dürfen, und für die Freiheit, es tatsächlich tun zu können. Danke auch an Norbert, Dieter, Frank und Maike für ihre Unterstützung!

Als die Idee für dieses Buch aufkam, fragte ich ein paar Menschen um Rat, ob ich es wagen sollte. Diesen Unterstützern der ersten Stunde möchte ich hier ganz ausdrücklich danken: meiner Mutter, Axel, Martin, Julia, Meike, Max, Miriam und Adeline. Vielen lieben Dank für die Gespräche, die mich motiviert haben, dieses Experiment einzugehen – ich hoffe, euch gefällt das Ergebnis!

Mein besonderer Dank gilt meiner Partnerin für ihre mentale Unterstützung, das Korrekturlesen des Buches und ihr Verständnis dafür, dass das Buch zeitweise auch in der Freizeit eine große Rolle spielte.

Ein großes Dankeschön geht an Eren, Jost, Stefan, Matthias, Constantin, Timo, Christian, Tina, Markus, Robin, Dries, Alice und Hans für ihre Offenheit, den Gedankenaustausch, die Mitarbeit im Themenbereich und die Unterstützung von Design Thinking.

Und natürlich möchte ich allen danken, die mir Aufträge für Workshops erteilt, sich für das Thema interessiert, meine Design-Thinking-Kenntnisse in Anspruch genommen haben oder kräftig Werbung für die Methode und das Andersdenken gemacht haben. Vielen Dank für den Gedankenaustausch! Einige von euch sind auch auf Fotos in diesem Buch zu sehen – vielen Dank für euer Einverständnis zur Nutzung!

Vielen lieben Dank der sehr aktiven Design-Thinking-Community, den wunderbaren Autoren und Autorinnen, Lehrmeisterinnen und Lehrmeistern, die mir in Workshops, Videos, Anleitungen, Blogbeiträgen und Büchern beigebracht haben, was ich heute über Design Thinking weiß und anwenden kann.

Eine besondere Freude ist es, Danke für die Fotos und Grafiken zu sagen, die mir zur Nutzung in diesem Buch überlassen wurden. Sie sind sehr hilfreich, um das Geschriebene zu illustrieren und verständlicher zu machen. Ich danke allen, die auf den Fotos zu sehen sind, dafür, dass ich die Fotos verwenden durfte.

Danke an alle, die dieses Buch gelesen, korrigiert und mir Hinweise gegeben haben, wo noch etwas unklar geblieben ist oder ergänzt werden sollte. Ihr seid sehr hilfreich gewesen!

Abschließend möchte ich dem Rheinwerk Verlag und den Lektorinnen Janina Karrasch und Maike Lübbers dafür danken, dass sie dieses Buch für mich möglich gemacht und mich beim Schreiben hervorragend unterstützt haben.

So, ich hoffe, ich habe niemanden vergessen. Ich freue mich darauf, wie diese großartige Reise weitergeht, denn bis hierher war es bestimmt nur der Anfang ...

Manuel Busse

Design Thinking Coach & Innovation Manager
itelligence AG

1 Eine kurze Einführung in Design Thinking

Bei Design Thinking geht es im ersten Schritt darum, die Nutzer zu verstehen. In diesem Buch geht es im ersten Schritt darum, dass du Design Thinking und die Idee dahinter verstehst.

So, liebe Leserin, lieber Leser, fangen wir ganz vorne an: Was ist *Design Thinking* überhaupt? Wie funktioniert es? Was ist dabei wichtig? Welche Rolle spielt der Mensch? Für welche Art von Problemen ist Design Thinking geeignet? Das sind einige der Fragen, um deren Beantwortung es in diesem Kapitel geht.

1.1 Was ist Design Thinking?

»Design Thinking ist eine Innovationsmethode, die auf Basis eines iterativen Prozesses nutzer- und kundenorientierte Ergebnisse zur Lösung von komplexen Problemen liefert.«

Ich mag diese Definition von Falk Uebernickel et al. (Uebernickel/Brenner/Pukall/Naef/Schindlholzer: »Design Thinking: Das Handbuch«, 2015, S. 16), da sie es schön auf den Punkt bringt: Design Thinking kann fast überall eingesetzt werden, wo es um Menschen geht. Häufig sind diese Nutzer einer Dienstleistung oder eines Produkts, das es zu verbessern gilt. Da es bei sehr vielen Problemen um Menschen geht, lässt sich Design Thinking meiner Meinung nach also in fast allen Bereichen zur Entwicklung von Lösungen einsetzen.

Der Begriff *Design* geht dabei weit über die Gestaltung des äußeren Erscheinungsbildes hinaus. Es geht um Gestaltung im ganzheitlichen Sinne, sowohl um das Aussehen als auch um die Funktionsweise. Dazu fällt mir immer ein Zitat von Steve Jobs ein, das diese Sichtweise sehr gut unterstreicht:

»Design is not just what it looks like and feels like. Design is how it works.«
– Steve Jobs

Die Denkweise der Designer auch für die Entwicklung von Produkten und Dienstleistungen einzusetzen ist im Grunde, was Design Thinking ausmacht. Es führt analytisches und kreatives Arbeiten zusammen: Zuerst geht es darum, analytisch das Problem zu verstehen, die Menschen zu verstehen, um die es geht, und das Problem so zusammenzufassen, dass die richtigen Fragen für die Lösung gestellt werden. Danach wechselt das Team zur kreativen Arbeit und sucht nach Lösungen, die anschließend gebaut und getestet werden sollten.

Die Methode ist sehr stark skalierbar: Sie kann in Teilen sowohl in Besprechungen, in ein- und mehrtägigen Workshops als auch in Projekten eingesetzt werden. Dieses Buch widmet sich dem Einsatz im Rahmen von ein- und mehrtägigen Workshops.

Design Thinking hat eine lange Geschichte und wurde von David Kelley, Terry Winograd und Larry Leifer in seiner heutigen Form für die Anwendung im Geschäftsumfeld entwickelt (HPI Academy: »Was ist Design Thinking?«, zu finden unter: *http://s-prs.de/670301*). David Kelley ist Professor an der Stanford University und Gründer der Designberatung IDEO, die ihren Hauptsitz im sonnigen Palo Alto im Silicon Valley hat. IDEO wird in diesem Buch noch einige Male eine Rolle spielen.

Design Thinking im Zeitverlauf

▶ 1978: David Kelley gründet sein Designbüro David Kelley Design (DKD)

▶ 1991: Zusammenschluss der Designbüros David Kelley Design, ID Two und Matrix Product Design zu IDEO

▶ 2003: IDEO nennt seine Arbeitsweise fortan »Design Thinking«

▶ 2005: Gründung des Hasso Plattner Institute of Design in Stanford, bekannt als d.school

▶ 2007: Erstes Semester der HPI School of Design Thinking (HPI D-School) am Hasso-Plattner-Institut in Potsdam

▶ 2010: Vorstellung der Open-Innovation-Plattform OpenIDEO

1.1.1 Design Thinking als Innovationsmethode

Design Thinking bringt nach Tim Brown dort Innovation hervor, wo sich die Bedürfnisse von Menschen mit technischen Möglichkeiten und Anforderungen an den wirtschaftlichen Erfolg überlappen.

> »Design thinking is a human-centered approach to innovation that draws from the designer's toolkit to integrate the need of people, the possibilities of technology, and the requirements for business success.« – Tim Brown, CEO von IDEO

Diese Schnittmenge ist in Anlehnung an das obige Zitat von Tim Brown in Abbildung 1.1 dargestellt. Die drei Dimensionen Mensch, Technologie und Business müssen immer in Einklang gebracht werden, um gute Lösungen und Innovationen zu erreichen. Denn Lösungsideen, die zwar vollends die Nutzerbedürfnisse erfüllen, aber technologisch oder wirtschaftlich (derzeit) nicht umsetzbar sind, sind nicht zielführend. Ich selbst schließe derlei Lösungsansätze in der Phase der Ideengenerierung jedoch nicht aus, denn der technologische Fortschritt wird diese Ideen in ein paar Jahren idealerweise nicht nur technisch, sondern auch wirtschaftlich sinnvoll umsetzbar machen. Allerdings ist es wichtig, im Hinterkopf zu behalten, dass diese Ideen kurzfristig nicht für die Lösung des Problems infrage kommen.

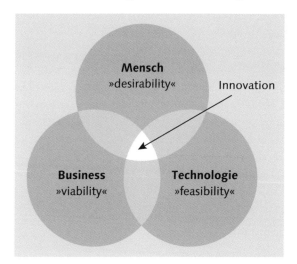

Abbildung 1.1 Innovation in der Schnittmenge von Mensch, Technologie und Business

Gute Lösungen berücksichtigen die Bedürfnisse der Nutzer ausreichend, sind aus technologischer Sicht machbar und aus Business-Sicht wirtschaftlich sinnvoll. Lösungen, die Nutzerbedürfnisse nicht ausreichend berücksichtigen, werden vermutlich daran scheitern, dass die Nutzer sie ablehnen oder hohe Unzufriedenheit bei den Nutzern herrscht und damit im Zweifel auch die Produktivität sinkt. Und dann sind es keine relevanten Lösungen für die Problemstellung, wenn sie in der Praxis nicht oder ineffizient umgesetzt werden.

Für die drei Bereiche werden auch die Begriffe *desirability* (Erwünschtheit) für die Übereinstimmung mit den Nutzerbedürfnissen, *viability* (Lebensfähigkeit) für die wirtschaftliche Sichtweise und *feasibility* (Durchführbarkeit) für die Bewertung aus technologischer Sicht verwendet.

Für viele Menschen wirkt Design Thinking so spielerisch, dass sie zunächst gar nicht glauben, dass es eine ergebnisorientierte Methode ist, die handfeste Ergebnisse hervorbringt, bis sie es selbst erleben. Auch in meinen Workshops begegne ich dieser Skepsis immer wieder, wenn Teilnehmende aufgrund von bunten Haftnotizzetteln, LEGO-Bausteinen und Warm-up-Spielen anfänglich zurückhaltend sind und teilweise falsche Schlüsse ziehen. Am Ende jedoch sind die meisten Teilnehmenden begeistert, wie gut Design Thinking funktioniert und welche ungeahnten Ergebnisse die Methode hervorbringt. Vorausgesetzt, man lässt sich darauf ein.

1.1.2 Welche Probleme sind geeignet?

Design Thinking ist eine Methode zur Lösung komplexer Probleme, bei denen die Lösung unbekannt ist. Dabei sind besonders sogenannte *wicked problems* geeignet: die »(…) Sorte vertrackter, schwer zu fassender Probleme, die mit so vielen und tief greifenden Dilemmata behaftet sind, dass wir uns eigentlich keine befriedigende Lösung für alle Beteiligten vorstellen können«, wie es Juergen Erbeldinger und Thomas Ramge in ihrem Werk »Durch die Decke denken« beschreiben (Erbeldinger/Ramge: »Durch die Decke denken«, 2015, S. 12). Es ist daher für mich nicht verwunderlich, dass Design Thinking auch zur Bearbeitung von Fragestellungen bei großen Themen etwa in Politik, Technologie, Gesellschaft oder im Kampf gegen Hunger eingesetzt wird. Beispiele dafür liefert IDEO selbst auf seiner Webseite im Bereich »Big Questions«. Dort finden sich Artikel wie: »How can we use AI to make things better for humans?«, »How will we move people and things in the future?«, »How can we design a better food system for tomorrow?« und viele weitere spannende Fragen unserer Zeit (siehe *https://www.ideo.com/questions*).

Wenn die Lösung zu einer Fragestellung jedoch bereits im Vorfeld eines Workshops bekannt ist oder es sich um ein Auswahlproblem handelt, ist Design Thinking denkbar ungeeignet. Es spielt seine Stärken dann aus, wenn die Lösung unklar ist und ein interdisziplinäres Team zusammengerufen wird, um Lösungsideen zu entwickeln, die prototypisch realisiert, getestet und bewertet werden.

1.2 Welche Erfolge hat diese Methode vorzuweisen?

Zu Recht fragst du dich – und mich – nun vielleicht, welche Erfolge Design Thinking bereits vorzuweisen hat, denn die Geschichte von Design Thinking ist ja schon recht lang.

1.2.1 Wer setzt Design Thinking ein?

Design Thinking wird von vielen großen und mittelgroßen Unternehmen eingesetzt. Bekannte Namen sind hier etwa der Technologiekonzern Apple, der Spielwarenproduzent LEGO, die Übernachtungsmakler Airbnb, der Energiekonzern General Electric, der Automobilhersteller Ford, das IT- und Beratungsunternehmen IBM, der Softwarekonzern Microsoft, der Getränkeproduzent Coca-Cola, der Softwarehersteller Autodesk, der Technologiekonzern Samsung und viele weitere Unternehmen und Organisationen, darunter auch Nichtregierungsorganisationen (NRO).

IDEO, Erfinder des heutigen Design Thinkings, waren als Designberatung für viele große Namen tätig, z. B. die Bank of America, Procter & Gamble, AT&T, Nike,

Prada, Intercell, IKEA, die TSA, Gap, HBO, Kodak, Marriott, Shimano, Pepsi und Anheuser-Busch. Da sie die Methode als Vorgehensmodell für ihre Projekte entwickelt haben, kannst du davon ausgehen, dass für diese Auftraggeber Design Thinking zum Einsatz kam.

Auch in Deutschland erreicht Design Thinking zunehmend die Geschäftswelt: Zu den Anwendern im deutschsprachigen Raum gehören SAP (kaum verwunderlich, da ihr Mitbegründer Hasso Plattner zu den größten Verfechtern von Design Thinking gehört), Swisscom, Siemens, Bosch, Deutsche Telekom, Otto, Audi, E.ON, Deutsche Bank, Deutsche Bahn, MLP und viele weitere mehr.

Mit all diesen Namen in der Liste der Design-Thinking-Anwender ist klar: Design Thinking ist für alle Branchen und Organisationsgrößen geeignet.

1.2.2   Welche Ergebnisse wurden erzielt?

Bei so vielen großen Namen stellt sich die Frage, welche vorzeigbaren Ergebnisse mithilfe von Design Thinking hervorgebracht wurden.

Zum Beispiel entwickelte IDEO Anfang der 1980er-Jahre für Apple die erste Computermaus für den Massenmarkt. Das Ziel war es, ein Eingabegerät zu bauen, das günstiger, leichter herzustellen und zuverlässiger sein sollte als die vorherigen Entwicklungen von Douglas Engelbart und Xerox PARC (siehe IDEO: »Creating the First Usable Mouse«. In: *http://s-prs.de/670302*). Das Ergebnis war die Maus für den Apple Lisa, der schließlich 1983 das Licht der Welt erblickte.

Ein anderes spannendes Beispiel lieferten Studenten der d.school: Für Frühgeborene sollte ein günstiger Brutkasten entwickelt werden. Bei den Recherchen stellte das Team jedoch fest, dass der Preis der Brutkästen gar nicht das entscheidende Problem war, sondern das Warmhalten der Frühgeborenen auf dem Weg ins nächstgelegene Krankenhaus. Die Studenten entwickelten daraufhin einen günstigen mobilen Brutkasten, der das Baby für mehrere Stunden warm halten kann (siehe *hadassahblevy*: »Design Thinking and a $25 incubator: A case study.« In: *http://s-prs.de/670303*). Diese Brutkästen werden mittlerweile unter dem Namen »Embrace Warmer« vermarktet.

Oder noch ein Beispiel: Die Userlutions GmbH hat für E.ON das Ablesen der Stromzähler neu gedacht. Herausgekommen ist der klickbare Prototyp einer App, mit der die Nutzer ihre Stromzähler ganz einfach selbst ablesen und den Zählerstand direkt an E.ON übermitteln könnten (siehe Userlutions: »Wie wir für E.ON das Stromablesen neu erfunden haben.« In: *http://s-prs.de/670304*).

David Kelley erzählt in seinem TED-Talk zu Kreativbewusstsein die Geschichte von Douglas Dietz (siehe David Kelley: »Wie man Kreativbewusstsein aufbaut.« *https://*

youtu.be/16p9YRFOl-g, ab 6:19): Douglas arbeitet bei General Electric Healthcare und entwickelt dort Magnetresonanztomographen (MRT) für Krankenhäuser. Eines Tages stellte er fest, dass viele Kinder Angst vor den Untersuchungen mit einem MRT haben und mit Medikamenten ruhig gestellt werden müssen, damit die Untersuchungen durchgeführt werden können. Um zu verstehen, warum das so ist und was er besser machen könnte, damit die Kinder keine Angst mehr vor den Geräten haben, führte er Befragungen durch und beobachtete die Kinder in diesen Situationen. Im Ergebnis wurden MRT-Räume und -Geräte umgestaltet: Sie sind nun bunt (statt steril Weiß und Beige), und sie stellen Themenwelten dar, in denen die Kinder während der Untersuchung ein Abenteuer erleben. Diese Abenteuer-welten heißen z. B. »Jungle Adventure«, »Pirate Island«, »Crazy Camp Adventure« oder »Coral City Adventure«. In Abbildung 1.2 kannst du ein Waldabenteuer als Beispiel für die Umgestaltung sehen.

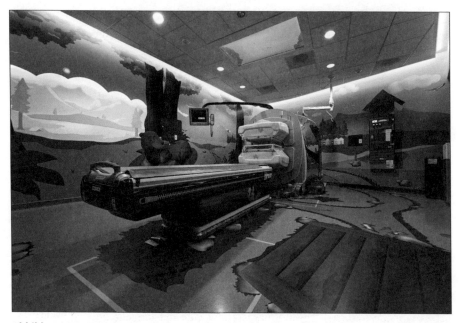

Abbildung 1.2 Muir Woods Adventure Series (Quelle: GE Healthcare. Alle Rechte vorbehalten)

Nach dieser Umgestaltung haben nun deutlich weniger Kinder Angst vor den Un-tersuchungen, und nur noch eine wesentlich geringere Anzahl der Kinder muss dafür sediert werden (Douglas Dietz: »Transforming healthcare for children and their families.« In: *https://youtu.be/jajduxPD6H4*). Abbildung 1.3 zeigt die Öffnung eines Magnetresonanztomographen nach der Neugestaltung. Sie wirkt viel weniger beklemmend als die blanke, undekorierte Variante zuvor.

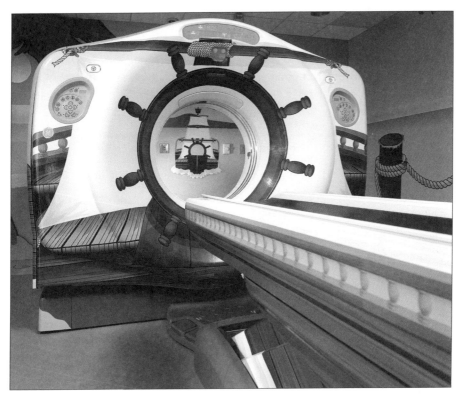

Abbildung 1.3 Die Öffnung eines Magnetresonanztomographen (Quelle: GE Healthcare. Alle Rechte vorbehalten)

Der amerikanische Konsumgüterhersteller Procter & Gamble entwickelte gemeinsam mit IDEO den »Swiffer Carpet Flick«, ein neuartiges Produkt zur Reinigung für Teppichböden, weil 75 % aller Haushalte in den USA über Teppichböden verfügen (Maria Tagwerker-Sturm (Hrsg.): »Design Thinking als innovative Entwicklungsmethode.« In: *http://s-prs.de/670305*). Der Swiffer Carpet Flick ist vielleicht am ehesten mit einer Kombination aus Wischer und kabellosem Staubsauger vergleichbar. Bei der Verwendung auf Teppichböden bleiben Schmutzpartikel auf einer auswechselbaren Klebefläche im Geräteinneren haften. Dieser Ansatz war für Kunden so überzeugend, dass bereits im ersten Jahr 50 Millionen Stück verkauft wurden.

Studenten der d.school in Standford entwickelten mit dem Produkt d.light ein Elektrolicht für Entwicklungsländer, mit dem ein Wohnraum sehr leicht und günstig beleuchtet werden kann (Prof. Ulrich Weinberg: »Design Thinking ist ein Change im Mindset.« In: *http://s-prs.de/670306*).

Der Pulse News Reader wurde von Studenten an der d.school entwickelt. Dieser Onlinedienst erwies sich seinen Anwendern als sehr nützlicher Helfer beim Lesen von Nachrichten aus verschiedenen Onlinequellen. Der Dienst war so erfolgreich, dass das Business-Netzwerk LinkedIn ihn im Jahr 2013 übernommen hat (*http://s-prs.de/670307*).

Zum Abschluss dieses Abschnitts fasse ich in Tabelle 1.1 einige (z. T. schon im Text beschriebene) Fallstudien zusammen, die ich spannend finde und die einen guten Überblick über die Vielfalt der Probleme geben, die mithilfe von Design Thinking bearbeitet wurden.

Unternehmen	Titel und Link
IDEO für IKEA	»How we will cook, eat, and socialize at home« in: *http://s-prs.de/670308*
IDEO für Apple	»Creating the first usable mouse« in: *http://s-prs.de/670302*
Usersolutions für E.ON	»Wie wir für E.ON das Stromablesen neu erfunden haben« in: *http://s-prs.de/670304*
OXO	»Behind the Design: OXO's Iconic Good Grips Handles« in: *http://s-prs.de/670309*
GE Healthcare	»From Terrifying to Terrific: The Creative Journey of the Adventure Series« in: *http://s-prs.de/670310*
Triode	»Design thinking and a $25 incubator: a case study« in: *http://s-prs.de/670303*
IDEO für Bank of America	»Keep-the-change«-Service in: *http://s-prs.de/670311*

Tabelle 1.1 Fallbeispiele

1.3 Woher kommt dieser Trend plötzlich?

Ich denke, dass vor allem die Entwicklungen im technologischen Umfeld der letzten Jahre nutzerorientiertes Design – und damit auch Design Thinking als Methode – mehr ins Rampenlicht gerückt haben. Sehr viele Menschen haben Smartphones und Tablets und sind es nun gewohnt, die Vorteile einer einfachen Benutzerführung zu genießen. Die neuen Gerätekategorien haben Einzug in unsere Hosen- und Handtaschen und in unsere Wohnzimmer gehalten. Auch in der Verbreitung von *Sprachsteuerung* bei elektronischen Geräten sehe ich ein Anzeichen dafür, wie sehr Nutzer Wert auf einfache Bedienbarkeit legen. Bei der Sprachsteuerung wird das User Interface unsichtbar. Sprachsteuerung ist vor allem dann nützlich, wenn die Nutzer ihre Hände nicht frei haben, oder in Umgebungen, in denen elektrische Geräte nicht oder nur schwer gesteuert werden können, etwa unter der Dusche oder beim Kochen.

User Experience (UX), zu Deutsch Nutzererlebnis, ist in den letzten Jahren ein Schlagwort geworden, das immer mehr Beachtung findet. Apple ist vor allem für die leichte Bedienbarkeit seiner Produkte und die Kombination mit ästhetisch ansprechender Gestaltung bekannt geworden. Die im privaten Umfeld mittlerweile selbstverständliche Erwartungshaltung, dass Produkte benutzerfreundlich und leicht verständlich zu bedienen sein sollten, setzt sich im Geschäftsumfeld meiner Wahrnehmung nach mit etwas Verzögerung fort: Die Benutzeroberflächen von Unternehmenssoftware müssen ansprechend gestaltet und leicht verständlich sein. Ebenso sollen Auswertungen und Berichte für die Anwender flexibel änderbar sein. Gute Bedienbarkeit ist zu einer wesentlichen Anforderung an Softwarelösungen geworden.

Die Welt ist im Wandel. Digitalisierung, Industrie 4.0, On-Demand-Dienstleistungen, der Boom des Internets und die daraus folgende Vernetzung der Welt, der einfache Zugang zu Informationen, Produkten und Dienstleistungen haben dazu geführt, dass Unternehmen heute mehr im Wettbewerb stehen als je zuvor. Es spielt heute fast keine Rolle mehr, wo ein Lieferant angesiedelt ist, solange seine Dienstleistung über das Internet erbracht oder sein Produkt versendet werden kann. Teilweise müssen Produkte sogar nicht mehr physisch versendet werden, wenn sie am Zielort mithilfe eines 3-D-Druckers hergestellt werden können. Und genau deshalb sind die Unternehmen mehr denn je gefordert, sich neue Produkte, Strategien oder gar Geschäftsmodelle einfallen zu lassen oder bestehende zu verbessern, um auch in Zukunft noch relevant zu sein. Beispiele für Unternehmen, die disruptive Technologien nicht oder zu spät erkannt haben, gibt es zur Genüge. Ein Beispiel dafür ist die Eastman Kodak Company, die einer der führenden Anbieter im Bereich Fotomaterial war und im Rahmen der Digitalisierung den Anschluss verloren hat. Ein anderes Beispiel sind solche Printmedien, die heute vom Markt verschwunden sind, weil sie die Digitalisierung und den Boom des Internets unterschätzt bzw. nicht entsprechend darauf reagiert haben.

Design Thinking hilft, die Probleme von Menschen zu verstehen, Lösungsideen zu entwickeln, sie prototypisch zu realisieren, zu testen und anzupassen, bis die Nutzerbedürfnisse bestmöglich erfüllt werden. Unternehmen, die ihre (potenziellen) Kunden verstehen, können bessere Produkte, Dienstleistungen und Lösungen entwickeln und diese am Markt verkaufen. Design Thinking ist als Methode auch geeignet, um Ideen für neue Geschäftsmodelle zu entwickeln.

1.4   Was bedeutet »Der Mensch im Mittelpunkt«?

Das wichtigste Element bei Design Thinking ist meiner Meinung nach Empathie. Sie ist der Schlüssel zum Verständnis der Menschen, deren Probleme das Team lösen möchte:

> *»Empathie ist die Fähigkeit zu kogn. Verstehen (Kognition) und affektivem*
> *Nachempfinden der vermuteten Emotionen eines anderen Lebewesens.«*
> *(Lexikon der Psychologie: »Empathie.« In: http://s-prs.de/670312).*

Es geht also darum, sich in die Lage anderer Menschen zu versetzen, sie dadurch besser zu verstehen und bessere Lösungen für ihre Anforderungen, Wünsche und Bedürfnisse zu entwickeln. Design Thinker wollen für Menschen etwas verbessern, und dazu gilt es, ebendiese Menschen zu verstehen.

Wir sollten also den Menschen und die Probleme, mit denen er konfrontiert wird, im Blick haben. Das klingt vielleicht banal, aber ein Team kann nichts verbessern, wenn es nicht weiß, wer das Problem hat und für wen es etwas verbessern will. Im Rahmen einer Workshop-Anfrage lautet daher eine der wichtigsten Fragen, die ich dem Auftraggeber stelle: »Für wen wollen Sie was verbessern?«. Manchmal dauert es einen Moment, bis der Auftraggeber dieses klar formulieren kann. Aber ohne den *Nutzerfokus* ist ein Workshop nicht sinnvoll. Ich werde in Kapitel 5, »Ein Beispiel-Workshop – Phase ›Discover‹«, noch darauf eingehen, welche Methoden eingesetzt werden können, um sich in die Rolle des Nutzers zu versetzen.

1.5   Welche weiteren Elemente gehören zum Design Thinking?

Welche Elemente braucht Design Thinking, um zu funktionieren? Ganz klar ist: Design Thinking geht über die reine Definition eines Prozesses hinaus. Das Hasso-Plattner-Institut ordnet Design Thinking drei Bestandteile zu, auf die ich im Folgenden eingehen werde (HPI Academy: »Was ist Design Thinking?« In: *http://s-prs.de/670301*). Diese drei Bestandteile sind:

1. Design-Thinking-Prozess
2. Multidisziplinäres Team
3. Variabler Raum

Der *Design-Thinking-Prozess* gibt dem Vorgehen eine Struktur und klare Rahmenbedingungen, weil die Phasen und ihr jeweiliger Zweck bzw. ihr Ziel klar formuliert sind. Die genaue Ausgestaltung des Prozesses obliegt dem Coach, der damit die Verantwortung trägt, die passenden Methoden auszuwählen, vorzubereiten und das Team durch die Schritte zu führen.

Wäre Design Thinking eine Sportart, wäre es ganz klar ein Mannschaftssport. Jeder Spieler hat seine Rolle, seine Fähigkeiten und seine Position im Team. Die Zusammensetzung des Teams ist also ganz wesentlich für den Ausgang des Spiels. Daher gilt es, das richtige Team für die Bearbeitung der Aufgabe zusammenzustellen. Ein *multidisziplinäres Team* bedeutet, dass die Mitglieder des Teams aus verschiedenen

Bereichen (»Disziplinen«) kommen und alle Teilnehmenden so ihre Sichtweise zum Problemverständnis und zur Lösungsfindung einbringen.

Die Besonderheiten des *Raums*, in dem man die Methoden anwendet, spielen eine ganz entscheidende Rolle. Darauf werde ich in Abschnitt 1.5.3, »Der Ort«, noch genauer eingehen.

Wie in Abbildung 1.4 erkennbar ist, füge ich der Liste noch die *Haltung* der Teammitglieder als eigenes Element hinzu. Sie ist für mich so wichtig, dass ich sie als eigenes Element darstellen und beschreiben möchte.

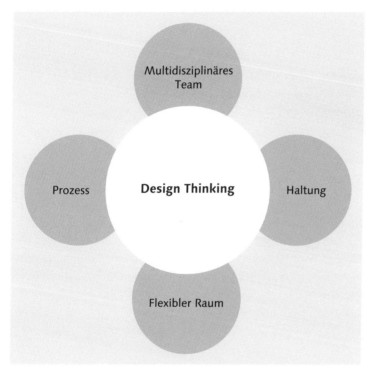

Abbildung 1.4 Vier Elemente von Design Thinking

1.5.1   Der Prozess

Es gibt zum Prozess viele verschiedene Darstellungen. Alle mir bekannten bestehen aus vier bis sieben Schritten. Sie teilen Problemverständnis und Ideenfindung in separate Schritte auf. Schritte zu divergentem Denken wechseln sich mit Schritten zu konvergentem Denken ab, d. h., das Team öffnet sich zunächst für möglichst viele Informationen, Impulse und Ideen, um erst im nächsten Schritt die Erkenntnisse zusammenzufassen und zu bewerten.

Das Vorgehen in vier Schritten wird auch als *Double Diamond* bezeichnet (siehe Abbildung 1.5). Die Darstellung stammt vom britischen Design Council, das den

Designprozess allgemein dargestellt hat (Design Council: »A study of the design process.« In: *http://s-prs.de/670313*, S. 6 f.). Die vier Schritte sind:

1. Discover
2. Define
3. Develop
4. Deliver

Sie führen die Designer vom Problemverständnis über die Projektdefinition und die Lösungsentwicklung sowie das Testen und den Launch der Lösung bis hin zu Evaluation und Feedback-Schleifen.

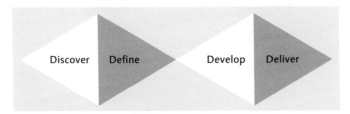

Abbildung 1.5 Die Phasen des Design-Thinking-Prozesses in der Double-Diamond-Darstellung. Die Grafik wurde in Anlehnung an o. g. Text des Design Councils (»A study of the design process.«) erstellt.

Das Muster des Double Diamonds ist auch in den Prozessdarstellungen des Hasso-Plattner-Instituts (HPI) und von SAP erkennbar (siehe Abbildung 1.6). Weil der Design-Thinking-Prozess nach HPI und SAP dem Double Diamond sehr ähnlich ist, möchte ich im Folgenden bei diesen Darstellungen bleiben, denn sie sind die für die SAP-Welt relevantesten.

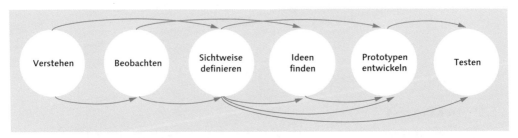

Abbildung 1.6 Der Design-Thinking-Prozess nach der HPI School of Design Thinking (Quelle: HPI School of Design Thinking)

Der Prozess gemäß der HPI School of Design Thinking

Die Darstellung der HPI School of Design Thinking (siehe Abbildung 1.6) unterteilt den Design-Thinking-Prozess in sechs Schritte, die nacheinander durchlaufen werden. Dabei gibt es eine gewisse Durchlässigkeit, denn das Team durchläuft den Prozess von vorne nach hinten und kann jederzeit zu einem früheren Schritt zurückkehren, wenn es neue Erkenntnisse gewonnen hat oder zusätzliche Details zu erarbeiten sind. Danach geht es wieder mit den neuen Erkenntnissen der Reihe nach vorwärts durch die verbleibenden Schritte.

Die sechs Schritte lassen sich zwei Bereichen zuordnen: dem *Problemraum* und dem *Lösungsraum*. Der Problemraum hat dabei den Zweck, das Problem von allen Seiten zu beleuchten, damit das Team ein tief greifendes Verständnis des Problems und der Bedürfnisse der Nutzer erlangt. Dieses ist der erste Schritt, bevor überhaupt mit der Suche nach Lösungen begonnen wird. Zum Problemraum gehören diese drei Phasen:

1. **Verstehen**

   Hier geht es darum, das Problem zu verstehen und die richtige Frage zu stellen (Prof. Ulrich Weinberg: »Design Thinking ist ein Change im Mindset.« In: *http://s-prs.de/670306*). Das Problem sollte hier genau beschrieben und ohne Vorgabe einer Lösung definiert werden, damit das Team viel Spielraum bei der Suche nach Lösungsideen hat.

2. **Beobachten**

   Um das Problem genau zu verstehen, recherchiert das Team und führt Beobachtungen durch. In diesem Schritt baut das Team Empathie für die Nutzer auf, um das Problem durch deren Brille zu sehen und zu erleben.

3. **Sichtweise definieren**

   Anschließend erarbeitet das Team ein detailliertes Bild der Nutzer und der Anforderungen an die Lösung. Die bisherigen Erkenntnisse verdichtet es zu Fragen und wählt aus diesen die relevanten Fragen aus (SAP: »Learn design-led development.« In: *www.build.me/learning*). Am Ende dieses Schrittes hat das Team ein sehr genaues Verständnis vom Problem und von den Fragen, die es beantworten möchte.

Weitere Details zur Durchführung dieser Schritte findest du in Kapitel 5, »Ein Beispiel-Workshop – Phase ›Discover‹«.

Nach dem Problemraum folgt der Lösungsraum. Hier generiert das Team Ideen, baut einige davon als Prototyp und überprüft diese mit Nutzern. Zum Lösungsraum gehören die drei Schritte:

1. **Ideen finden**

   Das Team entwickelt mithilfe von Kreativitätstechniken möglichst viele Ideen zur Beantwortung der zuvor erarbeiteten Fragen.

2. **Prototypen entwickeln**

   Das Team wählt aus der Menge an Lösungsideen einige aus, um sie in Form von niedrig aufgelösten Prototypen umzusetzen. Die Prototypen sind hier bewusst schlicht und einfach gehalten und mit wenig Zeit und Aufwand erstellt, um sie schnell testen zu können. Dadurch, dass das Team nur geringe Aufwände investiert hat, fällt es dem Team auch leichter, sich von Prototypen zu trennen, falls sie in den Tests durchfallen und die Entwicklung in eine andere Richtung weitergehen muss, um die funktionalen Anforderungen und die Nutzerbedürfnisse zu erfüllen.

3. **Testen**

    Das Team testet die Prototypen im Einsatz mit ausgewählten Nutzern. Wer geeignete Nutzer sind, ist immer von der Problemstellung abhängig. Wenn das Team z. B. eine Lösung für Mitarbeiterinnen und Mitarbeiter im Vertriebsaußendienst entwickelt, dann sollten auch die Tests mit Vertretern dieser Gruppe durchgeführt werden.

Weitere Details zu diesen Schritten findest du in Kapitel 6, »Ein Beispiel-Workshop – Phase ›Design‹«.

Der Prozess gemäß SAP

SAP hingegen unterteilt den Design-Thinking-Prozess in drei Phasen mit jeweils drei Schritten. Ich bevorzuge aufgrund ihrer Griffigkeit die englischen Bezeichnungen für die Phasen, deshalb werde ich diese im Folgenden verwenden. Sie lauten wie folgt:

1. *Discover* (»Entdecken«)

2. *Design* (»Gestalten«)

3. *Deliver* (»Liefern«)

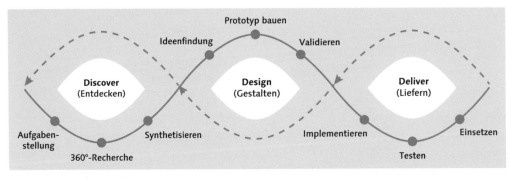

Abbildung 1.7 Der Design-Thinking-Prozess in der Darstellung von SAP (Quelle: SAP)

Die beiden Phasen *Discover* und *Design* umfassen die gleichen Schritte wie die HPI-Variante, allerdings mit anderen Bezeichnungen. In Tabelle 1.2 stelle ich die Phasen und ihre Bezeichnungen einander gegenüber, sodass du sie einander zuordnen kannst.

Phase SAP	Schritt SAP	Schritt HPI
Discover	Aufgabenstellung (»Scope«)	Verstehen
	360°-Recherche (»360° Research«)	Beobachten
	Synthetisieren (»Synthesize«)	Sichtweise definieren
Design	Ideenfindung (»Ideate«)	Ideen finden
	Prototyp bauen (»Prototype«)	Prototypen entwickeln
	Validieren (»Validate«)	Testen

Tabelle 1.2 Gegenüberstellung der Schritte des SAP- und des HPI-Schemas

Die Schritte der Phase *Deliver* gehen über die der HPI-Variante hinaus. Hier werden die Ideen auf Wirtschaftlichkeit geprüft und aus den gebauten Prototypen in die Praxis überführt (»Implementieren«). Anschließend werden die Lösungen getestet (»Testen«) und auf dem Kundensystem in den tatsächlichen Einsatz gebracht (»Einsetzen«). Mehr Informationen zu dieser Phase findest du in Kapitel 9, »Phase ›Deliver‹ – wie geht's nach dem Workshop weiter?«.

1.5.2   Das Team

Das Team spielt eine wesentliche Rolle. Und weil Design Thinker fest daran glauben, dass ein multidisziplinäres Team die besten Lösungen entwickelt, spielt seine Zusammensetzung eine besonders große Rolle. Komplexe Probleme erfordern verschiedene Sichtweisen. Das Team sollte pro Coach aus sechs bis acht Teilnehmenden unterschiedlicher Disziplinen bestehen und möglichst »bunt gemischt« sein, damit jede Teilnehmerin und jeder Teilnehmer ihre oder seine eigene Perspektive einbringen kann. Zum Beispiel wird ein Team mit Menschen aus Produktentwicklung, Produktion, IT-Abteilung, Marketing und Vertrieb wahrscheinlich ein besseres Verständnis des Problems und der Anforderungen an die Lösung herausarbeiten als ein Team, das nur aus Menschen einer der genannten Disziplinen besteht. Unser Job und unsere Erfahrungen prägen unsere Sichtweise. Dementsprechend führt Vielfalt zur Berücksichtigung verschiedener Sichtweisen und zu besseren Lösungen. In vielen Unternehmen ist es leider so, dass Abteilungen sich nur selten mit anderen Abteilungen austauschen. Gerade in diesem Umfeld könnten gemischte Teams und Design-Thinking-Workshops Wunder bewirken, weil hier die Empathie für die Nutzer und für die anderen Teammitglieder eine wesentliche Rolle spielt.

Ein Design-Thinking-Team agiert immer auf Augenhöhe miteinander. Daher gehört auch immer das im deutschsprachigen Raum in der Geschäftswelt oft unübliche Duzen dazu. Duzen beseitigt Hemmungen und stellt die Teammitglieder und den

Coach auf eine Ebene. Es geht darum, kooperativ und gemeinsam daran zu arbeiten, das gesetzte Ziel zu erreichen, und zusammen Lösungen für die Problemstellung zu entwickeln, die weit über das hinausgehen, was ein einzelnes Teammitglied erreicht hätte.

1.5.3 Der Ort

Der Raum, in dem das Team zusammenkommt, ist ebenfalls ein bedeutender Einflussfaktor. Ganz wesentlich ist für mich dabei, dass das Team sich an einem »physischen« Ort trifft. Auch wenn sich einige Bestandteile »virtualisieren« lassen und durch Webkonferenzen ersetzt werden könnten, rate ich bei der tatsächlichen Bearbeitung der Fragestellung davon ab. Die Magie der Methode entfaltet sich am besten, wenn das Team an demselben Ort zu derselben Zeit zusammenkommt und gemeinsam die Aufgabenstellungen bearbeitet, weil sich die Teilnehmenden gegenseitig beeinflussen und es ganz wichtig ist, zu sehen, wie die anderen arbeiten und was in ihnen vorgeht.

Abbildung 1.8 Ein Design-Thinking-Raum der itelligence AG

An den Raum stellen sich ein paar besondere Anforderungen. Die erste Regel lautet dabei für mich: »Alles, was Kreativität fördert und anders ist als die normalen Arbeitsplätze und Besprechungsräume, ist willkommen«. Mir geht es darum, Gewohnheiten aufzubrechen und das Team dazu zu bringen, anders zu arbeiten als gewohnt. Wie ein solcher Raum aussehen kann, siehst du in Abbildung 1.8.

Es geht mir auch darum, eine spielerische Arbeitsweise zu fördern: Design Thinking soll Spaß machen, weil Spaß und eine gute Arbeitsatmosphäre die Kreativität der Teammitglieder unglaublich beflügeln. In drögen Besprechungsräumen sehe ich eine der Ursachen dafür, dass in vielen Besprechungen keine oder wenig überzeugende Ideen entwickelt werden. Im Design-Thinking-Umfeld arbeiten wir daher bewusst anders.

1.5.4   Die Haltung

Design Thinking steht für Optimismus. Ich nenne das gerne eine »Alles-ist-möglich«-Haltung. Und ja, ich möchte (heute) unmöglich erscheinende Lösungen ernsthaft in Betracht ziehen und durchdenken, denn vielleicht ist ja eine abgespeckte Version bereits realisierbar. Das heißt, ich möchte, dass das Team idealistische Lösungsideen entwickelt und danach bewertet, ob die Lösungen möglich sowie technologisch und wirtschaftlich umsetzbar sind. Das soll verhindern, dass das Team »wilde« und großartige Ideen bereits am Anfang auseinandernimmt und im Keim erstickt. Denn das, was heute unmöglich ist oder zumindest unmöglich erscheint, kann morgen bereits Normalität sein. Oder hättest du vor ein paar Jahren gedacht, dass heutzutage fast jeder mit einem Computer im Telefonformat hantiert oder dass Videospiele teilweise so realistisch aussehen würden, dass man sie für Filme mit echten Menschen halten könnte? Und genau darum geht's mir hier: In der Zukunft werden Lösungen möglich sein, die wir heute für unmöglich halten.

»We have a methodology that enables us to come up with a solution that nobody has before.« (Linda Tischler: »IDEO's David Kelley on Design Thinking.« In: *http://s-prs.de/670314*). Ein wesentlicher Teil der Haltung ist die Auffassung, dass vermeintlich auf dem falschen Weg zu sein und auch zu scheitern nicht das Ende ist, sondern der Anfang einer neuen Iteration. Design Thinker nennen das *Fail early, fail often*. Wir probieren aus. Wir testen. Wir überprüfen, ob der eingeschlagene Weg richtig ist. Wir gewinnen aus dem Scheitern neue Erkenntnisse über die Nutzer, ihre Anforderungen und Bedürfnisse, und wir passen die Lösung entsprechend an. Dann testen wir erneut. Das iterative Vorgehen bedeutet, sich schrittweise der bestmöglichen Lösung anzunähern und nicht auf Anhieb den großen Wurf zu erwarten oder zu versuchen. Es direkt auf die perfekte Lösung anzulegen lähmt die Arbeit des Teams und bremst den Fortschritt. Also sind Design Thinker offen für Fehlversuche und für die Erkenntnisse, die sie daraus gewinnen können.

Wie wichtig Fehler für das Lernen und das Vorankommen sind, obwohl wir in einer Kultur der Fehlervermeidung aufwachsen, verdeutlicht Musiker und Autor Stephen Nachmanovitch: »In der Schule, am Arbeitsplatz, wenn wir Kunst oder

Sport lernen – überall lehrt man uns, Fehler zu fürchten, zu verbergen oder zu vermeiden. Und doch sind Fehler für uns von unschätzbarem Wert. Den ersten Wert haben sie für uns als Rohstoffe des Lernens. Wenn wir keine Fehler machen, ist es unwahrscheinlich, dass wir überhaupt etwas machen.« (Stephen Nachmanovitch: »Free Play«, 2013, S. 116).

Neugier ist ein weiterer Aspekt der hier angesprochenen Haltung: Es gilt, neugierig Fragen zu stellen, um die Problemstellung, die Menschen und die Anforderungen besser zu verstehen. Das Team fragt nach, das Team forscht, das Team möchte Antworten finden. Der Erfinder des Apple iPods, Tony Fadell, formuliert in seinem TED-Talk »The first secret of great design« drei Designregeln, die sehr gut zu Design Thinking passen: »Look broader. Look closer. Think younger.« (Tony Fadell: »The first secret of great design«. In: *https://youtu.be/9uOMectkCCs*). Letzteres meint auch, die Welt mit den Augen von Kindern zu sehen, um Dinge neugierig und unbefangen zu betrachten und zu hinterfragen, die wir möglicherweise schon als selbstverständlich ansehen.

Viele Menschen denken von sich, dass sie »nicht kreativ« sind. Ich halte das für eine Fehleinschätzung, denn ich glaube, jeder Mensch kann kreativ sein und Ideen entwickeln. Nur fällt manchen Menschen der Zugang zu ihrer Kreativität leichter als anderen. Diesen Zugang versuche ich in meinen Workshops zu öffnen, indem ich spielerische Elemente einbringe und indem das Team zusammenarbeitet und jeder sich von den Ideen der anderen Teammitglieder in einer geschützten Umgebung inspirieren lässt. Ich möchte damit erreichen, dass jeder sich einbringt und jeder mitgestaltet.

Bei der Anwendung von Design Thinking im Unternehmenskontext ist diese Haltung vielleicht die am schwierigsten umzusetzende Komponente im Prozess. Ein improvisierter Kreativraum lässt sich schnell einrichten, ein multidisziplinäres Team ist für einen Workshop meist schnell zusammengestellt, und Prozessschritten zu folgen oder bestimmte Methoden einzusetzen ist in der Regel auch nichts Neues. Aber die Haltung zu ändern und sich auf die Sichtweise »Fail early, fail often«, die Kreativitätstechniken und Warm-ups einzulassen und dem Team zu vertrauen, dass es großartige Ergebnisse hervorbringen wird, kostet die Auftraggeber oft Überwindung, vor allem, wenn sie nicht selbst Teil des Workshop-Teams sind.

1.6 Ist das Ganze nicht einfach nur Spielerei?

Ich höre häufiger das Vorurteil, dass Design Thinking nur Spielerei sei. Beziehungsweise ich erlebe diese Sichtweise in den Reaktionen von Menschen, wenn sie von Design Thinking hören oder etwas darüber sehen. Da Design Thinking bewusst anders funktioniert, als wir es in vielen Unternehmen gewohnt sind, kann das zu dieser Skepsis führen. Das ist vollkommen menschlich und nachvollziehbar.

Design Thinking ist allerdings bei Weitem nicht nur Spielerei, sondern eine ernst zu nehmende und ergebnisorientierte Methode zur Lösung komplexer Probleme. *Freies Spiel* ist der beste Zugang zu Kreativität: »Schöpferische Arbeit ist Spiel, sie ist freies Ausspinnen mit dem zur Verfügung stehenden Material innerhalb einer gewählten Form«, heißt es bei Nachmanovitch dazu (Stephen Nachmanovitch: »Free Play«, 2013, S. 58). Weil freies Spiel ganz wesentlich für die Freisetzung von Kreativität ist, sind für mich die spielerischen Elemente kreativitätsfördernde Bestandteile und eben nicht albern oder befremdlich. Vielleicht ist es für die meisten Menschen im Geschäftsumfeld ungewohnt, z. B. mit LEGO eine Geschichte zu erzählen. Aber bisher war fast jeder, der es mal in einem meiner Workshops mitgemacht hat, letztlich von der Wirkung der spielerischen Elemente begeistert.

Wenn wir für das Team eine angenehme Arbeitsumgebung schaffen, in der sich die Teilnehmenden sicher fühlen, in der Ideen schnell dargestellt und ausgearbeitet werden können, wird das Team mindestens gute Ergebnisse liefern. In vielen Fällen wird es unerwartete und in einigen Fällen sogar herausragende Ergebnisse liefern. Dass Design Thinking tatsächlich funktioniert, zeigen die zahlreichen Ideen, die damit entwickelt wurden.

1.7   Zusammenfassung

In diesem Kapitel habe ich dir kurz dargestellt, woher die Methode des Design Thinkings kommt und was dazugehört. Die wesentlichen Punkte in der Zusammenfassung:

▶   Design Thinking ist eine seit vielen Jahren bewährte Methode zur Lösung komplexer Probleme.

▶   Mit »komplexe Probleme« sind auch sogenannte »wicked problems« gemeint, also Probleme, die besonders schwierig oder gar nicht zufriedenstellend für alle Beteiligten zu lösen sind.

▶   Die Methode stellt den Menschen in den Mittelpunkt – wenn das Team den Menschen versteht, kann es die richtigen Lösungen für dessen Probleme finden. Empathie ist also eine Fähigkeit, die das Team entwickeln muss.

▶   Design Thinking ist mehr als nur ein Prozess – mindestens genauso wichtig sind das Team, der Ort und die Haltung. Das Team sollte möglichst breit aufgestellt sein und eine *Problemstellung* (*Challenge*) mit einer offenen Grundhaltung an einem inspirierenden und möglichst flexibel nutzbaren Ort bearbeiten.

▶ Es geht darum, das Team in kreativen Fluss zu bringen, damit es Lösungen entwickeln kann. Der beste Zugang zu Kreativität ist freies Spiel.

▶ In der Praxis hat die Methode Design Thinking viele Erfolge auf sehr verschiedenen Gebieten vorzuweisen: etwa die erste Computermaus von Apple, die in Zusammenarbeit mit IDEO entwickelt wurde, den mobilen Brutkasten Embrace Warmer oder den Bodenwischer Carpet Flick, der im ersten Jahr mehr als 50 Millionen Mal verkauft wurde.

2   Was bietet SAP zum Thema Design Thinking an?

SAP-Gründer Hasso Plattner ist einer der größten Verfechter von Design Thinking. Welche Rolle spielt die Design-Thinking-Methode demnach in der SAP-Welt?

In der SAP-Welt ist Design Thinking seit über einem Jahrzehnt ein großes Thema: SAP-Gründer Hasso Plattner gehört zu den größten Verfechtern von Design Thinking weltweit. Im Jahr 2004 stieß er auf einen Artikel in einem Magazin und war direkt von der Methode fasziniert. Noch im selben Jahr unterstützte er mit einer großen Spende das von David Kelley gegründete Hasso Plattner Institute of Design (besser bekannt als *d.school*), eine Ausbildungsstätte für Design Thinking, die an die Universität von Stanford angeschlossen ist.

In den Folgejahren etablierte Hasso Plattner die Methode bei SAP – bereits 2006 waren über 2.000 Mitarbeiter in Design Thinking ausgebildet (SAP: »We've learned some things along the way.« In: *https://design.sap.com/about.html*). Mit Sam Yen benannte SAP im Jahr 2014 sogar den ersten Chief Design Officer, um den Themen User Experience und Design Rechnung zu tragen (SAP: »History of Design Thinking with SAP.« In: *https://youtu.be/vvu5mgocfjg*). Im Jahr 2018 trat Maricel Cabahug seine Nachfolge an. Abbildung 2.1 zeigt die Meilensteine der Design-Thinking-Entwicklung im Zusammenhang mit SAP.

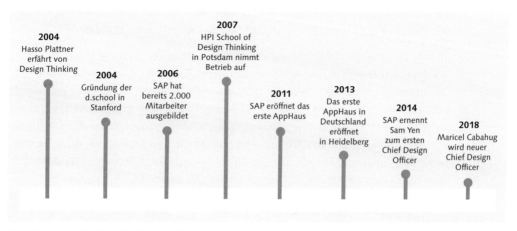

Abbildung 2.1 Design-Thinking-Meilensteine in der SAP-Welt

In den folgenden Abschnitten möchte ich dir einige Weiterbildungsmöglichkeiten und auch Werkzeuge vorstellen, die SAP für Menschen anbietet, die sich für Design Thinking interessieren, die die Methode erlernen und in ihren Unternehmen einsetzen möchten.

2.1   SAP Design Thinking und das AppHaus

SAP führt Projekte und Workshops mit Kunden durch, und das SAP-Design-Team stellt Werkzeuge und Hilfsmittel wie etwa *Scenes* (siehe Abschnitt 2.4, »Scenes«) zur Verfügung. In den folgenden Abschnitten möchte ich dir mehr über das AppHaus-Konzept, die Werkzeuge und die Dienstleistungen von SAP erzählen, weil sie für mich eindrucksvoll zeigen, wie SAP das Konzept Design Thinking aus Überzeugung in ihrer Arbeitsweise verankert hat und wie sie ihre Kunden und Partner unterstützt, diesen Weg ebenfalls zu gehen.

2.1.1   SAP AppHaus

Das auffälligste Aushängeschild ist das *AppHaus*. Diese Räumlichkeiten werden vom engagierten *SAP-AppHaus-Team* betrieben, dessen Mitglieder Workshops, Projekte und Veranstaltungen im AppHaus, bei Kunden und bei Endanwendern anbieten. Die AppHaus-Räume sind daher voll und ganz darauf ausgerichtet, dass Teams dort ihre Kreativität entfalten können, um gemeinsam ihre Challenges durchzuführen.

Das erste AppHaus eröffnete 2011 in Los Altos, allerdings war es nicht für Externe zugänglich. Ursprünglich war das AppHaus dazu gedacht, SAP-eigene Entwicklerteams zusammenzubringen, um neue Apps für Konsumenten zu entwickeln. Aber schnell erkannte man, dass solche Orte auch für die Zusammenarbeit mit Kunden und Partnern ideal sind. Daher öffnete SAP das AppHaus für Kunden.

Im Jahr 2013 folgte die Eröffnung des ersten AppHauses in Deutschland. Es wurde in dem roten Ziegelsteingebäude einer früheren Tabakfabrik aus dem 19. Jahrhundert in Heidelberg eingerichtet. Heute umfasst das AppHaus Heidelberg ein Hauptgebäude und eine Erweiterung im Nachbargebäude. Bei meinem ersten Besuch merkte ich schon beim ersten Schritt über die Schwelle, dass hier kreatives Arbeiten im Mittelpunkt steht: Die Räume sind mit vielen beschreibbaren Wandflächen, bequemen Sofas und Sesseln, Design-Thinking-Material, inspirierenden Möbelstücken (wie etwa dem Sherlock-Holmes-Sessel und den unbeschriebenen, einladenden Whiteboards) und hohen Decken ausgestattet. In jeden Raum soll möglichst viel Tageslicht hereinströmen, und jeder Raum hat einen eigenen Charakter. Auch deshalb macht es Spaß, dort zu arbeiten. Es gibt sowohl Räume für die Arbeit in kleinen Teams als auch einen großen Raum für Veranstaltungen mit vielen Teilneh-menden. Abbildung 2.2 zeigt, wie es im AppHaus Heidelberg in diesem großen Raum aussieht, wenn er für die Arbeit genutzt wird.

Abbildung 2.2 Der große Raum des AppHauses in Heidelberg (Quelle: SAP)

Das Konzept des AppHauses sieht vor, dass alles möglichst flexibel nutzbar ist, sodass die Teams sich ihre Arbeitsbereiche so einrichten können, wie sie es gerade brauchen. Neben dem großen Raum gibt es weitere kleinere Räume, die thema-tisch gestaltet wurden. So gibt es z. B. ein Kaminzimmer, um in feinster Sherlock-Holmes-Manier an einem angedeuteten Kamin über die eigenen Fragestellungen nachzudenken und sich mit den Kollegen dazu in entspannter Umgebung auszu-tauschen. Abbildung 2.3 zeigt das Kaminzimmer: ein schwerer Ohrensessel, ein großer Tisch, ein Sofa und reichlich Dekoration, um noch mehr Atmosphäre zu schaffen. Außerdem ist ein Flatscreen vorhanden, um z. B. Software, Benutzerober-flächen oder Videos zu zeigen und darüber zu sprechen. Wer würde hier nicht gerne arbeiten?

Das AppHaus Heidelberg verfügt mittlerweile auch über eine Erweiterung mit Namen »Charlie«, in der Kunden und SAP-Kollegen Räume für Projekte für einen längeren Zeitraum buchen können. Abbildung 2.4 zeigt den Vorraum und die offene Teeküche, die für die Teams zur Verfügung steht. (Die spannende Hinter-grundgeschichte ist übrigens auch ein Design-Thinking-Projekt. Du findest Beate Riefers Artikel unter: *http://s-prs.de/670315*.)

Abbildung 2.3 Das Kaminzimmer im Stil von Sherlock Holmes (Quelle: SAP)

Abbildung 2.4 Einladende Atmosphäre im AppHaus Heidelberg (Quelle: SAP)

Mittlerweile gibt es AppHaus-Einrichtungen rund um die Welt, u. a. in Berlin, in Palo Alto, in der Nähe von Seoul und in New York (SAP: »AppHaus.« In: *http://s-prs.de/670316*).

Eigentümer von Kreativräumen können sich zudem dem *SAP AppHaus Network* anschließen, um ihre Räume ebenfalls zur Verfügung zu stellen. Alle Mitglieder des Netzwerks teilen die Werte des AppHaus-Konzepts und tauschen untereinander Erfahrungen und Best Practices aus. Sie verfolgen gemeinsam das Ziel, Innovationsthemen voranzutreiben (SAP: »SAP AppHaus Network: Locations Run by Partners.« In: *http://s-prs.de/670316*).

2.1.2 Designdienstleistungen von SAP

SAP AppHaus bietet eine Reihe von Designdienstleistungen an, die den folgenden vier Kategorien zugeordnet werden (siehe *http://s-prs.de/670317*):

1. **Business Model Innovation**
   Bei dieser Kategorie geht es vor allem darum, das bestehende Geschäftsmodell neu zu denken und neue Geschäftsmodelle im Rahmen der Digitalisierung zu entwickeln.

2. **Business Process Innovation**
   Neugestaltung und Verschlankung von Geschäftsprozessen stehen hier im Mittelpunkt. Dabei geht es auch darum, durch die Einbeziehung der Nutzer Risiken im Rahmen von Veränderungsprozessen zu verringern.

3. **User Experience Innovation**
   Eine Verbesserung der User Experience führt zu zufriedeneren Nutzern, und dies wiederum steigert ihre Produktivität. In dieser Kategorie werden tägliche Aufgaben der Nutzer analysiert und Lösungen entwickelt, um die User Experience zu verbessern.

4. **Foster Innovation Culture**
   Hier geht es darum, das kreative Potenzial der Organisation freizusetzen und zu nutzen.

Alle vier Bereiche verbindet der radikale Fokus auf die Nutzer. Ich finde, diese Kategorien zeigen schön die vielfältigen Einsatzmöglichkeiten für Design Thinking und eine nutzerorientierte Arbeitsweise. Mehr zu den Design Services von SAP erfährst du unter: *http://s-prs.de/670318*.

Mit dem *UX Value Calculator* stellt SAP auch ein Werkzeug bereit, mit dem sich der monetäre Wert von (guter) User Experience für das Unternehmen abschätzen lässt. So könnte es im Unternehmen leichter fallen, Maßnahmen für User Experience zu begründen und Budgets dafür zu bekommen. Er ist unter der folgenden Adresse zu finden: *http://s-prs.de/670319*.

Darüber hinaus unterstützt SAP zahlreiche Unternehmen beim Aufbau eigener Kreativräume und beim Etablieren von Design Thinking im Unternehmen. Unter anderem holte der Automobilhersteller Daimler AG SAP an Bord, um das Thema Design Thinking in seiner Unternehmenskultur zu verankern. Zum Beispiel wurde ein Glascontainer prominent eingesetzt, in dem gearbeitet werden konnte und in dem zahlreichen Mitarbeitenden die Grundlagen des Design Thinkings beigebracht wurden. So wurde auch Aufmerksamkeit für das Thema und den Kulturwandel geschaffen. Einen solchen Glascontainer setzt Mercedes sonst im Motorsport bei der Deutschen Tourenwagen-Meisterschaft (DTM) ein (SAP: »Off to New Horizons with Design Thinking. Daimler.« In: *http://s-prs.de/670320*).

2.2   Design Stencils für SAP-Fiori-Oberflächen

Mit *Design Stencils* stellt SAP ein Hilfsmittel zur Gestaltung von SAP-Fiori-Oberflächen für Axure und Microsoft PowerPoint bereit (aufrufbar unter: *http://s-prs.de/670321*). Es handelt sich dabei um einen Satz von Vorlagen, die verwendet werden können, um schnell und mit wenig Aufwand Ideen für Benutzeroberflächen zu visualisieren.. Die PowerPoint-Vorlagen umfassen *Floorplans* (Oberbegriff für das Layout, die zugehörige Art der Bedienelemente und dafür, wie bestimmte Anwendungsfälle gehandhabt werden) sowie Elemente für Desktop- und mobile Benutzeroberflächen. In den Vorlagen sind außerdem z. B. Navigationselemente, Drucktasten, Logos, Schriftzüge und Tabellen enthalten, um damit Benutzeroberflächen zu gestalten, die den *SAP Fiori Design Guidelines* für Oberflächen entsprechen. Die Textelemente für Überschriften und Inhalte sind veränderbar. Ebenso die Daten der Tabellen und die Parameter in den Selektionselementen, sodass du sie mit eigenen Inhalten füllen kannst.

Ein Beispiel für eine Objektseite aus dem Foliensatz für PowerPoint zeigt Abbildung 2.5: Links ist eine Auswahlliste mit Produkten zu sehen, und rechts siehst du die Details zum links ausgewählten Produkt, hier etwa zu einem tragbaren DVD-Player.

Wie eine angepasste Benutzeroberfläche aussehen kann, zeige ich dir in Abbildung 2.6. Ich habe die Textelemente an Material für (Design-Thinking-)Workshops angepasst. Die Detailansicht zeigt die Produkt-ID, die Beschreibung, den Hersteller, eine Bewertung, die Basismengeneinheit und die Abmessungen zu einem Whiteboard-Stift an. Für diese Darstellung habe ich mit den SAP Design Stencils in PowerPoint nur etwa eine Viertelstunde gebraucht.

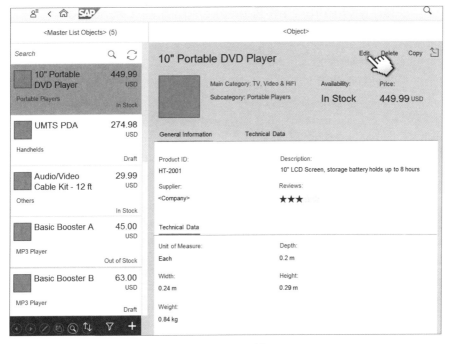

Abbildung 2.5 Ein unverändertes SAP Design Stencil für PowerPoint

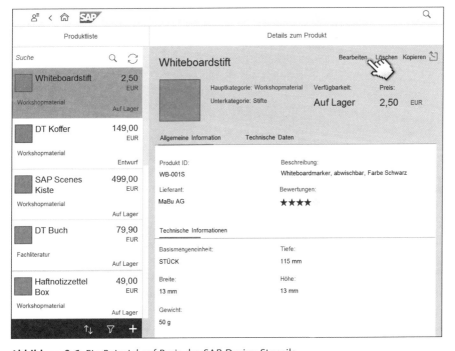

Abbildung 2.6 Ein Beispiel auf Basis des SAP Design Stencils

2.3   Design Thinking im Kontext von SAP Leonardo

SAP Leonardo ist das SAP-Lösungsportfolio zur digitalen Transformation von Unternehmen. Der Name ist an das Multitalent Leonardo Da Vinci angelehnt, der sowohl Künstler als auch Ingenieur war.

Im Mittelpunkt von SAP Leonardo steht die SAP Cloud Platform. An diese können Sensoren angebunden werden, um z. B. Daten über Maschinen, Systeme oder Menschen zu sammeln. Daher ist SAP Leonardo auch auf den Umgang mit großen Datenmengen (*Big Data*) ausgelegt. Das Portfolio umfasst außerdem die Bereiche künstliche Intelligenz, Machine Learning, Blockchain und Analytics. Damit wird die gesamte Kette von der Speicherung der Daten über ihre Verarbeitung bis zu den Auswertungen durch SAP Leonardo abgedeckt. Zum schnellen Start mit IoT-Szenarien (*Internet of Things*) bietet SAP eine Reihe von sogenannten *SAP Leonardo Industry Accelerators* an, die auf die SAP-Cloud-Lösungen zugeschnitten sind.

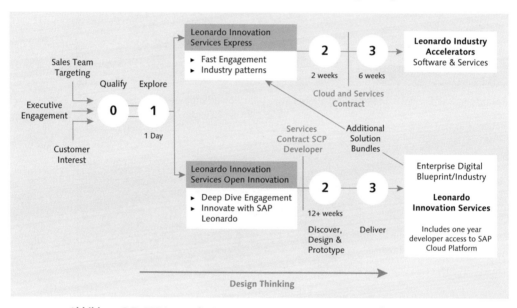

Abbildung 2.7 SAP Leonardo Customer Engagement Process (Quelle: SAP)

Design Thinking ist ein wesentlicher Teil beim Einsatz von SAP Leonardo, wie Abbildung 2.7 zeigt: Im Rahmen eines *Open-Innovation-Projekts* (in der Grafik »Leonardo Innovation Services – Open Innovation«) können Kunden ihre spezifische SAP-Leonardo-Lösung mithilfe von Design Thinking gestalten (als Variante zum »Express-Service« mit z. T. vorgefertigten Lösungen). Durch den Einsatz von SAP Leonardo werden neue Dienstleistungen wie die automatische Beschickung mit Verbrauchsmaterialien oder auch ganz neue Geschäftsmodelle möglich. Zum Beispiel könnte dein Drucker automatisch mit neuen Tonerkartuschen versorgt werden, bevor die Vorräte vor Ort aufgebraucht sind. Oder eine Software könnte frühzeitig erkennen, dass eine deiner Produktionsmaschinen bald ausfallen wird, und so direkt einen Techniker beauftragen, bevor es zu einem Produktionsausfall kommt. Idealerweise wird der potenzielle Ausfallgrund gleich auch so aufbereitet, dass der Techniker bereits zu seinem Einsatz an der Maschine alle benötigten Werkzeuge und Ersatzteile bereitgestellt bekommt. Design Thinking könnte also dabei helfen, neue Geschäftsmodelle auf Basis von SAP Leonardo zu entwickeln. Und eine Fragestellung könnte lauten: »Wie könnten wir unseren Kunden helfen, kostspielige Produktionsausfälle aufgrund von Reparaturen zu verringern?«

Bei Projekten nach dem Open-Innovation-Ansatz sieht SAP die Rolle des *Customer Design Engagement Leads* (CDEL) vor. Dieser verfügt über fundiertes Design-Thinking-Know-how und begleitet das Projekt von Anfang bis Ende, um sicherzustellen, dass die entwickelten Lösungen in Einklang mit den Nutzerbedürfnissen sind, um eine bestmögliche Lösung zu liefern.

Abbildung 2.8 zeigt den Open-Innovation-Prozess in der Gesamtdarstellung mit ein paar Stichwörtern zu den Inhalten der einzelnen Phasen des SAP Leonardo Process for Open Innovation:

- Explore
- Discover
- Design & Prototype
- Deliver

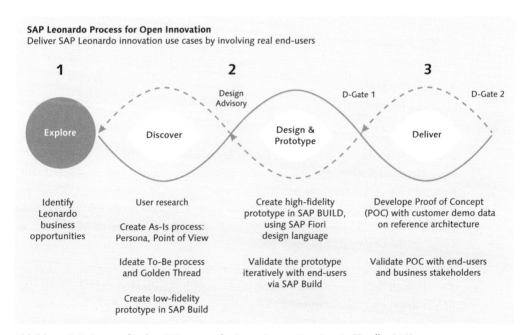

Abbildung 2.8 Prozess für den SAP-Leonardo-Open-Innovation-Ansatz (Quelle: SAP)

Die Phasen Discover, Design & Prototype und Deliver des *SAP Leonardo Open Innovation Process* sind mit denen vergleichbar, die wir bereits in Kapitel 1, »Eine kurze Einführung in Design Thinking«, im Zusammenhang mit der Design-Thinking-Darstellung durch SAP gesehen haben. (Da sie in meinen Design-Thinking-Workshops eine wichtige Rolle spielen, werden sie jeweils noch in einem eigenen Kapitel genauer erläutert: die Discover-Phase in Kapitel 5, »Ein Beispiel-Workshop – Phase ›Discover‹«, die Design-Phase in Kapitel 6, »Ein Beispiel-Workshop – Phase ›Design‹«, und die Deliver-Phase in Kapitel 9, »Phase ›Deliver‹ – wie geht's nach dem Workshop weiter?«.)

Diesen drei Phasen wird im Open-Innovation-Prozess zusätzlich noch eine *Explore-Phase* vorgeschaltet: Darin findet ein Workshop statt, um das Einsatzszenario auszuwählen, das den höchsten Nutzen für das Unternehmen bringen könnte. Dabei werden methodisch sowohl die derzeitigen Probleme als auch die Kundenbedürfnisse für die Zukunft beleuchtet, um zu ermitteln, wo die vielversprechendsten Gelegenheiten für den Einsatz von SAP Leonardo liegen.

In der *Discover-Phase* des Open-Innovation-Prozesses wird erforscht, wer die Stakeholder und Nutzer sind und welche Bedürfnisse sie in Hinblick auf die Aufgabenstellung haben. Darüber hinaus wird der Ist-Zustand beschrieben und der zukünftige Wunsch-Zustand gestaltet. Dabei werden Lösungsideen mit Methoden wie Brainstorming gesammelt. Am Ende der Discover-Phase entsteht mit SAP Build ein erster niedrig aufgelöster Prototyp. Die Discover-Phase ist in folgende Einzelschritte gegliedert:

1. User Research
2. Synthesis
3. As-is Process
4. To-be Process
5. Golden Thread

Zuerst geht es darum, die Nutzer durch Recherche zu verstehen (*User Research*). Dazu können verschiedene Methoden eingesetzt werden, z. B. Interviews mit Nutzern und das Begleiten und Beobachten von Nutzern in ihrem Arbeitsalltag. Ein paar Methoden zur User Research stelle ich dir in Kapitel 5, »Ein Beispiel-Workshop – Phase ›Discover‹«, genauer vor, weil sie auch für unsere Workshops bzw. deren Vorbereitung sehr nützlich sind.

Anschließend folgt die Verdichtung der Erkenntnisse aus der User Research (*Synthesis*). Auch dazu kommen wir später – ebenfalls in Kapitel 5 – noch genauer. Mit den Nutzern im Hinterkopf werden nun Darstellungen des heutigen Prozesses angefertigt (*As-is Process*). Darauf folgt die Entwicklung von Ideen dazu, wie der Prozess zukünftig aussehen sollte (*To-be Process*). Abschließend werden die Erkenntnisse über die Nutzer, die Prozesse und der Prototyp in Form eines Storyboards miteinander verwoben und als sogenannter *Golden Thread* dargestellt.

SAP Build wird verwendet, um die Persona, den niedrig aufgelösten Prototyp und den Golden Thread abzulegen und einen Meilenstein zu erreichen. Dies soll sicherstellen, dass die zugehörigen Dokumente und Entwicklungen den Anforderungen entsprechen. Diese Meilensteine werden von SAP *Design Gate 0* (D-Gate 0) genannt.

In der Design-Phase des Open-Innovation-Prozesses, die mehrere Wochen dauert, wird aus einem ersten Prototyp mit SAP Build gemäß der SAP-Fiori-Designsprache ein hoch aufgelöster Prototyp erstellt. Dieser wird direkt mit Nutzern validiert. Danach wird er angepasst und so lange erneut validiert, bis er die Nutzerbedürfnisse umfassend erfüllt. Im Rahmen der Design-Phase werden Design Gate 1 (der hoch aufgelöste Prototyp) vor der Implementierung und Design Gate 2 nach der Entwicklung durchlaufen.

In der Deliver-Phase wird ein *Proof-of-Concept-Prototyp* mit Daten des Kunden auf einer SAP-Referenzarchitektur erstellt. Dieser wird wiederum mit den Nutzern und den Stakeholdern in Hinblick auf die Anforderungen des Unternehmens und die Nutzerbedürfnisse validiert. Wenn der Prototyp steht und er die Nutzerbedürfnisse erfüllt, muss geklärt werden, wie es weitergeht. Zum Beispiel könnte die Lösung dann in der SAP-Landschaft des Kunden umgesetzt werden.

Wenn du mehr über SAP Leonardo erfahren möchtest, empfehle ich dir den openSAP-Kurs »SAP Leonardo Design-Led Engagements Basics«, der einen sehr guten Einstieg in das Thema darstellt. Mehr zu diesen Kursen findest du in Abschnitt 2.7, »Aus- und Weiterbildung«.

2.4   Scenes

Scenes ist eine Methode und ein Werkzeug fürs *Storytelling*, d. h. für die Darstellung von Sachverhalten in Form einer Geschichte. Mit Scenes können schnell und einfach Probleme oder Lösungen darstellt werden, ohne auch nur einen einzigen Strich zu zeichnen. Allein dadurch ist es schon ein enormes Hilfsmittel für Workshops, denn es nimmt den Teilnehmenden die Angst vorm Zeichnen, und sie können sich so auf die Darstellung der Lösung konzentrieren.

Ein Scenes-Kit besteht aus reichlich verschiedenen Illustrationen wie Figuren, Hintergründen, Gegenständen, Sprechblasen, Bodenplatten, Magnetfüßen, Stiften und weiteren Bauteilen, die miteinander kombiniert werden können, um Geschichten zu erzählen. Dadurch ermöglicht es Scenes den Teilnehmenden von Workshops, sich auf die Inhalte zu konzentrieren und darauf, diese den anderen Teilnehmenden zu vermitteln, um anschließend ein gemeinsames Verständnis zu haben, mit dem das Team weiterarbeiten kann (siehe Karen Detken: »Scenes: A New Method and Tool to Create Storyboards.« In: *http://s-prs.de/670322*).

Abbildung 2.9 Eine mit Scenes erstellte Beispielszene

Scenes gibt es als Do-it-yourself-Vordrucke zum Ausschneiden und Basteln und als digitale Variante für die Verwendung in Software wie z. B. in PowerPoint. Wenn du die Elemente ausdruckst und, wie in der enthaltenen Anleitung beschrieben, ausschneidest und mit Folie beklebst, dann können die Teilnehmenden die Elemente beschriften und sie dennoch immer wieder verwenden. Zum Beispiel können so Namen auf die Figuren oder Inhalte in Sprechblasen geschrieben werden. Auch die Gesichtsausdrücke der Figuren können beliebig gestaltet werden, sodass sie zum Storyboard passen. Auf diese Weise erstellen die Teilnehmenden im Workshop mit Scenes sehr schnell eine dreidimensionale Szene.

Bis vor Kurzem gab es auch ein fertiges Scenes-Kit, das bei SAP bestellt werden konnte. Dieses ist in Abbildung 2.10 zu sehen. Es besteht aus mehr als 250 Teilen, der Kiste und dem Storyboarding-Guide, einer kleinen Anleitung zur Benutzung des Kits. Das Team kann seine Geschichte anschließend live präsentieren (die Teilnehmenden meiner Workshops tun das immer sehr gerne) oder von jeder Szene ein Foto aufnehmen und diese mithilfe einer Software wie Word oder PowerPoint von Microsoft zu einer Geschichte zusammenfügen, um Feedback einzuholen oder um sie einfach mit anderen zu teilen.

Dank der vorgefertigten Figuren, Hintergründe und Gegenstände und ihrer einfachen Handhabung fällt es den meisten Teilnehmenden auf Anhieb leicht, mitzumachen. Auch die, die sonst eher gehemmt sind, wenn es um »künstlerisches Arbeiten« geht, wie es z. B. beim Malen oder Zeichnen von Szenen der Fall wäre. (Mehr zu Scenes erfährst du unter *http://s-prs.de/670323*.)

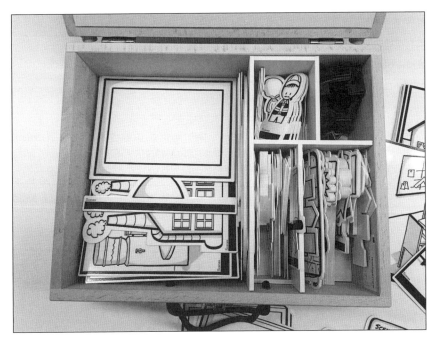

Abbildung 2.10 Scenes-Kit mit Holzkiste

2.5   Mosaic

SAP hat neben Scenes noch ein weiteres Werkzeug entwickelt: *Mosaic* ist dazu gedacht, zukünftige Arbeitsumgebungen für Teams zu gestalten und dabei die Arbeitsweise des Teams zu berücksichtigen. Auch Mosaic ist ein Do-it-yourself-Kit, das kostenlos zum Download als PDF-Datei bereitgestellt wird. Das PDF enthält auch eine Anleitung dazu, wie die Mosaic-Bausteine zu erstellen sind. Hat man das geschafft, geht es mit der Gestaltung des Arbeitsumfelds los.

Im ersten Schritt legt das Team fest, welche Aktivitäten es zukünftig im Arbeitsumfeld durchführen möchte. Zu den Beispielen für Aktivitäten gehören »Collaborate virtually«, »Prepare food«, »Engage in team activities after work« oder auch »Have private calls«. Das Team kann mit den Vorlagen auch Karten für eigene Aktivitäten erstellen. Nach der Festlegung der Aktivitäten priorisiert das Team sie nach der gewünschten Durchführungshäufigkeit.

Im zweiten Schritt ordnet das Team die Aktivitäten den räumlichen Bereichen im Arbeitsumfeld zu. Dazu werden die Karten mit den Aktivitäten umgedreht: Die

Rückseite einer Karte zeigt jeweils den Typ, zu dem die Aktivität gehört. Diese sechs Typen sind:

1. Individual Work
2. Presentation
3. Recreation
4. Socializing
5. Collaborate Work
6. Making

Jeder dieser Typen hat seine eigene Farbe. Die Typen unterscheiden sich nach ihrem Lautstärkepegel. Während Arbeit alleine (*Individual Work*) in der Regel leise ist, ist die Zusammenarbeit in einer Gruppe deutlich lauter (*Collaborate Work*).

Die Anleitung hilft dem Team nun im nächsten Schritt mit einer Reihe von Fragen dabei, einen ersten Lageplan des zukünftigen Arbeitsumfelds zu erstellen.

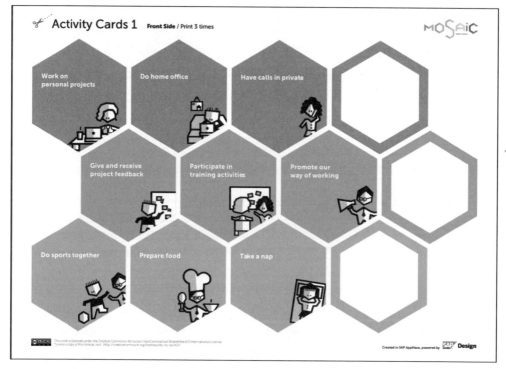

Abbildung 2.11 Mosaic-Karten mit Aktivitäten (Quelle: SAP Design)

In diesem Buch spielt Mosaic im Weiteren jedoch keine Rolle, weil ich es für meine bisherigen Design-Thinking-Workshops nicht verwendet habe, da es bisher nicht um die Gestaltung neuer Arbeitsumgebungen ging. Mir ist es dennoch wichtig, es dir zu zeigen, weil es ein schönes Beispiel dafür ist, was das Team von SAP macht. Schau dir Mosaic gerne auf der Webseite von SAP Design genauer an, um zu sehen, ob und wie du es für die Gestaltung neuer Arbeitsumgebungen verwenden kannst (SAP: »Mosaic.« In: *http://s-prs.de/670324*). Am besten probierst du es einfach mal aus.

2.6 SAP Build

SAP Build ist eine Anwendung, mit der man Prototypen von Benutzeroberflächen entwickeln kann. Sie wird von SAP in der Cloud angeboten. Um sie zu nutzen, legt man auf der Website *www.build.me* ein Benutzerkonto an. Mit diesem Benutzerkonto ist es dann möglich, eigene Prototyping-Projekte zu erstellen und zu verwalten. Die Basisversion von SAP Build ist kostenlos und erlaubt die Nutzung von maximal drei Projekten gleichzeitig. Du brauchst einen aktuellen Browser, um alle Funktionen verwenden zu können.

Mit SAP Build kannst du klickbare Prototypen von Benutzeroberflächen erstellen, diese testen und dazu Feedback von Nutzern einholen. Dafür sind keine Programmierkenntnisse erforderlich. Das Werkzeug ist gerade für Menschen gedacht, die keine Entwickler sind. Wer programmieren kann, kann aus dem Werkzeug noch mehr rausholen und die Prototypen später exportieren und in einer Entwicklungsumgebung wie SAP Web IDE weiterentwickeln.

Die Oberfläche von SAP Build bietet nach dem Einloggen Zugang zu den Bereichen PERSONA, PROTOTYPE, FEEDBACK und FILES. Unter PERSONA können Stellvertreter für die Nutzer erstellt werden. (Dies werden wir in Kapitel 5, »Ein Beispiel-Workshop – Phase ›Discover‹«, ohne und in Kapitel 6, »Ein Beispiel-Workshop – Phase ›Design‹«, mit SAP Build sehen.) Unter PROTOTYPE wird die Modellierung der Anwendungen im Editor durchgeführt.

Unter FEEDBACK sind Werkzeuge zu finden, mit denen man Nutzer-Feedback zu den Anwendungen einholen kann. Der Bereich FILES ermöglicht den Zugriff auf die Dateien des Projekts. Das Hauptmenü findest du unter WORKSPACE. Für die Gestaltung des Prototyps stehen sehr viele SAP-UI5-Designelemente zur Verfügung, die per Drag & Drop in einem grafischen Editor zu einer Anwendung kombiniert werden können. Der Editor ist in Abbildung 2.12 dargestellt: Du siehst hier oben das Menü, links die Designelemente und die Liste der verwendeten Objekte, in der Mitte den Designbereich, in dem die eigentliche Gestaltung stattfindet, und rechts die Eigenschaften des jeweils ausgewählten Objekts.

SAP Build stellt auch den Aufbau des Prototyps als Grafik dar, und zwar im sogenannten *Page Flow*. Darin werden die einzelnen Bildschirmmasken mitsamt ihren Verbindungen angezeigt. Ein einfaches Beispiel dafür zeigt Abbildung 2.13. So kannst du erkennen, von welcher Maske zu welcher Maske navigiert werden kann.

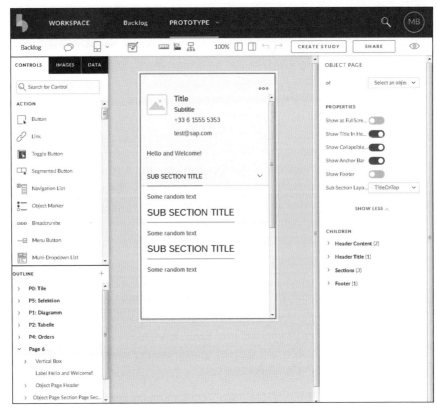

Abbildung 2.12 Der Editor von SAP Build für eine Smartphone-Anwendung

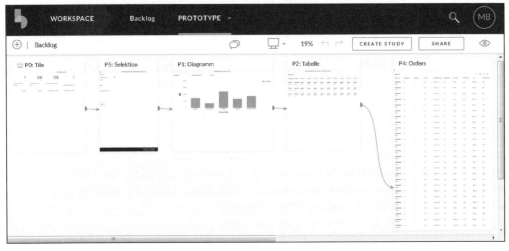

Abbildung 2.13 Die Verbindungen im Prototyp in einer grafischen Darstellung

Mit SAP Build können Studien angelegt werden, um von Nutzern Feedback zu Prototypen einzuholen. Diese Studien werden als *Studies* bezeichnet. Eine Study besteht dabei aus einem Titel, einer Beschreibung und Fragen. Beim Erstellen einer Frage wählst du entweder eine Grafik oder Skizze in Form einer Bilddatei oder einen bestehenden Prototyp aus dem Projekt aus, auf den sich die Study bezieht. Dann kannst du die Frage formulieren und dazu auswählen, wie die Teilnehmenden darauf antworten können. Folgende Alternativen stehen dabei für jede Frage zur Verfügung:

▶ Anmerkungen machen

▶ Text eingeben

▶ aus vorgefertigten Antworten auswählen

▶ eine Aktion durchführen

Darüber hinaus kannst du das Zielformat vorgeben, in dem die Study durchgeführt wird, d. h., ob die Studie mit der Darstellung wie auf einem Smartphone, Tablet oder dem Desktop durchgeführt wird und ob das Hoch- oder Querformat verwendet werden soll.

Die Erstellung einer Frage zur Study ist in Abbildung 2.14 dargestellt. Nach der Erstellung aller Fragen kannst du eine Study veröffentlichen. Dadurch erhältst du eine URL, die du an die Teilnehmenden der Studie weitergibst. Diese brauchen dann lediglich ein Konto bei SAP Build, um Feedback geben zu können.

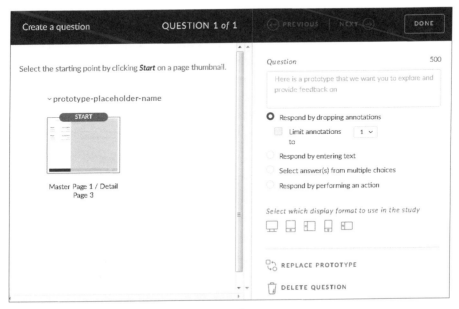

Abbildung 2.14 SAP Build – Erstellung einer Study

Die Teilnehmenden der Study können im Browser durch die von dir erstellten Fragen navigieren und zu den einzelnen Bildschirmmasken jeweils Feedback geben, wenn du dies bei der Erstellung der Study erlaubt hast. Um Feedback zu geben, setzt der oder die Teilnehmende eine Markierung an die Stelle, zu der er oder sie Feedback geben möchte. Anschließend kann in einem Textfeld ein Text eingegeben und über Icons eine dazu passende Stimmung ausgewählt werden. Da hier zwischen einem neutralen, einem positiven und einem negativen Gesichtsausdruck gewählt werden kann, eignet sich die Study sowohl für Kritik als auch für positives oder neutrales Feedback. Teilnehmende der Study können auch anonym teilnehmen, sodass nicht zugeordnet werden kann, wer welche Rückmeldung gegeben hat.

Als Ersteller einer Study bekommst du ein paar Daten zur Auswertung: Du kannst dir anzeigen lassen, wer teilgenommen hat, wessen Einladung noch unbeantwortet ist und wer wie viel Zeit für die Durchführung der Study investiert hat. Das ist hilfreich, um zu sehen, wie stark die Dauer schwankt und ob z. B. unerfahrene Nutzer länger brauchen als Experten. Mit den Auswertungen kannst du auch herausfinden, ob Nutzer, die sich Features gewünscht haben, diese Features im Prototyp getestet haben.

Ein Feature, das ich sehr spannend finde, ist die Darstellung einer *Heat Map*. Dabei wird auf einer Benutzeroberfläche des Prototyps durch Farben angezeigt, wo die Nutzer geklickt haben. Eine hohe Anzahl an Klicks wird dabei mit Rot markiert, eine geringe Anzahl mit Grün. (Inspirationsquelle für diese Art der Darstellung waren die Aufnahmen von Wärmebildkameras, denen die Heat Map auch ihren Namen verdankt.)

In der Study kannst du unter PAGE FLOW auch sehen, welche Pfade die Nutzer gewählt haben, d. h., wohin sie von welcher Bildschirmmaske weiternavigiert haben. Schnell wird so klar, welche Bildschirmmasken häufig angezeigt und getestet und welche gar nicht getestet wurden. Außerdem wird erkennbar, wenn »lange Klickwege« häufig verwendet werden. Das kann ein Hinweis darauf sein, dass eine wichtige Funktion oder Information eventuell auf kürzerem Wege erreichbar sein sollte.

Mit SAP Build können Business-Anwender also recht genaue und klickbare Prototypen von Oberflächen erstellen, diese testen und testen lassen sowie Feedback dazu einholen.

Auf der Webseite von SAP Build findest du noch mehr hilfreiche Inhalte: TOUR, GALLERY, LEARNING, SERVICES, BLOG und COMMUNITY:

▶ Unter TOUR findest du einen Überblick über die Build-Seite und ihre Unterseiten.

▶ Unter GALLERY findest du viele Anwendungen, von denen du dich inspirieren lassen, von denen du lernen und die du als Vorlage für eigene Prototypen kopieren kannst.

▶ Im Bereich LEARNING findest du Lernmaterial zu Design Thinking in Form von *Learning Cards* und einen Absprung zu passenden openSAP-Kursen (siehe auch Abschnitt 2.7, »Aus- und Weiterbildung«). Die Learning Cards erklären dir kompakt, was in welchem Prozessschritt passieren sollte. Dort findest du auch Tipps und Methoden, die du anwenden kannst. Ein Beispiel einer solchen Methode ist in Abbildung 2.15 dargestellt. Sie umfasst Angaben zum Zeitbedarf, zu den erforderlichen Teilnehmenden, zum erforderlichen Material und eine Schritt-für-Schritt-Anleitung zum jeweiligen Stichwort.

Abbildung 2.15 Beispiel für eine Learning Card von SAP Design (Quelle: SAP)

▶ SERVICES führt dich zu Informationen über die SAP User Experience Design Services. Mehr dazu erfährst du in Abschnitt 2.1.2, »Designdienstleistungen von SAP«. Im Blog gibt es Artikel zu Neuerungen in der aktuellen Version von SAP Build und weiteren Themen.

▶ Unter COMMUNITY kannst du mit anderen Build-Nutzern in Kontakt treten, ihnen helfen oder selbst Fragen stellen.

SAP Build ist also ein Werkzeug, das dir und den Teilnehmenden helfen kann, klickbare Prototypen für Benutzeroberflächen zu erstellen. Darüber hinaus kannst du dich mit der Community austauschen und mehr über nutzerorientiertes Design lernen. Im nächsten Abschnitt geht es darum, wie du noch mehr über Design Thinking und die angrenzenden Themen lernen kannst.

2.7 Aus- und Weiterbildung

Wenn man etwas Neues beginnt oder etwas besser beherrschen möchte, sind Aus- und Weiterbildung gefragt. In diesem Abschnitt geht es darum, wie du dich vor Ort und online weiterbilden kannst. Ich beginne dabei mit openSAP-Kursen, danach geht es um den SAP-Schulungskatalog, und den Abschluss bildet ein Abschnitt über die HPI School of Design Thinking.

2.7.1 openSAP-Kurse

openSAP ist eine mehrfach ausgezeichnete Onlineplattform, auf der SAP kostenlose Onlinekurse zu vielen ihrer Softwareprodukte und darüber hinausgehend zu methodischen Themen anbietet. Das Ziel der Plattform ist, Interessierte über aktuelle Innovationsthemen in der SAP-Welt weiterzubilden. openSAP feierte 2018 sein fünfjähriges Bestehen.

Die Kurse bestehen aus Videos, Foliensätzen und Multiple-Choice-Tests am Ende jeder Lektion zur Überprüfung des Gelernten. Manche Kurse umfassen darüber hinaus auch praktische Aufgaben, die erforderlich sind, um am Ende des Kurses das Zertifikat über die erfolgreiche Teilnahme zu bekommen. Dabei bewerten die Teilnehmenden anonym jeweils die Arbeit anderer Teilnehmender.

Die Sprache fast aller Kurse ist Englisch. Die Teilnahme an den Kursen ist wie gesagt kostenlos und findet über das Internet statt. Ergänzt werden die Kurse durch Diskussionsforen zum Austausch mit anderen Kursteilnehmenden.

Im Katalog des Portals findest du derzeit Kurse zu SAP Leonardo, Design Research und zum Testen, also zu Themen, die zum nutzerorientierten Vorgehen von Design Thinking passen und die dir als Coach wichtige Kenntnisse vermitteln können. Darüber hinaus gibt es auch Kurse zu Softskills wie dem Skizzieren und Visualisieren in Workshops.

Viele der Kurse starten alle paar Monate in aktualisierter Form neu. Und auch wenn Kurse bereits abgeschlossen sind, kannst du sie im Selbststudium noch anschauen und durcharbeiten. Die Lerninhalte und Kenntnisse, die du erwirbst, bleiben dieselben. Allerdings gibt es keine Teilnahmebescheinigung mehr.

---

openSAP-Themenbereiche

Die Onlineplattform openSAP bietet derzeit zu den folgenden Themenbereichen Kurse an:

► Analytics

► Cloud Solutions

► Continuous Innovation

- Digital Transformation
- Enterprise Management
- Human Resources
- Industries
- SAP Cloud Platform
- SAP HANA
- SAP S/4HANA
- Social Responsibility
- User Experience

Alle Kurse sind in englischer Sprache und finden online statt, die Teilnahme ist kostenlos.

2.7.2 SAP-Schulungskatalog

SAP bietet in ihrem Schulungskatalog auch kostenpflichtige Angebote und eine Zertifizierung zu Design Thinking an. Im Kurs »Design Thinking for Business Innovation – Live Experience« (ID: THINK1) erlernen die Teilnehmenden in zwei Tagen bei SAP vor Ort die Methodik von der Pike auf, von den Grundlagen über die Funktionsweise von Design Thinking bis hin zur Erstellung eines niedrig aufgelösten Prototyps, anhand einer konkreten Aufgabenstellung, die nicht IT-bezogen ist. Erfolgreiche Absolventen der zugehörigen Zertifizierung »SAP Certified Associate – Design Thinking« (ID: C_THINK_01) haben nachgewiesen, dass sie grundlegende Kenntnisse über die SAP-Design-Thinking-Methodik haben.

Ein weiterer Kurs dient der Erweiterung der fachlichen Skills als Coach. Im »Design Thinking Skill Drills« (ID: WDT400) geht es für erfahrene Design Thinker in zwei Tagen darum, weitere Methoden und Werkzeuge zu erlernen. Mehr Informationen zu den Schulungsangeboten findest du unter *https://training.sap.com*.

2.7.3 HPI School of Design Thinking in Potsdam

Bereits im Jahr 2007 gründete Hasso Plattner die Ausbildungsstätte *HPI School of Design Thinking* (HPI D-School) in Potsdam. Sie gilt heute neben der d.school in Stanford als die Ausbildungsstätte für Design Thinker. Bis zu 240 Studierende studieren an der HPI D-School und erlernen dort die Techniken des Design Thinkings (siehe HPI: »Design als Denkweise.« In: *http://s-prs.de/670325* und HPI: »Die HPI School of Design Thinking.« In: *http://s-prs.de/670326*). Die HPI D-School kooperiert weltweit mit anderen Ausbildungsstätten und Innovationszentren, u. a. in Stockholm, Boston, Kapstadt und Peking, um die Methode und die Denkweise möglichst vielen Studenten zugänglich zu machen.

Die HPI D-School bietet für das professionelle Umfeld sowohl Workshops für Einzelteilnehmende als auch für Organisationen an (siehe HPI: »Die HPI Academy bietet Design Thinking für Professionals.« In: *http://s-prs.de/670327*). Die Bandbreite reicht vom ersten Einstieg in die Design-Thinking-Methodik über Lean Startup und agile Entwicklung bis hin zu einem viermonatigen Studienprogramm, um Design Thinking in der Tiefe von Grund auf zu erlernen. Für Organisationen gibt es auch Methoden-Workshops, Projekt-Workshops, individuelle Projekt-Coachings und Unterstützung bei der Umsetzung von Design Thinking in der eigenen Organisation. Der *Professional Track* besteht aus drei Modulen, die innerhalb von drei Monaten durchgeführt werden. Die Module »Collaboration Culture«, »Innovation Process« und »Strategy Implementation« dienen dem Aufbau von *Creative Confidence* (häufig als *kreatives Selbstvertrauen* oder *Kreativbewusstsein* übersetzt) und der Vermittlung von Kenntnissen und Sicherheit in der Anwendung der Design-Thinking-Methoden (siehe HPI: »Professional Track.« In: *http://s-prs.de/670328*).

2.8   SAP Innovation Management

Design-Thinking-Workshops sind eine Quelle für Ideen, mit deren Hilfe aktuelle Herausforderungen des Unternehmens gemeistert werden können. Darüber hinaus können nützliche Ideen zu allen Bereichen, Produkten und Dienstleistungen des Unternehmens auch von jedem Mitarbeiter, Kunden oder Lieferanten kommen. Wirklich gute Ideen fallen nicht vom Himmel. In der Regel braucht man sehr viele Ideen, um eine wirklich gute zu haben. Der Austausch mit anderen und sich von deren Ideen inspirieren zu lassen und sie weiterzudenken ist beim Ideenfindungsprozess sehr hilfreich. Und nur ein Unternehmen, das Ideen strukturiert aufnimmt, bewertet und bearbeitet, nimmt die Chance wahr, unter vielen Ideen die großartigen zu finden und etwas daraus zu machen.

Mit der Cloud-Lösung *SAP Innovation Management* unterstützt SAP Unternehmen dabei, Ideen zu sammeln, zu strukturieren und daraus Innovationen zu machen. Die Nutzer können über eine Weboberfläche zugreifen, sodass sie ihre Ideen auch von mobilen Geräten aus einreichen können. Die eingereichten Beiträge sind dann für die Nutzer mitsamt einem Titel, einer Beschreibung, Zusatzinformationen wie Links, Videos und Bildern und einem Status sichtbar. Ideen werden also nicht nur gesammelt, sondern auch der Prozess dahinter wird transparent gemacht. Die Ideen können dann von Nutzern kommentiert und diskutiert werden. Im *Innovation Office* werden Ideen jeweils einer Kampagne zugeordnet und weiterverfolgt. Abbildung 2.16 zeigt, wie eine solche Liste von Ideen im Browser aussieht.

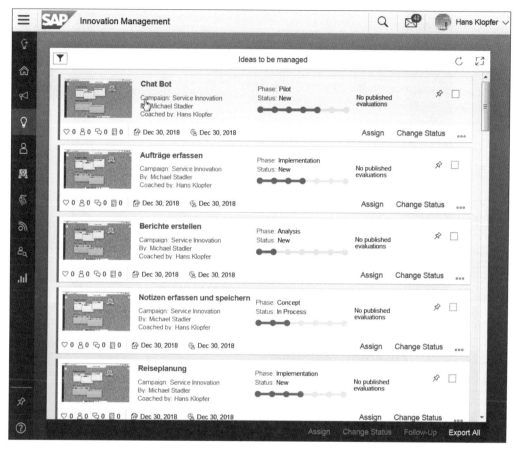

Abbildung 2.16 Beispiel für eine Ideenliste in SAP Innovation Management

Zum Beispiel können über den EXPERT FINDER passende fachliche Ansprechpartner für das Thema gefunden werden. Dabei stellt die Software die Experten zu einem Thema als Netzwerkgrafik dar. Mit jedem Hinzufügen von weiteren Stichwörtern zum Suchergebnis verändert sich der Baum, sodass der Suchende schnell erkennen kann, welche Mitarbeiter welche der gesuchten Kompetenzen abdecken (siehe Abbildung 2.17).

Abgerundet wird das Produkt durch Funktionen zur Evaluierung von Ideen, für das Einholen von Expertenmeinungen, durch Reporting-Funktionen für die Auswertung und durch eine Integration mit SAP Portfolio and Project Management (SAP PPM). Weiterführende Informationen findest du bei SAP: »SAP Innovation Management.« unter: *http://s-prs.de/670329*.

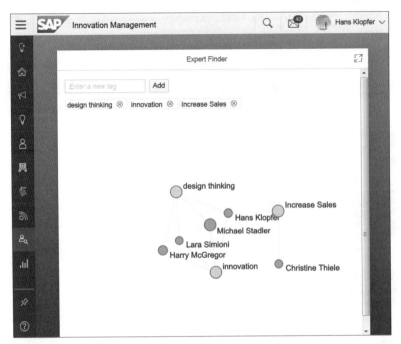

Abbildung 2.17 SAP Innovation Management – Expert Finder

2.9   Zusammenfassung

Inhaltlich deckt dieses Kapitel eine große Bandbreite ab: von den Angeboten von SAP bis hin zu den Aus- und Weiterbildungsangeboten der HPI School of Design Thinking. Im Folgenden erhältst du eine kurze Zusammenfassung der wesentlichen Punkte:

▶ SAP-Gründer Hasso Plattner ist einer der größten Verfechter von Design Thinking weltweit, u. a. deshalb bietet SAP Workshops, Werkzeuge, Produkte und Lösungen zu Design Thinking an.

▶ Unter dem Namen AppHaus betreibt SAP Einrichtungen, die geradezu perfekt auf Design Thinking und die dahinterstehenden Ideen ausgerichtet sind: flexible und inspirierende Arbeitsplätze für das gemeinsame Arbeiten als Team. Sie sind Paradebeispiele dafür, wie Design Thinking praktiziert wird und entsprechende Räume gestaltet werden können.

▶ Über das SAP AppHaus Network stellen Partner von SAP ihre Kreativräume dem Netzwerk zur Verfügung.

▶ Mit Scenes stellt SAP einen schönen Werkzeugkasten bereit, um schnell Storys zu erzählen und diese mit geringem Aufwand für andere darzustellen. Scenes ist für die Erstellung von Prototypen insbesondere zu Prozessen und Dienstleistungen hervorragend geeignet, wie ich dir in Kapitel 6, »Ein Beispiel-Workshop – Phase ›Design‹«, noch zeigen werde.

▶ Mit SAP Build können Prototypen von Frontend-Anwendungen auf Basis von SAP Fiori erstellt werden. Darüber hinaus kannst du mit Build auch Personas erstellen. Wie das genau geht, erfährst du in Kapitel 5, »Ein Beispiel-Workshop – Phase ›Discover‹«. Den Einsatz von SAP Build für Prototypen zeige ich dir in Kapitel 6. Im Abschnitt LEARNING auf der Webseite von SAP Build kannst du dein Wissen über Design Thinking erweitern.

▶ SAP AppHaus bietet Designdienstleistungen in den Kategorien Business Model Innovation, Business Process Innovation, User Experience Innovation und Foster Innovation Culture an.

▶ Das Kursverzeichnis von openSAP enthält mehrere Kurse zu Design Thinking. Zusätzlich empfehle ich dir auch die Kurse zu SAP Leonardo und zur Visualisierung in Workshops.

▶ Der Schulungskatalog von SAP umfasst derzeit zwei Kurse zu Design Thinking und eine Zertifizierungsprüfung, bei der grundlegende Kenntnisse der Methode nachgewiesen werden müssen, um die Zertifizierung erfolgreich abzuschließen.

▶ Die HPI School of Design Thinking in Potsdam (kurz: HPI D-School) ist die wahrscheinlich größte Ausbildungsstätte für Design Thinker in Deutschland. Sie wurde von Hasso Plattner gegründet und bietet neben Kursen für einzelne Teilnehmende auch zahlreiche Dienstleistungen für Organisationen an. Dazu gehören Methoden-Workshops und Coachings.

3 Auf in die Praxis: die Vorbereitungen

Zu einem Workshop gehören umfangreiche Vorbereitungen. Diese beginnen mit dem ersten Kontakt und dem Formulieren der Fragestellung. Was darüber hinaus wichtig ist, verrate ich dir in diesem Kapitel.

Die erste Aufgabe als Coach ist es, mit dem Auftraggeber eine geeignete Problemstellung (im Folgenden auch *Challenge*) für den Workshop zu formulieren. Diesen Fokus gleich zu Beginn festzulegen ist besonders wichtig für die Durchführung des Workshops. Oft wird das Problem gar nicht präzise eingegrenzt. Aber nur für ein Problem, das der Auftraggeber formulieren kann, kann das Team auch Lösungsideen entwickeln.

Darüber hinaus möchte ich dir in diesem Kapitel die Arbeiten in der Vorbereitungsphase und die dafür erforderliche Vorbereitungszeit aufzeigen. Es geht dabei auch um die besonderen Anforderungen an den Raum, in dem der Workshop stattfindet, und die Bedeutung der Unterstützung durch das Management, die Beschaffung des Materials und die Klärung einer Reihe von logistischen Fragen.

Sehr wichtig ist, den Auftraggeber für die besonderen Anforderungen des Workshops zu sensibilisieren. Du musst ihn zunächst davon überzeugen, dass Design Thinking genauso gemacht werden sollte, wie die Methode und die Erfahrung des Coaches es vorsehen, auch wenn man sich dafür außerhalb der Komfortzone bewegen muss. Manchmal sorgen Elemente wie Warm-up-Spiele für Irritationen, oder es wird der Versuch unternommen, diese Spiele wegzudiskutieren. Aber gerade das Verlassen der Komfortzone ist ein Teil des Erfolgsrezepts.

Im Folgenden geht es um die Rahmenbedingungen, die einfach passen müssen, und um Fragen zu beantworten wie:

- »Wie lange soll ein Workshop dauern?«
- »Wie stelle ich das richtige Team zusammen?«
- »Wie plane ich meine Workshops?«
- »Wie wähle ich die passenden Methoden pro Schritt aus?«
- »Wie lade ich die Teilnehmenden ein?«
- »Wie bereite ich den Auftraggeber/die Auftraggeberin und die Teilnehmenden auf den Workshop vor?«

Am Anfang steht die Formulierung der Aufgabenstellung, und dazu möchte ich dir im Folgenden ein paar Tipps geben.

3.1 Erste Herausforderung: die Challenge formulieren

Die Challenge ist der Ausgangspunkt für den Workshop und daher von zentraler Bedeutung. Sie fasst die Aufgabenstellung für den Design-Thinking-Workshop in Form einer Frage zusammen. Üblicherweise erarbeite ich diese gemeinsam mit dem Auftraggeber im Rahmen eines Telefonats. Dieses sollte mindestens vier Wochen vor dem Workshop stattfinden, weil die Erfahrung zeigt, dass in der Regel noch eine Konkretisierung im Rahmen eines zweiten Telefonats erforderlich ist. Darüber hinaus ist dann genügend Zeit, um alle Teilnehmenden rechtzeitig zum Workshop einladen zu können und um dem Coach eine ausreichende Vorbereitungszeit zu ermöglichen. Vor allem den erforderlichen zeitlichen Vorlauf für die Einladung solltest du nicht unterschätzen, denn Personen aus verschiedenen Abteilungen müssen einen gemeinsamen Termin finden. Ich freue ich mich über jeden, der mich kontaktiert, um mit mir gemeinsam über einen Design-Thinking-Workshop nachzudenken. Manchmal ergibt sich aus dem Gespräch mit dem Auftraggeber aber auch, dass Design Thinking nicht die passende Methode ist. Das ist dann schade, aber es bringt nichts, die Fragestellung oder die Methode zu verbiegen.

Doch fangen wir vorne an: Was ist eine passende Fragestellung? Meist hat der Auftraggeber sich bereits Gedanken über das Problem gemacht, für dessen Lösung er Design Thinking nutzen möchte. Meist genügt für den Erstkontakt eine Telefonkonferenz von 30 bis 60 Minuten. Ich empfehle dabei, das Telefonat im kleinen Kreis durchzuführen: ein oder zwei Vertreter des Auftraggebers, ggf. einer deiner Kollegen, über den der Kontakt zustande gekommen ist, und du.

In diesem ersten Telefonat solltest du vor allem zuhören, Verständnisfragen stellen und dir ein paar Notizen machen. Sobald der Auftraggeber einen ersten Überblick über das Problem oder die Zielsetzung (etwa die Absicht, eine App zum Austausch zwischen Mitarbeitern zu entwickeln) und den Kontext dargestellt hat, frage gezielter nach:

▶ Für welche Nutzer(innen) oder Nutzergruppen möchte der Auftraggeber etwas verbessern?

▶ Was genau möchte der Auftraggeber verbessern? (Wenn nichts verbessert werden soll, brauchen wir keinen Workshop.)

▶ Gibt es Nebenbedingungen, die die möglichen Lösungen bewusst oder unbewusst einschränken?

Ich bevorzuge Challenges im Format »Wie könnten wir ...?« (»How might we ...?« oder kurz HMW im englischsprachigen Raum) und orientiere mich dabei an Uebernickel/Brenner/Pukall/Naef/Schindlholzer: »Design Thinking: Das Handbuch«, 2015, S. 88 ff.

Am Anfang der Challenge steht also das namensgebende »Wie könnten wir ...« und am Ende das Fragezeichen. Dazwischen wird das Problem möglichst offen als Frage formuliert. Ich lasse dabei ausdrücklich die Nutzerinnen und Nutzer benennen, die von dem Problem betroffen sind und für die wir mithilfe des Workshops Ideen zur Verbesserung ihrer »Lage« finden wollen. Es klingt so banal, aber ich stelle immer wieder fest, dass gar nicht klar ist, wo genau das Problem liegt, das gelöst werden muss, oder für wen man überhaupt etwas verbessern möchte. Ohne eine konkrete Problemstellung brauchen wir jedoch gar nicht erst anzufangen, das Problem lösen zu wollen. In der Praxis werden daher oft Aufgabenstellungen ohne Nennung der Nutzer(innen) formuliert. Zum Beispiel: »Wie könnten wir den Ablauf in der Versandabwicklung verbessern?«. Dann ist es eine der ersten Aufgaben im Workshop, die Nutzer zu bestimmen, um die es gehen soll.

Verwende für die Challenge übrigens besser den Konjunktiv »könnten« statt »können«, um den Lösungsraum zu erweitern. So können auch Lösungen in Betracht gezogen werden, die vielleicht nicht realisierbar sind oder zumindest nicht realisierbar zu sein scheinen. Wir wollen uns nicht bereits bei der Suche einschränken, sondern die zunächst einmal gefundenen Ideen erst im Nachgang bewerten. Eine Lösung, die heute unmöglich erscheint, ist in wenigen Wochen, Monaten oder Jahren vielleicht leicht(er) zu realisieren. Beispiele für Dinge, die vielen unmöglich erschienen und die doch realisiert wurden, bietet die Geschichte der Menschheit ja genug, man denke ans Fliegen, die Mondlandung oder das Internet.

Übrigens muss die Formulierung der Challenge zu Beginn nicht perfekt sein. Sie soll lediglich das Problem auf den Punkt bringen und den Lösungsraum definieren, in dem das Team nach Möglichkeiten sucht. Die Challenge kann (und wird häufig) im Verlauf des Workshops vom Team verändert, präzisiert oder offener formuliert werden. Das nennt man *Reframing*, und es ist ausdrücklich Teil des Prozesses. Auch hier nähern wir uns also schrittweise der Lösung.

Wie zuvor beschrieben, gilt für die Challenge folgendes Muster:

»*Wie könnten wir ... <was> für <wen> verbessern, obwohl <Einschränkung>?*«

Das Ganze kann auch variiert werden, z. B. nach dem Muster:

»*Wie könnten wir <wem> helfen, <was> zu erreichen, obwohl <Einschränkung>?*«

Die Einschränkung ist optional. Sie dient dazu, den Lösungsraum, also die zulässigen Lösungen, zu begrenzen, wenn bestimmte Rahmenparameter faktisch gesetzt sind, etwa ein Budget zur Realisierung oder die Festlegung darauf, dass die Lösung mit einer bestimmten Software funktionieren muss. Meine Erfahrung hat jedoch auch gezeigt, dass es sich immer lohnt, solche Einschränkungen zu hinterfragen. Dabei wirst du ggf. feststellen, dass eine im ersten Gespräch geäußerte Nebenbedingung durch eine konkrete Vorstellung des Auftraggebers von der Lösung beeinflusst ist.

Zeit und Budget sind in der Regel valide Parameter, Software oder Plattform aber nicht zwingend. Frage bei Einschränkungen also nach, um herauszufinden, was die Beweggründe sind.

Manchmal ist es sinnvoll, die Challenge von Einschränkungen zu befreien. Je offener die Challenge formuliert ist, desto mehr Möglichkeiten lässt sie zur Lösung des Problems zu. Zum Beispiel sollte in einem meiner Workshops mal die Frage beantwortet werden, wie eine mobile App aussehen könnte, die Mitarbeiter(inne)n die Informationsbeschaffung zu Innovationsthemen (und den fachlichen Austausch dazu) ermöglicht. Mein Co-Moderator und ich überzeugten den Auftraggeber davon, die App aus der Fragestellung zu streichen und offener für andere Lösungsideen des Teams zu sein. Die Ergebnisse des Workshops waren Konzepte für eine App (wie zu erwarten war, da die Auftraggeber Mitglieder des Teams waren und sich vorher schon Gedanken über eine mögliche Lösung gemacht hatten), aber auch für einen Podcast, der Mitarbeiter(innen) regelmäßig über Neuerungen informieren sollte. In diesem Workshop beflügelte die offenere Fragestellung das Team, sich eine andere Lösung auszudenken, als zuvor erwartet wurde, nachdem die Teammitglieder die Probleme der Nutzer verstanden hatten.

Die Challenge ist also der Dreh- und Angelpunkt des Workshops. Sie beschreibt das Problem, und ich empfehle dir dringend, sie vom Management des Auftraggebers absegnen zu lassen. Die Zustimmung des Managements zur Aufgabenstellung und zum Design-Thinking-Workshop ist ganz wesentlich für den Erfolg.

Wie sich eine Challenge entwickelt

Im Folgenden möchte ich dir ein Beispiel dafür zeigen, wie sich eine Challenge in den Vorgesprächen entwickeln könnte:

1. **»Wir wollen eine App erstellen!«**
   Diese Challenge drückt den Wunsch und das gewünschte Ergebnis klar aus. Mich stört dabei, dass das Problem nicht identifiziert und auch die Lösungssuche stark eingeschränkt ist. Auch ist mir nicht klar, für welche Nutzer diese App eine Verbesserung erreichen soll.

2. **»Wir wollen eine App für den Vertrieb erstellen!«**
   Diese Challenge formuliert klar den gewünschten Ergebnistyp, und auch der Nutzerkreis wird grob beschrieben. Leider ist mir noch immer nicht klar, welchen Teil der Arbeit der Vertriebsmitarbeiter und -mitarbeiterinnen die App verbessern soll.

3. **»Wie könnte eine App für den Vertrieb aussehen?«**
   Hier wurde die vorherige Challenge näher an das Format »Wie könnten wir …?« gebracht. Damit gefällt sie mir schon wesentlich besser. Meine Kritik bleibt jedoch bestehen: Es ist immer noch unklar, welchen Nutzen die App genau haben soll. Auch fehlt mir in dieser Frage das »Wir«, das zuvor noch enthalten war.

4. **»Wie könnte eine App für den Vertriebsaußendienst aussehen?«**
   Diese Challenge gefällt mir besser, da sie den Nutzerkreis stärker fokussiert, allerdings fehlt mir noch die Antwort auf das »Warum eigentlich?«. Und das »Wir« fehlt
   noch immer.

5. **»Wie könnte eine App aussehen, die Außendienstmitarbeitern und**
   -mitarbeiterinnen hilft, Besuchstermine besser durchzuführen?«
   Nun wird der Anwendungszweck genauer beschrieben – offensichtlich gibt es also
   Probleme bei der Durchführung von Besuchsterminen, die der Auftraggeber lösen
   möchte. Soweit gefällt mir das schon sehr gut. Allerdings möchte ich die Beschrän-
   kung auf eine App idealerweise noch aufheben, denn vielleicht ist eine App nur die
   erste Lösung, an die man gedacht hat, aber nicht die beste.

6. **»Wie könnten wir Außendienstmitarbeiterinnen und -mitarbeitern helfen, Be-**
   suchstermine bei Kunden besser vorzubereiten und einfacher durchzuführen?«
   Diese Challenge leistet für mich all das Geforderte: Sie beschreibt die Nutzer, für die
   man etwas verbessern möchte, und ist so lösungsoffen formuliert, dass auch andere
   Lösungsmöglichkeiten als eine App infrage kommen.

Zum Abschluss dieses Abschnitts möchte ich dir noch ein paar Beispiele für Challenges geben, damit du einen besseren Eindruck davon bekommst, wie das Format
»Wie könnten wir …?« funktioniert:

▶ »Wie könnten wir Großstadtbewohnern helfen, ein gesünderes Leben in Einklang mit der Natur zu führen?«

▶ »Wie könnten wir den Arbeitsalltag für Mitarbeiter und Mitarbeiterinnen in der
   Finanzbuchhaltung verbessern?«

▶ »Wie könnten wir neuen Mitarbeitern und Mitarbeiterinnen helfen, sich mit
   ihren Kollegen zu vernetzen und über unsere neuen Produkte auszutauschen?«

▶ »Wie könnten wir Singles zwischen 20 und 30 Jahren helfen, einen Partner oder
   eine Partnerin zu finden und eine Familie zu gründen, obwohl sie nur wenig verfügbare Freizeit haben?«

▶ »Wie könnten wir unsere Außendienstmitarbeiter im Großkundensegment besser bei ihrer täglichen Arbeit beim Kunden vor Ort unterstützen, obwohl wir nur
   ein Budget von 100.000 Euro pro Jahr aufbringen können?«

Manchmal klingt die Challenge banal

Sehr deutlich ist mir eine Telefonkonferenz mit zwei Auftraggebern in Erinnerung, in
der es den beiden sehr schwerfiel, die Problemstellung in einem oder zwei Sätzen zusammenzufassen. Ich wurde auf eine PowerPoint-Folie verwiesen, auf der das Problem
gut sichtbar beschrieben wurde. Allerdings füllte die Problembeschreibung hier eine
ganze Seite. Also hakte ich nach, und im Laufe der Telefonkonferenz gelang es uns
schließlich, das Problem in einem einzigen Satz zusammenzufassen. Die beiden Auftrag-

geber waren verblüfft, wie »banal« die Challenge klang. Sie waren begeistert, dass es uns gelungen war, das Problem so auf den Punkt zu bringen. Und genau das Entscheidende passierte: Dadurch, dass die Kernfrage sehr lösungsoffen formuliert wurde, wurde sie passend für einen Design-Thinking-Workshop. Die beiden stimmten im Nachgang die Challenge mit dem Sponsor des Workshops ab. Er bestätigte, dass diese Challenge den Nagel auf den Kopf getroffen habe. Dieses Beispiel zeigt, dass es sich lohnt, sich bei der Formulierung der Frage hinreichend Zeit zu nehmen.

 Übung: Erste Challenges formulieren

Nun versuche zum Abschluss noch einmal selbst, eine Challenge zu formulieren. Dazu gehst du wie folgt vor:

1. Nimm dir ein leeres Blatt Papier und einen Stift. Schreibe die Worte »Wie könnten wir« auf das Papier.

2. Überlege dir kurz ein aktuelles Problem aus deinem Arbeitsumfeld. Formuliere das Problem als »Wie-könnten-wir …?«-Frage. Falls das nicht auf Anhieb klappt, macht das nichts. Es erfordert ein wenig Übung, Problemstellungen so zu formulieren. Probiere es einfach aus.

3. Stelle sicher, dass es bei dem Problem um Menschen und ihre Bedürfnisse geht.

4. Stelle sicher, dass die Lösung des Problems für diese Menschen etwas verbessern würde.

5. Versuche, der Fragestellung noch etwas Spannung zu geben, indem du ein »obwohl« oder »unter Berücksichtigung, dass« und den entsprechenden Kontext hinzufügst.

6. Gibt es Einschränkungen der zulässigen Lösungen, füge sie hinzu.

7. Überarbeite die Fragestellung so lange, bis sie passt. Orientiere dich ggf. an den Fragen und Anpassungen, die du im oben genannten Beispiel »Wie sich eine Challenge entwickelt« gelesen hast.

8. Schreibe die Challenge auf.

Herzlichen Glückwunsch, damit hast du eine richtige Challenge formuliert und zu Papier gebracht!

3.2 Die Zielsetzung

Zu Beginn dieses Kapitels hatte ich gesagt, dass ich normalerweise ein- bis zweimal mit meinem Auftraggeber telefoniere, um herauszufinden, um welches Problem es geht, wie die Rahmenbedingungen sind und ob Design Thinking der richtige Ansatz zur Lösung dieses Problems ist. In diesen Telefonaten besprichst du auch die Zielsetzung des Workshops:

- Was soll am Ende des Workshops herauskommen?
- Warum möchte der Auftraggeber den Workshop durchführen?
- Wie wird nachher bestimmt, ob der Workshop erfolgreich war?

Nur wenn das Ziel des Design-Thinking-Workshops klar ist, kannst du passende Methoden auswählen und mit diesen Methoden darauf hinsteuern. Dabei geht es nicht darum, dass die Lösung zur Fragestellung vorher feststeht, sondern darum, dass der Auftraggeber Ergebnisse in der Form bekommt, in der er sie haben möchte. Banal, aber wenn z. B. *Mockups* für neue Benutzeroberflächen erwartet werden, dann ist es wichtig, dass das Team während des Workshops Mockups für neue Oberflächen erstellt.

Manchmal wird Auftraggebern erst beim Gespräch über die Erwartungshaltung und die Ziele klar, was sie tatsächlich erwarten und wo sie das Problem sehen, das es zu lösen gilt. Und manchmal wird dann im Workshop offenbar, dass das Team die Probleme ganz woanders sieht, als der Auftraggeber vorab angenommen hatte. Genau das ist ein wertvoller Erkenntnisgewinn eines Workshops und Ergebnis des tiefen Problemverständnisses, das im Workshop erarbeitet wird. Das Team ist übrigens bei Design Thinking demokratisch. Damit würde in einem Fall wie diesem das Team darüber abstimmen, an welcher Problemstellung es weiterarbeitet. Wenn der Auftraggeber selbst Mitglied des Teams ist, hat er selbstverständlich auch eine Stimme bei der Abstimmung.

Informiere den Auftraggeber in diesen Vorgesprächen auch darüber, welche Art Dokumentation er im Anschluss bekommt. Ich fertige immer ein Fotoprotokoll an, das alle Workshop-Ergebnisse enthält. Diese Darstellungen enthalten auch Informationen zu Design Thinking und den eingesetzten Methoden, aber keine Erläuterungen oder Kommentierungen der Ergebnisse. Am besten besprichst du mit dem Auftraggeber vor dem Workshop, was er an Dokumentation erwarten kann. Mehr zur Dokumentation findest du in Kapitel 8, »War's das? Nachbereitung und Dokumentation«.

Worin das Problem besteht ...   `[zB]`

Ich erinnere mich an einen Workshop, bei dem der Auftraggeber davon ausgegangen war, dass das Mittel der Wahl zur Verbesserung des Arbeitsalltags für alle beteiligten Mitarbeiter in einem Teilprozess neue Benutzeroberflächen für ihre SAP-Prozesse sei. Es zeigte sich aber im Workshop, dass die Probleme viel tiefer lagen und andere Lösungsideen als Mockups erforderlich waren. Nun rückten die Überarbeitung der abteilungsübergreifenden Prozesse und die Datenkonsistenz in den Fokus. Der Auftraggeber war sehr zufrieden mit den Ergebnissen des Workshops, denn hätte er sich lediglich auf die Neugestaltung der Benutzeroberflächen konzentriert, hätte die Umsetzung des Projekts nur einen Teil der Probleme gelöst.

3.3 Das Team

Im oben beschriebenen Beispiel zeigt sich einer der Gründe dafür, dass Design Thinking so gut funktioniert: Das Team bestand aus Mitgliedern aus mehreren Abteilungen, die miteinander das Problem analysiert und gemeinsam nach Ursachen und Lösungen gesucht haben. Dieser teamübergreifende Austausch und die verschiedenen Sichtweisen sind wichtige Schlüsselelemente des Design Thinkings, wie wir uns nun genauer anschauen werden. Ein solches Team nennen wir *multidisziplinär*, weil eine ganze Reihe verschiedener Disziplinen vertreten ist.

Sobald die Aufgabenstellung in Abstimmung mit dem Auftraggeber klar ist, stellt sich die Frage nach den richtigen Teilnehmern und Teilnehmerinnen für den Workshop. Das Team sollte aus sechs bis acht Teilnehmern bestehen und dabei möglichst vielseitig aufgestellt sein:

▶ **Frauen und Männer**
Man merkt IT-Unternehmen und IT-Abteilungen hier tatsächlich an, dass die IT-Branche immer noch häufig eine Männerdomäne ist. Vielseitigkeit und verschiedene Standpunkte sind ausdrücklich erwünscht, daher sollten nicht nur Männer im Team vertreten sein.

▶ **Verschiedene Altersgruppen**
Von Jung bis Alt sollte alles vertreten sein. Ältere Menschen verfügen häufig über mehr Berufs- und Lebenserfahrung als jüngere Menschen, und davon kann das Team profitieren. Junge Menschen bringen oft frische Ideen mit, weil sie in der Regel aufgrund der kürzeren Zugehörigkeit zum Unternehmen weniger betriebsblind sind. Viele junge Menschen beschäftigen sich (privat oder z. B. im Studium) mit neuen Technologien, sodass sie auch dieses Wissen und ihre Erfahrungen einbringen können. Daher sollte ein Team immer eine hohe Bandbreite von Altersgruppen aufweisen.

▶ **Verschiedene Erfahrungslevel**
Der Juniorberater hat vielleicht eine andere Sichtweise und erkennt andere Probleme als der Seniorberater, der schon seit zehn Jahren im Job ist.

▶ **Verschiedene Zugehörigkeit zum Unternehmen**
Neulinge und »alte Hasen« haben oft unterschiedliche Ansichten über die Möglichkeiten des Unternehmens oder dessen Produkte.

▶ **Verschiedene Nationalitäten/kulturelle Hintergründe**
Ein Beispiel für ganz banale Unterschiede zwischen Ländern und Kulturen sind die unterschiedliche Gestaltung von Mahlzeiten und die Art und Weise, wie sie eingenommen werden: In Deutschland z. B. besteht das Frühstück normalerweise nur aus einer Handvoll Zutaten und wird kalt eingenommen. In Japan hin-

gegen stellt das Frühstück eine wesentliche und warme Mahlzeit dar, die auch schon mal 30 verschiedenen Zutaten enthält. Unterschiede in Denk- und Herangehensweisen wollen wir uns hier zunutze machen.

▶ **Verschiedene Jobs**
Jeder Job bringt eine andere Perspektive mit sich: Ingenieure haben oft eine andere Sicht auf Probleme und Lösungen als Menschen aus Marketing oder Vertrieb. Jede Sichtweise zu berücksichtigen ist wichtig und hilfreich. Hier gilt es also z. B., Menschen, die Produkte technisch verstehen, mit Menschen zusammenzubringen, die diese Produkte verwenden oder die Anwender kennen.

Das Team zusammenzustellen ist ein Prozess, für den sich der Auftraggeber (gerne gemeinsam mit dem Coach) genügend Zeit nehmen sollte. Auch empfehle ich, für jeden Teilnehmenden direkt einen Nachrücker/eine Nachrückerin zu benennen, falls der ursprünglich angedachte Teilnehmende am Workshop-Termin doch nicht verfügbar ist. Ein beispielhaftes Team habe ich mithilfe von Scenes in Abbildung 3.1 dargestellt. Dieses Werkzeug kennst du ja schon aus Abschnitt 2.4, »Scenes«.

Abbildung 3.1 Ein multidisziplinäres Team aus Sicht der Abteilungen (made with Scenes)

Es sollten vor allem Menschen für das Team nominiert werden, die möglichst »breit« denken und die neben ihren umfassenden Fachkenntnissen einen bunten Strauß an Fähigkeiten und Erfahrungen in anderen Gebieten mitbringen (das nennen wir *T-Profil*). Wichtig ist, dass die Menschen aktiv mitarbeiten wollen und eine positive Grundhaltung mitbringen. Ich schätze es sehr, wenn Menschen teilnehmen, die auch für »ausgefallene Ideen« offen sind. Durch die Gruppendynamik können so unkonventionelle Ideen entstehen, die vielleicht nicht direkt umgesetzt werden können, aber dem Team Impulse geben, mutig in diese Richtung zu denken und etwas Neues zu wagen.

Eine Teamgröße mit sechs bis acht Teilnehmenden pro Coach funktioniert sehr gut – auf diese Weise kann sich jeder einbringen, und es wird auch jeder gefordert, weil die Gruppen so klein sind, dass jede Hand, jedes Paar Augen und jedes Gehirn gebraucht werden. In Ausnahmefällen sind auch Gruppen mit bis zu zehn Teilnehmenden pro Coach möglich, wobei ich Gruppen dieser Größe während des Workshops immer wieder in kleinere Gruppen aufteile und im Laufe eines Workshops gerne durchmische, sodass immer wieder andere Zusammensetzungen für die Kleingruppen entstehen.

Alternativ kann man auch zwei Teams den gesamten Workshop im Wettbewerb gegeneinander bestreiten und sich gegenseitig am Ende von den Ergebnissen der anderen überraschen lassen.

Bei manchen Workshops ist es erforderlich oder zumindest sinnvoll, dass jemand einen kurzen Impulsvortrag hält, also eine Einleitung in ein Thema, dessen Verständnis für die Bearbeitung der Challenge wichtig oder hilfreich ist. Vor ein paar Monaten moderierte ich einen Workshop zur Entwicklung einer Produktstrategie. Dort hielt ein Manager zu Anfang einen Impulsvortrag über die Unternehmensstrategie, um den Unternehmenskontext für den Workshop darzustellen. Ein solcher Impulsvortrag sollte maximal 15 Minuten dauern. Der vortragende Mensch muss nicht Teil des Teams sein, auch das Einladen von Gästen ist möglich.

Was ist das T-Profil?

Eine Google-Suche nach dem Stichwort *T-Profil* liefert wenige in unserem Zusammenhang nützliche Ergebnisse. Ich meine in diesem Buch allerdings die Kenntnisse und Erfahrung eines Menschen, die sich als T darstellen lassen:

Stell dir einen senkrechten Balken (I) vor. Das ist die Expertise des Menschen, also besonders umfassende Kenntnisse. Sie sind quasi das Standbein, was auch bildlich ganz schön passt.

Nun nehmen wir alles andere, was der Mensch abseits seines Standbeins kennt und was ihn ausmacht, und stellen das ebenfalls als Balken dar. Diesen Balken legen wir aber quer, denn er stellt die Bandbreite an Wissen und Erfahrungen dar, über die der Mensch ebenfalls verfügt. Idealerweise ist der Balken sehr breit, geht oft aber nicht besonders tief. Das ist nicht schlimm, denn hier ist die Breite wichtiger als die Tiefe.

Kombinieren wir nun beide Bestandteile zu einem T, ergibt sich das schöne Bild eines stabilen Sockels mit einem breiten Dach. Der Mensch verfügt über Kenntnisse und Erfahrungen in verschiedenen Themengebieten und kann somit verschiedene Perspektiven einnehmen und sich in der Regel auch gut mit anderen Menschen aus anderen Fachdisziplinen austauschen, da in vielen Bereichen bereits Grundkenntnisse vorhanden sind.

In Abbildung 3.2 zeige ich dir noch ein Beispiel für ein T-Profil. Bei der Darstellung habe ich mich vom Bewerbungsprozess für die HPI D-School Potsdam inspirieren lassen. Hier werden Bewerber u. a. gebeten, ihr eigenes Profil in Form des Buchstabens T darzustellen. Mehr zum Thema Teamzusammensetzung, Multidisziplinarität und zum T-Profil findest du in Uebernickel/Brenner/Pukall/Naef/Schindlholzer: »Design Thinking: Das Handbuch«, 2015, S. 73–75).

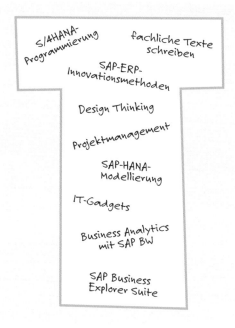

Abbildung 3.2 Ein T-Profil grafisch dargestellt

Übung: Ein eigenes T-Profil erstellen

Zum Abschluss noch eine kleine Übung zum T-Profil. Du wirst staunen, wie viel Spaß es macht, sich seiner eigenen Kenntnisse und Erfahrungen bewusst zu werden. Gehe wie folgt vor:

1. Schnapp dir ein leeres DIN-A4-Blatt Papier und einen Stift.

2. Male ein großes leeres T mit einem breiten Stamm auf das Papier.

3. Denke einen Moment im Stillen nach, was deine tiefen Fachkenntnisse und Erfahrungen sind und welche Fähigkeiten, Kenntnisse und Erfahrungen du darüber hinaus in der Breite hast.

4. Nun trage alle Begriffe an der passenden Stelle in der leeren Kontur ein.

Herzlichen Glückwunsch! Du hast dein eigenes T-Profil erstellt und kannst es mit jeder neuen Erfahrung erweitern.

⌜/⌟   Übung: Team zusammenstellen

Nimm dir deine Challenge aus der Übung in Abschnitt 3.1, »Erste Herausforderung: die Challenge formulieren«, zur Grundlage. Nun überlege dir dazu, welche sechs bis acht Teilnehmenden du aus deinem Unternehmen und/oder von Geschäftspartner(inne)n für deinen Workshop einladen würdest, damit sich ein zu dem Thema passendes, möglichst breit aufgestelltes Team ergibt. Meiner Erfahrung nach geht jeder Auftraggeber bei der Erstellung des Teams anders vor. Ich empfehle, auch themenfremde Menschen einzuladen und ganz nüchtern zu prüfen, ob das Kriterium Vielfalt durch das Team in den verschiedenen Dimensionen (Geschlechter, Alter, Unternehmenszugehörigkeit, kultureller Hintergrund etc.) hinreichend erfüllt wird.

3.4   Der Ort

Der Ort, an dem der Workshop stattfindet, spielt eine entscheidende Rolle: Er soll das Team dabei unterstützen, kreativ und konzentriert zu arbeiten. Ein großer Schub Kreativität ergibt sich meiner Erfahrung nach häufig daraus, dass der Raum ganz anders aufgebaut ist als normale Arbeitsumgebungen. Das heißt, es handelt sich weder um ein »normales« Büro noch um einen »normalen« Besprechungsraum. In Ersterem findet Tagesgeschäft statt, und die meisten Büroräume, die ich als SAP-Berater kennenlernen durfte, waren nicht für Teamarbeit ausgelegt. Auch Whiteboards sind nur selten in Büros vorhanden, und viele Menschen haben sich in ihren Büros häuslich eingerichtet, sodass es viel Ablenkung und viele »Reviermarkierungen« gibt und oft auch wenig freier Platz zum Arbeiten und Visualisieren von Gedanken vorhanden ist.

Ich empfehle daher, einen Workshop tatsächlich in einem passend (um-)gestalteten Besprechungsraum oder in einer offenen, freien Fläche mit verschiebbaren Stellwänden durchzuführen oder eben noch besser in einem Raum, der gezielt auf die Durchführung von Design-Thinking-Workshops ausgerichtet wurde. Was das bedeutet, möchte ich im Folgenden erläutern.

In einem Design-Thinking-Workshop arbeitet das Team die meiste Zeit im Stehen, weil das Stehen Aktivität und Kreativität fördert. Die Teilnehmerinnen und Teilnehmer des Workshops können so gar nicht in Konferenzstühlen »versacken«, sondern arbeiten aktiv mit. Meiner Erfahrung nach wird im Stehen auch weniger »destruktiv« diskutiert, als wenn die Beteiligten bequem sitzen. Eine erste Vorstellung davon, wie ein geeigneter Raum aussehen kann, zeigt Abbildung 3.3.

Abbildung 3.3 Ein Design-Thinking-Raum bei itelligence (Quelle: itelligence AG)

Was zeichnet also einen Design-Thinking-Raum aus? Zuallererst viel freier Fußboden, d. h., es stehen keine großen, fest installierten Tische im Raum. Der klassische Konferenztisch, wie er in vielen Besprechungsräumen zu finden ist, glänzt durch Abwesenheit. Das allein macht schon viel aus. Denk mal darüber nach, wie viele unbefriedigende Besprechungen du in klassischen Besprechungsräumen erlebt hast. Du kannst dir sicher vorstellen, dass ein Raum, der dahingehend auf den ersten Blick anders aussieht, schon etwas bei den Teilnehmenden auslöst, auch wenn sich vielleicht die meisten von uns in großen »leeren« Räumen am Anfang etwas verloren fühlen. Ich kann das vor Beginn des Workshops manchmal beobachten, wie die Teilnehmerinnen und Teilnehmer sich etwas »verloren« im Raum einen Platz zum Festhalten, Aufstützen oder Hinsetzen suchen. Dann ist es mir wichtig, das Unbehagen direkt aufzulösen. Meist verfliegt es, wenn der Workshop mit der Begrüßung und einem Warm-up-Spiel und der ersten Arbeitseinheit beginnt.

Viel Licht inspiriert – am besten finde ich Tageslicht durch große Fensterflächen. Nur künstliche Beleuchtung hat meiner Erfahrung nach einen ermüdenden und wenig inspirierenden Effekt, daher ist echtes Sonnenlicht unbedingt zu bevorzugen.

81

Kommen wir zur Einrichtung des Raums: Er sollte über möglichst viele Flächen zum Arbeiten verfügen und kann gar nicht zu viele Whiteboards oder beschreibbare Wandflächen haben. Auch freie Wandflächen und Fensterscheiben können mit Flipchart-Papier, Post-its und Kreppband schnell zu Arbeitsflächen umfunktioniert werden, ohne Schaden zu nehmen.

Viel Fläche finde ich deshalb wichtig, weil ich im Workshop mindestens die Challenge und möglichst auch alle Arbeitsergebnisse über die gesamte Workshop-Dauer sichtbar hängen lasse, damit jeder Teilnehmende jederzeit gedanklich noch einmal zurückgehen und sich Dinge in Erinnerung rufen kann, um die aktuelle Aufgabe zu bewältigen und um zu prüfen, ob sich das Team noch auf dem richtigen Weg befindet oder eine wesentliche vorherige Erkenntnis vergessen hat.

Neben vielen Arbeitsflächen brauchen wir ein paar kleine Tische für maximal sechs bis acht Personen. Die Tische sollten so hoch sein, dass die Teilnehmenden bequem daran stehen und arbeiten können. Ideal finde ich Tische mit Gasdruckfeder, die beliebig in der Höhe verstellt werden können und keinen Stromanschluss brauchen. Falls das nicht möglich ist, reichen Stehtische vollkommen aus. Die Tische sollten über Rollen verfügen, sodass sie durch die Teilnehmenden schnell und leicht verschoben werden können, etwa wenn in kleineren Gruppen gearbeitet wird oder Platz für ein Warm-up-Spiel oder die Präsentation der Ergebnisse gebraucht wird.

Da durchgehendes Stehen anstrengend ist, sind Stehhocker willkommen. Ich schätze leichte, stapelbare und bunte Stühle. Die gibt es z. B. als das Modell Miura des Herstellers Plank. In Kombination mit Stehtischen ergibt sich so ein bequemer und flexibler Arbeitsplatz. Zusätzlich mag ich Sitzwürfel. Damit kann das Team sich auch mal in entspannter Runde zusammensetzen, sprechen, Pause machen oder Interviews führen, wie ich es später noch in Kapitel 5, »Ein Beispiel-Workshop – Phase ›Discover‹«, erläutern werde. Und nun wird auch klar, warum die Tische am besten höhenverstellbar sein sollten – so kann man auf den Sitzwürfeln sitzen und dennoch an einem Tisch die Arbeit fortführen. Wichtig ist mir vor allem, dass normale Besprechungsraumstühle eine Ausnahme bleiben.

Im Raum sollten am besten auch ein Regal oder ein bis zwei Servierwagen stehen, in denen das Material für den Workshop leicht zugänglich und in ausreichend großen Mengen aufbewahrt wird. Darauf gehe ich in Abschnitt 3.5, »Das Material«, noch genauer ein. Es wird sehr haptisch, so viel sei hier schon verraten. Bei der Aufbewahrung schätze ich offene Fächer und transparente Kisten, sodass der Inhalt direkt erkennbar ist. Das Material soll nicht versteckt, sondern verwendet werden. Eine Faustregel besagt, dass das Material von jeder Stelle im Raum innerhalb von sieben Sekunden erreichbar sein soll (Uebernickel/Brenner/Pukall/Naef/Schindlholzer: »Design Thinking: Das Handbuch«, 2015, S. 223). Lange Suchzeiten und weite Wege bremsen den Arbeitsfluss und können auf Dauer frustrierend für die

Teilnehmenden sein – das kennst du vielleicht von zu Hause, wenn z. B. der Werkzeugkoffer schlecht erreichbar verstaut ist.

Beschreibbare und verschiebbare Stellwände erfüllen mehrere Zwecke auf einmal: Ich setze sie als Arbeitsfläche für die Gruppen zur Bearbeitung der aktuellen Aufgabe und als Raumteiler bei mehreren Kleingruppen ein. So sehen sich die Kleingruppen nicht, und jede bekommt ihren eigenen Arbeitsbereich, idealerweise mit einem eigenen Tisch. Es gibt diese Stellwände mit und ohne Rollen und mit Filz oder als Whiteboards. Mein Favorit sind Stellwände mit Rollen und Whiteboards auf beiden Seiten, die sich wunderbar als Raumteiler zwischen zwei Teams einsetzen lassen.

Ein großer Bildschirm oder ein Beamer (zur Projektion auf Whiteboards, freie Wandflächen oder auf eine Stellwand mit Flipchart-Papier) ist für die Entwicklung von IT-Lösungen immer nützlich, auch wenn die meiste Arbeit ohne ihn durchgeführt werden sollte. Bei Design Thinking geht es ja gerade darum, haptisch zu arbeiten und die Arbeitsergebnisse sichtbar zu machen und anfassen zu können. Ich liebe erste Prototypen aus Pappe, Papier, Bastelmaterial und mit Scenes, weil sie die Prototypen im wahrsten Sinne des Wortes *begreifbar* machen. Dennoch kann ein Monitor oder Beamer gute Dienste bei den Abschlusspräsentationen der Prototypen leisten, vor allem wenn Prototypen mit SAP Build entwickelt oder Geschichten mit Scenes erzählt werden.

Ich schlage immer vor, dass die Teams zu uns in einen unserer Design-Thinking-Räume kommen. Damit sind die Teilnehmenden zum einen für Außenstehende schlechter erreichbar, sodass das Team wesentlich konzentrierter arbeiten kann. Zum anderen bringt der »Tapetenwechsel« oft einen Schub Extramotivation und Ideen mit sich, weil das Team die gewohnte Arbeitsumgebung verlässt. Oft sind Design-Thinking-Räume so inspirierend, dass die Teilnehmenden alleine deshalb schon offener sind, mitzuarbeiten und sich auf etwas Neues einzulassen.

Ich zeige dem Auftraggeber auch Fotos geeigneter Räume (etwa die von itelligence oder die im Internet öffentlich auffindbaren Räume), um die Anforderungen an den Raum verständlicher darzustellen. Falls der Auftraggeber den Raum stellt, bitte ich vorab um Fotos davon und gebe eine Liste von Wünschen mit, um deren Erfüllung ich bitte.

Ich fasse kurz zusammen, welche Anforderungen ich an den Raum stelle:

▶ groß genug für ca. zehn Personen

▶ möglichst leer und flexibel nutzbar

▶ hohe Tische zum Arbeiten im Stehen (oder höhenverstellbare Tische)

▶ Stehhocker als eine bequeme Abwechslung zum üblichen Bürostuhl, die aber auch nicht zu bequem sind und somit aktive Mitarbeit unterstützen

- Sitzwürfel (optional) für eine lockere und entspannte Arbeitsatmosphäre
- Regal oder Servierwagen zur Aufbewahrung des Materials, damit es innerhalb von sieben Sekunden erreichbar ist
- mobile Stellwände als Raumteiler, Sichtschutz, Schallschutz und zusätzliche Arbeitsflächen
- idealerweise alle genannten Möbel mit feststellbaren Rollen
- Der Raum darf bunt sein – er soll möglichst wenig einem normalen Arbeitsplatz oder Besprechungsraum ähneln.

Ein geeigneter Raum könnte z. B. so aussehen wie in Abbildung 3.4. Diese skizziert den Raum von oben gesehen. Der Raum verfügt über Whiteboards, ein Flipchart, zwei Tische mit Rollen, ein Regal, Hocker für alle Teilnehmenden, Sitzwürfel zur Auflockerung und einen TV/Monitor mit Rollen. Im Regal befinden sich die Kisten, in denen das Material sortiert aufbewahrt wird.

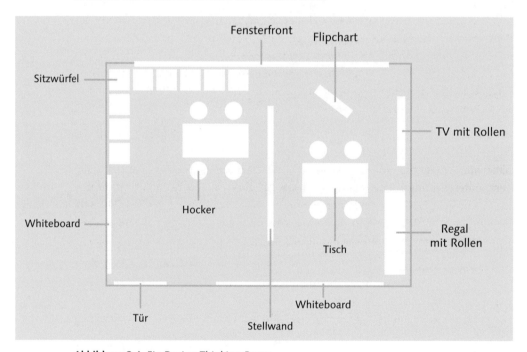

Abbildung 3.4 Ein Design-Thinking-Raum

Besprich mit deinem Auftraggeber, dass der Raum bei deiner Ankunft bereit für den Workshop ist und wie du verfahren sollst, falls er es nicht sein sollte. Frag z. B., ob du Whiteboard-Inhalte wegwischen darfst und wie du mit Inhalten umgehen sollst, die vielleicht ein Vorgänger noch auf den Whiteboards hinterlassen hat.

Weiterführende Informationen zur Raumgestaltung

Weitere hilfreiche Tipps zur Gestaltung der Räume findest du in Uebernickel/Brenner/
Pukall/Naef/Schindlholzer: »Design Thinking: Das Handbuch«, 2015, S. 215 ff. und in
Lewrick/Link/Leifer (Hrsg.): »Das Design Thinking Playbook«, 2017, S. 112 ff.

3.5 Das Material

In Design-Thinking-Workshops verwende ich eine ganze Menge Material, um die
Kreativität der Teilnehmenden zu fördern und das Team Ergebnisse produzieren und
dokumentieren zu lassen. Welches Material ich gerne verwende und was für mich
dabei immer in die Kisten gehört, mit denen ich ggf. auch zu den Kunden reise, stelle
ich im Folgenden dar. Einen kleinen Vorgeschmack gibt dir Abbildung 3.5.

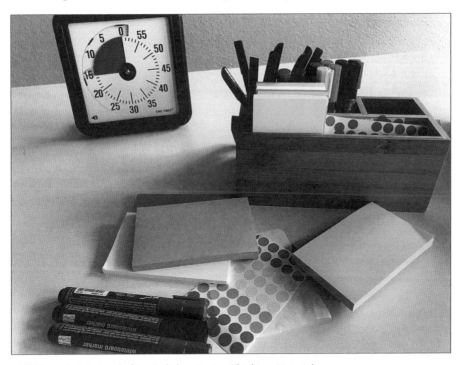

Abbildung 3.5 Beispiele für nützliches Design-Thinking-Material

Die Zusammensetzung meiner Liste basiert auf meiner Ausbildung zum Design-
Thinking-Coach, die ich bei Design Thinking Coach (*www.designthinkingcoach.de*)
durchlaufen habe (Design Thinking Coach Academy: »Das Material für deinen
eigenen Design-Thinking-Workshop.« In: *http://s-prs.de/670330*), auf Ueber-
nickel/Brenner/Pukall/Naef/Schindlholzer: »Design Thinking: Das Handbuch«, 2015,

S. 250 ff. und natürlich auf meinen eigenen Erfahrungen. Meine Materialliste umfasst also vor allem:

- **Haftnotizen**

  Haftnotizen (oft auch schlicht »Post-its« nach der bekanntesten Marke) sind diese kleinen bunten selbstklebenden Zettel, die man bequem auf fast alle Oberflächen kleben kann. Haftnotizen sollten in verschiedenen Farben (möglichst bunt, z. B. Post-its der »Rainbow-Variante« mit Grün, Gelb, Pink, Lila und Blau) und idealerweise auch in mehreren Größen vorhanden sein. Ich nutze die Größen 76 × 127 mm und 203 × 152 mm. Ich verwende übrigens nur die Original-Post-its von 3M, weil ich finde, dass nur sie wirklich dauerhaft kleben. Ein kleiner Tipp: Wenn du Klebezettel bestellst, nimm nicht die Z-Faltungs-Variante von Post-it – dies ist in Workshops äußerst unpraktisch, weil man jedes zweite Post-it vor dem Beschriften umdrehen muss. Auf meine Liebe zu Post-its gehe ich in Abschnitt 4.5, »Von der Liebe zu Post-its«, noch weiter ein.

- **Whiteboard-Marker**

  Mit den Whiteboard-Markern schreiben wir auf Post-its, auf Whiteboards und Flipchart-Papier. Ich verwende im Workshop keine Flipchart-Marker mehr, da sie oft versehentlich beim Schreiben auf Whiteboards verwendet werden und das immer für Ärger sorgt, da ihre Hinterlassenschaften schlecht zu entfernen sind. Das Team arbeitet zudem besser, wenn es nicht immer schauen muss, welche Art von Stift gerade verwendet wird.

  Whiteboard-Marker sollten mindestens in den Standardfarben Schwarz, Blau, Rot und Grün vorhanden sein. Ich empfehle dir aber, auch ausgefallenere Farben wie Violett, Orange, Gelb und Braun zu bestellen. Farbenvielfalt ist willkommen, und die Unterscheidung verschiedener Themen und Aspekte über separate Farben (*Color-Coding*) ist oft hilfreich.

  Ich verwende zudem Whiteboard-Marker mit Keilspitze, weil sie ein ansprechenderes Schriftbild ergeben und mehr Möglichkeiten beim Visualisieren bieten. Einen kleinen Vergleich zeigt Abbildung 3.6. Dort wird deutlich, dass man mit der Keilspitze sehr einfach auch sehr unterschiedlich breit schreiben und malen kann. Ich nutze das z. B. bei Überschriften, beim Malen oder bei Unterstreichungen sehr bewusst.

- **Fineliner**

  Mit dünnen schwarzen Finelinern können die Teilnehmenden gut lesbar auf Post-its schreiben. Je schmaler der Stift, desto mehr Inhalt versuchen die Teilnehmenden auf die Post-its zu schreiben, und desto schlechter lesbar wird es damit. Also habe ich beim Workshop zwar Fineliner dabei, setze sie aber mit Bedacht ein. Auch diese Fineliner gibt es mit Rundspitze (z. B. Edding 1200) oder Keilspitze (z. B. Edding 1255). Das Schriftbild von Stiften mit Rundspitze finde ich in diesem Fall auf Post-its oft besser lesbar. Ich empfehle Stärken von 1 bis 2 mm.

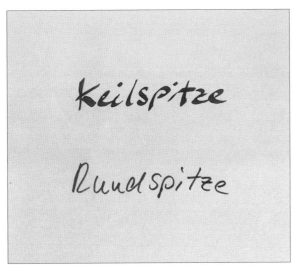

Abbildung 3.6 Schriftbild von Keilspitze und Rundspitze

▶ **Countdown-Uhren**

Eine besondere Rolle kommt den Countdown-Uhren zu. Diese Uhren stellen die für eine Aufgabe noch verfügbare Bearbeitungszeit als Countdown dar. Ich empfehle hier den Favoriten vieler Coaches, den *Time Timer* in der 18-Zentimeter-Variante. Das Besondere an diesen Uhren ist, dass sie die verbleibende Zeit (bis zu 60 Minuten) als rote Fläche darstellen, die immer kleiner wird. So ist auf einen Blick erkennbar, wie viel Zeit noch übrig ist. Pro Workshop habe ich mindestens zwei Stück davon dabei. Zu diesen Uhren erzähle ich in Abschnitt 4.6, »Timeboxing als Schlüsselelement«, noch mehr.

▶ **Bastelmaterial, Pappe und Klebstoffe**

Ich setze Bastelmaterial meist direkt am Anfang eines Workshops ein, um das Eis zu brechen und Hemmschwellen abzubauen (dazu später mehr in Abschnitt 4.2, »Begrüßung des Teams«). Bastelmaterial sorgt oft für überraschte Gesichter und für Erheiterung, und ich freue mich darüber. Mit Pappe, Folien mit Mustern, Seidenpapier, Filz, Schnur, Klebeaugen etc. können die Teilnehmenden schnell Dinge bauen. Damit gelingt es mir immer, ihren Spieltrieb zu wecken.

Verschiedene Hersteller bieten vorkonfigurierte Sets an, die sehr gut für die Workshops geeignet sind. In der Regel reicht ein solches Set für mehrere Workshops, da jeweils nur wenig Material tatsächlich verbraucht wird. Ergänze die Sets um bunte Pappe, buntes Papier, flüssigen Bastelkleber und Klebestifte. Ebenso nützlich sind reichlich Pfeifenreiniger, Wattebäusche, Filz, Federn, Draht, Büroklammern, Holzstäbchen. Damit kann man wunderbar seinen Namen basteln oder ein Namensschild verzieren. Hier ist wirklich alles erlaubt, was Spaß macht. Beispielmaterial siehst du in Abbildung 3.7.

Abbildung 3.7 Bastelmaterial sollte reichlich vorhanden sein und kann für alle möglichen Zwecke genutzt werden.

▶ **Scheren**

Wo gebastelt wird, sind Scheren unverzichtbar. Es sollten also mehrere Scheren in verschiedenen Größen vorhanden sein. Ich empfehle auch, ein paar Scheren mit Zickzackschnitt oder ähnlichen Verläufen dabeizuhaben. Sie sind perfekt zum Basteln von Namensschildern oder zum Bauen von Prototypen geeignet.

▶ **Kreppband**

Kreppband ist ein Multitalent – mit Kreppband klebe ich Flipchart-Papier an Whiteboards, Wände, Türen und Fensterscheiben. Es ermöglicht mir auch, quasi jede Fläche als Untergrund zu verwenden und das Papier nachher wieder rückstandslos abzulösen. Bei Bedarf klebe ich damit auch mehrere Blätter Flipchart-Papier zusammen, um eine größere Arbeitsfläche zu schaffen.

Die Post-its lasse ich die Teilnehmenden oft auf Flipchart-Papier statt direkt auf Tafeln oder Whiteboards kleben, weil ich so ganz einfach die Fläche für die nächste Arbeit frei machen und der Auftraggeber so alle Ergebnisse gerollt mitnehmen kann.

Abschließend ist Kreppband sowohl beim Basteln als auch für manche Warm-up-Spiele unverzichtbar, daher gehört es zu jedem meiner Workshops dazu. Ich bevorzuge schmale Rollen mit ca. 19 mm Breite, da sie am vielseitigsten einsetzbar sind.

▶ **Markierungspunkte**

In jedem Workshop gibt es Abstimmungen, bei denen das Team Ideen oder Punkte gewichtet und bewertet und so bestimmt, worauf es sich bei der weiteren Arbeit fokussiert. Das geht am einfachsten und vor allem auch weitgehend anonym mit Markierungspunkten. Ich verwende sie in mehreren Farben und zwei Größen (12 mm und 18 mm Durchmesser). Wichtig ist, dass sie anonym bleiben, also nicht markiert oder personalisiert werden.

▶ **Tisch-Organizer**

In jeweils einem Tisch-Organizer bewahre ich das wichtigste Material für die Arbeit auf: Stifte, Post-its, Klebeband, Markierungspunkte, Scheren, Klebestifte etc. Bei getrennt arbeitenden Gruppen bekommt jede ihren eigenen Organizer, sodass die Wege zum Material besonders kurz sind. Es können auch Kisten mit Fächerunterteilungen verwendet werden. Hauptsache, sie können auf die Tische gestellt werden – so ist das Material für alle schnell erreichbar.

▶ **Kisten**

Alles, was nicht sofort auf dem Tisch gebraucht wird, kann in Kisten z. B. im Regal oder auf den Servierwagen aufbewahrt werden. Dazu gehören das Bastelmaterial, Pappe, Papier, Mockup-Vorlagen, LEGO etc. Am besten sind die Kisten größer als DIN A4 und transparent, sodass immer schnell erkennbar ist, was sich darin befindet.

▶ **Zeitschriften**

Im Supermarkt Zeitschriften für Workshops zu kaufen ist mir immer eine besondere Freude – die Blicke der Kassierer, wenn ich mit einem Stapel Klatschmagazinen und Ähnlichem ankomme, sind unbezahlbar. Ich lasse die Zeitschriften z. B. für die Erstellung von Personas verwenden (siehe Abschnitt 5.4.1, »Personas«). Zeitschriften, die Menschen mit Gesichtern und Ganzkörperaufnahmen beinhalten, sind am besten geeignet, und je mehr davon vorhanden ist, desto mehr Auswahl hat das Team später. Die Zeitschriften sorgen für Erheiterung und Auflockerung. Sie entbinden das Team davon, selbst zu malen, und ermöglichen so, sich mehr auf die Inhalte zu konzentrieren. Auch Flyer, alte Geschäftsberichte und Werbebroschüren sind dafür geeignet, enthalten aber meist wenig verwendbares Material pro Exemplar. Es geht da meiner Meinung nach nichts über die Rainbow Press, auch weil die Bandbreite der gezeigten Menschen und Stimmungen dort sehr groß ist.

▶ **LEGO und LEGO DUPLO**

Zum Bauen niedrig aufgelöster Prototypen und immer, wenn es darum geht, eine Geschichte zu erzählen und begreifbar zu machen, sind auch LEGO und LEGO DUPLO sehr nützlich. Außerdem leuchten die Augen vieler Teilnehmender, wenn sie LEGO-Bausteine sehen. So fungiert LEGO auch wunderbar als Eisbrecher.

Ich habe in der Regel eine Kiste mit mindestens einer großen LEGO-Steine-Box (ca. 800 Steine), vier große LEGO-Bodenplatten und etwa zehn beliebige LEGO-Figuren griffbereit. Sie erfreuen sich immer großer Beliebtheit in den Workshops, um Ideen anschaulich darzustellen. Die Figuren sollten am besten möglichst neutral sein, um nicht von der Geschichte abzulenken.

▶ **Flipchart-Papier**
Am liebsten verwende ich Flipchart-Papier als Untergrund für Post-its. So können die Ergebnisse schnell woanders hingehängt werden und gehen trotzdem nicht verloren. Am besten ist Blanko-Flipchart-Papier. In der Regel reicht eine Rolle für einen Workshop vollkommen aus. Mehrere Blätter können zudem zu einer größeren Arbeitsfläche mit Kreppband zusammengeklebt werden.

▶ **Statikfolie**
Alternativ oder zusätzlich zum Flipchart-Papier kannst du auch weiße Statikfolie verwenden. Sie lässt sich mit Whiteboard-Markern beschreiben und wieder abwischen. Sie haftet aufgrund ihrer statischen Aufladung normalerweise ohne Kreppband an Wänden und Fensterscheiben. Damit lässt sich quasi jede freie Wand in ein temporäres Whiteboard verwandeln. Die Folie ist als platzsparende Rolle erhältlich.

▶ **Mülleimer/Papierkorb**
Wir produzieren viele Ergebnisse im Workshop, und wir werfen viel weg. Spätestens am Ende, wenn die Dokumentation vorbereitet ist. Daher achte direkt darauf, dass ausreichend große Mülleimer bereitgestellt werden.

▶ **Lautsprecher**
Musik kann eine beruhigende Wirkung haben oder Stimmungen verstärken. Überlege dir daher, ob du ggf. einen Lautsprecher mitbringst, um das stärker zu nutzen, als es z. B. mit dem Smartphone möglich ist.

▶ **Mockup-Vorlagen**
Da bei meinen Workshops üblicherweise eine IT-Fragestellung im Mittelpunkt steht, sind Benutzeroberflächen oft ein Teil des Ergebnisses. Um dem Team deren Erstellung zu erleichtern, habe ich einen Stapel Mockup-Vorlagen dabei, die meine Arbeitskollegen und ich erstellt und ausgedruckt haben. Diese Vorlagen geben einen Rahmen vor, um z. B. SAP-Fiori-Oberflächen zu gestalten. Dabei sind wesentliche Elemente wie Überschriften leer, sodass das Team sie nach Belieben einsetzen kann. Die Ausdrucke sind mindestens in DIN A3 und auch hier gilt: je größer, desto besser. Je nach Einsatzzweck solltest du als Coach spezielle und allgemeine Vorlagen dabeihaben. Zum Beispiel sind Webbrowser mit leeren Webseiten und Vorlagen mit Geräteumrissen für Smartphones und Tablets oft praktisch und beliebt.

▶ **Anleitungen**
Um die Teilnehmenden anzuleiten und um ihnen die Durchführung einer Arbeitseinheit zu erleichtern, haben ein Arbeitskollege und ich Karten erstellt, die

die wesentlichen Informationen enthalten. Diese habe ich für die im Workshop eingesetzten Methoden dabei. (Im Anhang findest du übrigens ähnliche Anleitungen für die in diesem Buch besprochenen Methoden zur Verwendung in deinen Workshops.)

▶ **Smartphone**

Zum Abschluss gibt es noch einen Helfer, den ich immer dabeihabe: mein Smartphone. Damit mache ich Fotos (von der Gruppenarbeit und den Arbeitsergebnissen) und Videos der Abschlusspräsentationen für die Dokumentation. Darüber hinaus kannst du damit ja vielleicht auch Musik im Hintergrund abspielen oder die Countdown-Uhr (oder die offizielle App »Time Timer«) verwenden, um die Zeiten der einzelnen Blöcke im Blick zu haben.

Als Coach bringe ich das meiste dieses Materials zum Workshop selbst mit, damit alles so vorhanden ist, wie ich es schätze. Kommen wir nun zu dem, der den Workshop moderiert und das Team anleitet.

3.6 Der Coach

Nun möchte ich darauf eingehen, warum man überhaupt einen Coach braucht und welche Aufgaben er oder sie im Workshop hat. Der Coach ist der Moderator – seine Aufgabe ist es, das Team durch den Prozess zu führen. Er sollte eine gute Atmosphäre schaffen, die passenden Methoden auswählen und das Team anleiten, wie die Methoden funktionieren. Er achtet darauf, dass die Regeln der Methoden eingehalten werden und dass das Team produktiv arbeitet und sich nicht mit ausschweifenden Diskussionen aufhält. Dies ist eine besondere Herausforderung, da das Team eventuell bereits zuvor an der Lösung des Problems gearbeitet hat und es aus früheren Meetings gewohnt sein könnte, dass beliebig ausufernde Diskussionen ihren Platz bekommen. Das sollte in einem Design-Thinking-Workshop nicht so sein, denn wir arbeiten lieber mit einer guten Lösung weiter, als uns auf der Suche nach der perfekten Lösung zu verzetteln.

Das Ziel ist es, das Team möglichst in einen kreativen Fluss zu bringen. Diesen Fluss bezeichnet man auch als *Flow*. Der Begriff wurde von Mihály Csíkszentmihályi geprägt und meint »das als beglückend erlebte Gefühl eines mentalen Zustands völliger Vertiefung (Konzentration) und restlosen Aufgehens in einer Tätigkeit (*Absorption*), die wie von selbst vor sich geht« (siehe Wikipedia: »Flow (Psychologie)«. In: *http://s-prs.de/670331*). Vielleicht kennst du dieses Gefühl, wenn du mit voller Konzentration an der Erfüllung einer Aufgabe arbeitest und die Welt um dich herum verschwindet. Nach Csíkszentmihályi sind ein paar Faktoren erforderlich, damit der Flow einsetzt: »(...) klare Zielsetzungen, eine volle Konzentration auf das Tun, das Gefühl der Kontrolle der Tätigkeit, [der] Einklang von Anforderung und

Fähigkeit jenseits von Angst oder Langeweile« (siehe Wikipedia: »Flow (Psychologie)«. In: *http://s-prs.de/670331*). »Es ist möglich, zu dem zu werden, was man tut; diese Momente kommen, wenn man – schwupp! – heraustritt, und es gibt nur noch das Schaffen«, heißt es bei Stephen Nachmanovitch dazu (siehe Nachmanovitch: »Free Play«, 2013, S. 70). Bezogen auf die Teilnehmerinnen und Teilnehmer eines Workshops bedeutet dies, dass die Aufgabe klar formuliert und vermittelt werden muss, im Schwierigkeitsgrad weder zu leicht noch zu schwierig sein darf, die Teilnehmenden die erforderlichen Mittel zur Erfüllung der Aufgabe zur Verfügung haben und sie sich ablenkungsfrei auf die Aufgabe konzentrieren können. Andernfalls funktioniert es nicht. Wenn du es mit dem Team schaffst, diesen Zustand im Workshop herzustellen, werden ungeahnte Potenziale freigelegt, und das Team wird großartige Ergebnisse hervorbringen.

Ich empfehle, einen Coach pro sechs bis acht Teilnehmenden, d. h., für ein Team mit einem Dutzend Teilnehmerinnen und Teilnehmer sollten zwei Coaches gemeinsam den Workshop leiten. So kann jeweils ein Coach bei einer Gruppe sein, um Hilfestellungen zu geben und die Einhaltung der Regeln bzw. der Arbeitsanweisungen sicherzustellen.

Der Coach nimmt selbst nicht an der Bearbeitung der Fragestellung und den Diskussionen teil. Er führt das Team durch den Prozess und stellt dabei ggf. Verständnisfragen, damit das Team klarer formuliert, oder um Aspekte genauer zu beleuchten, die das Team für selbstverständlich hält. Denn oft besteht hier das Potenzial, anders zu denken.

Der Coach sollte aus Sicht der Problemstellung immer ein Außenstehender sein, der von außen draufschaut und das Team unvoreingenommen durch den Prozess führen kann. Er muss nicht unbedingt außenstehend im Sinne eines externen Dienstleisters sein. Auch ein erfahrener Mitarbeiter kann diese Rolle einnehmen, allerdings fällt es ihm oft schwerer, sich neutral zu verhalten oder sich gegenüber den Arbeitskollegen durchzusetzen. Das ist vor allem dann der Fall, wenn politische Gründe eine Rolle spielen (etwa wenn der Vorgesetzte des Coaches Teil des Teams ist oder wenn ein Bereichsleiter/eine Bereichsleiterin vehement versucht, das Team so zu beeinflussen, dass es seine/ihre Interessen verfolgt oder bestätigt). Externe Coaches können darüber hinaus ihre Erfahrungen mit anderen Kunden und somit mit anderen Teams einbringen. Dieser Erfahrungsschatz ist meiner Meinung nach nicht zu unterschätzen.

Der Coach sollte zusammenfassend über eine Reihe von Fähigkeiten verfügen, die hilfreich bei der Durchführung des Workshops sind:

▸ Moderationstalent

▸ positive Grundhaltung insbesondere für die Bearbeitung der Challenge

▸ Fähigkeit, frei vor Gruppen mit unbekannten Teilnehmenden zu sprechen

▶ didaktische Fähigkeiten, um die Methoden dem Team verständlich zu erklären

▶ Durchsetzungsvermögen bei längeren oder nicht zielführenden Diskussionen und schwierigen Teilnehmerinnen oder Teilnehmern

▶ Fähigkeit, sich neutral zu verhalten

▶ analytisches Denken, um dem Team zu folgen

▶ Flexibilität bei der Anpassung des Zeitplans oder der Methodenauswahl, wenn sich der Workshop anders entwickelt, als zuvor gedacht

▶ Fähigkeit, eine gute Atmosphäre zu schaffen, in der sich alle wohlfühlen und die die Teilnehmenden unterstützt, sich auf die Lösung der Aufgabe zu konzentrieren

▶ immer ein Auge auf die Uhr, um die Zeitvorgaben für die aktuelle Aufgabe zu behalten

Der Coach hat also eine Reihe von verantwortungsvollen Aufgaben, und diese gut zu erfüllen erfordert die passenden Softskills und Training. Seine Aufgabe ist es auch, das Team bei der Bearbeitung der Aufgabenstellung zu unterstützen. Zu den Rahmenbedingungen, die der Coach sicherstellen sollte, gehört auch die Versorgung des Teams mit Getränken und Essen.

3.7 Nicht zu unterschätzen: die Verpflegung

Im Workshop soll sich das Team auf die Bearbeitung der Challenge konzentrieren können. Das gilt es möglichst reibungslos zu ermöglichen, somit kommt der Versorgung eine wichtige Rolle zu. Es geht dabei um Getränke, Mittagessen, Naschen und um kurze Wege zur nächsten Toilette:

▶ **Getränke**
Ich empfehle, reichlich Getränke im Workshop-Raum bereitzuhalten. Das gilt für Kaffee und Tee, die möglichst schnell erreichbar sein sollten, und für Kaltgetränke wie Wasser, Säfte und Limonaden. Je nach Unternehmenskultur musst du darauf achten, dass ggf. keine Limonaden erlaubt sind oder dass viele Unternehmen ihren Mitarbeitern normalerweise keine kostenlosen Getränke zukommen lassen. Du solltest diesen Punkt vorab mit deinem Auftraggeber besprechen. Die Idee ist, dass Getränke unmittelbar bei Bedarf ohne Verlassen des Raums greifbar sind und der Arbeitsfluss nicht lange unterbrochen werden muss, wenn man durstig ist.

▶ **Mittagessen**
Das Mittagessen sollte möglichst gemeinsam eingenommen werden. Dabei kommen drei Möglichkeiten in Betracht: die Nutzung einer (nahe gelegenen) Kantine, die Bestellung bei einem Lieferdienst oder der Fußweg zu einem Res-

taurant oder Ähnlichem in der Umgebung. Auch wenn Letzteres dem Team die Gelegenheit für ein wenig Bewegung gibt, bevorzuge ich die ersten beiden Varianten aufgrund der kurzen Wege und der Zeitersparnis. Der Besuch der Kantine oder eines Restaurants gibt dem Team die Möglichkeit, Thema und Workshop loszulassen und etwas abzuschalten. Allerdings kann es so auch passieren, dass Teilnehmende des Workshops, die den Vormittag über für ihre Kolleginnen und Kollegen nicht erreichbar waren, nun in der Kantine »abgefangen« werden und im schlechtesten Fall nach der Mittagspause nicht pünktlich zurück oder mit ihren Gedanken bei einer anderen Aufgabe sind.

Was auch immer gewählt wird, leichte Mahlzeiten sind zu bevorzugen, denn alles, was schwer im Magen liegt und die Aufmerksamkeit auf die Verdauung lenkt, lenkt die Teilnehmenden nachmittags ab. Weil in meinen Workshops allerdings auch schon großartige Ideen entwickelt wurden, wenn es zum Mittagessen fettige Speisen gab, rate ich nicht zwingend davon ab. Mit dem Formtief nach der Mittagspause (liebevoll auch »Schnitzelstarre« oder »Suppenkoma« genannt) muss der Coach entsprechend umgehen. Ich komme darauf noch mal in Abschnitt 4.7, »Wohlfühlen«, zurück.

▸ **Naschereien**
Ich bin ein Freund davon, dem Team Kleinigkeiten zum Naschen hinzustellen. Ob es sich dabei um Süßigkeiten wie Kekse, kleine Schokoladenhappen, weiche Bonbons oder um Obst handelt, spielt keine Rolle und muss ggf. auf die Unternehmensrichtlinien abgestimmt werden (es gibt Unternehmen, die Süßigkeiten und Limonaden in Besprechungen und Workshops verbieten).

Für mich ist an diesen Naschereien einzig wichtig, dass sich jeder einen kleinen Energieschub gönnen kann, wenn Bedarf da ist, ohne den Raum zu verlassen und ohne über Geld nachzudenken. Es geht mir damit darum, das Wohlbefinden zu fördern und Hemmnisse zu beseitigen, damit das Team sich ganz und gar auf die Arbeit am Thema konzentrieren kann.

Getränke, Mittagessen und Naschereien sind also wichtige Bestandteile eines Workshops und sollten vom Coach nicht vergessen werden. Die Art und Weise des Mittagessens hat auch entscheidenden Einfluss auf den Zeitplan, um den es im folgenden Abschnitt geht.

3.8 Den Zeitplan aufstellen

Bei der Gestaltung des Zeitplans gibt es viele Freiheiten. Ich achte vor allem darauf, dass die Blöcke, in denen das Team eine Methode anwendet, ohne Unterbrechung durchführbar sind – also von der Erläuterung der Aufgabe bis zum Abschluss der Arbeit daran. Zu klären und zu berücksichtigen sind folgende Punkte:

▶ **Wann kann der Workshop beginnen?**
Ich bevorzuge es, wenn der Workshop um 9 oder 10 Uhr beginnt. Ein Beginn um 10 Uhr gibt den Teilnehmerinnen und Teilnehmern die Möglichkeit, vor Beginn noch etwas Tagesgeschäft zu erledigen oder morgens erst anzureisen.

▶ **Wie viel Vorbereitungszeit vor Ort ist möglich?**
Plane mindestens 30 bis 60 Minuten Vorbereitungszeit ein, bevor der Workshop beginnt. Es ist wichtig, sicherzustellen, dass du bereits rechtzeitig in das Gebäude und den Raum kommst.

▶ **Wann muss der Workshop-Tag zu Ende sein?**
Auch ein »günstiges Ende« solltest du vorher abklären, z. B. wegen fester Uhrzeiten für die Abreise der Teilnehmenden oder der Nichtverfügbarkeit des Raums nach einer bestimmten Uhrzeit.

▶ **Welches Zeitfenster ist für die Mittagspause möglich?**
Hier zählen z. B. die Öffnungszeiten einer Kantine oder des Lieferdienstes.

▶ **Wann sind erforderliche oder gewünschte Dritte verfügbar?**
Dritte sind z. B. für Interviews mit Nutzern oder die Abschlusspräsentationen nötig. Wenn der Sponsor/Auftraggeber des Workshops nicht selbst am Workshop teilnimmt, empfehle ich mindestens seine Teilnahme an den Abschlusspräsentationen, auch um die Unterstützung des Managements zu demonstrieren.

▶ **Gibt es Anforderungen an die Pausenzeiten?**
Ich empfehle, alle anderthalb bis zwei Stunden eine kleine Pause zur Auflockerung zu machen. Darüber freuen sich meist nicht nur die Raucher.

▶ **Sind explizit mehrere Iterationen des Prozesses gewünscht?**
Manchmal kommt es vor, dass ein Kunde ausdrücklich mehrere Durchläufe des Prozesses machen möchte. Das sorgt für ein noch höheres Tempo als bei einem einzigen Durchgang, führt das Team aber ebenso an die Haltung heran, dass es keine perfekte Lösung finden muss, zumal man ja später noch mal auf das Vorherige zurückkommt und mit den neuen Erkenntnissen die früheren Ergebnisse ergänzen oder anpassen kann.

Ich plane in der Regel so, dass Problemraum (Discover-Phase) und Lösungsraum (Design-Phase) vergleichbar viel Zeit bekommen. Bei einem zweitägigen Workshop empfehle ich sogar, den ersten Tag für die Begrüßung und den Problemraum vorzusehen. Manchmal möchten Auftraggeber oder Teilnehmende die Zeitaufteilung zugunsten des Lösungsraums ändern, um schneller an Lösungen zu arbeiten. Dazu erkläre ich dann, dass es ein wesentliches Element des Design Thinkings ist, sich bewusst viel Zeit für das Verständnis des Problems zu nehmen, damit das Team das Problem in der Tiefe verstehen kann, bevor es Lösungen entwickelt. In meinen Jahren als SAP-Berater habe ich einige Situationen erlebt, in denen sehr schnell eine Lösung begonnen wurde, bevor das Problem tatsächlich verstanden wurde. Wahrscheinlich hat dies nicht zu den bestmöglichen Ergebnissen geführt. Daher plädiere ich dafür, sich für die ersten Phasen mehr Zeit zu nehmen, als es in »normalen« Besprechungen der Fall ist.

Auftraggeber vorbereiten

In der Regel bereite ich den Auftraggeber auch darauf vor, dass er möglicherweise unruhig wird und im Laufe der ersten Hälfte des Workshops den Eindruck gewinnt, dass wir nicht vorankommen und uns mit Dingen aufhalten, die bereits allen bekannt sind, anstatt nach Lösungen für das Problem zu suchen. Ich bitte den Auftraggeber vorab, mir im Workshop Bescheid zu sagen, bevor er das Ende seiner Geduld erreicht. Das ist tatsächlich auch schon vorgekommen, und darüber musste der Auftraggeber selbst schmunzeln. Ich bitte dann um das Vertrauen in die Wirkungsweise der Methode und in meine Erfahrung. Bisher hat der Workshop am Ende immer überraschende Ergebnisse hervorgebracht, und die Auftraggeber waren zufrieden, sich auf mich und die Methode verlassen zu haben.

Ich plane bewusst knappe Zeiten für die Bearbeitung jeder Aufgabe ein, damit das Team das Augenmerk darauf lenkt, schnell gute Ergebnisse zu produzieren, anstatt über die perfekte Lösung zu philosophieren. Der kontinuierliche Zeitdruck hilft dabei, sich zu fokussieren (siehe auch Abschnitt 4.6, »Timeboxing als Schlüsselelement«). Ich baue darüber hinaus aber auch Puffer ein, um bei Überziehungen oder unerwarteten Entwicklungen noch Zeit zu haben, darauf zu reagieren (siehe Abschnitt 4.9, »Spontaneität«).

In Tabelle 3.1 findest du einen beispielhaften Zeitplan für einen eintägigen Workshop. Ich habe auch eine Excel-Datei erstellt, die ich gerne für die Planung der Workshops verwende und die mir das Jonglieren mit den Zeiten erleichtert. Meine aktuelle Variante dieser Datei findest du inklusive eines Beispiels unter *www.sappress.de/4797* im Zusatzmaterial zum Buch unter dem Namen *03_Zeitplanhilfe.xlsx*.

Uhrzeit Beginn	Dauer in Minuten	Phase/Schritt	Methode & Inhalt
10:05	15'	Begrüßung	Namensschilder erstellen Warm-up-Spiel
10:20	10'	Einleitung	Impulsvortrag: Wie funktioniert Design Thinking?
10:30	10'	Aufgabenstellung	Challenge in die Bestandteile zerlegen
10:40	20'	Aufgabenstellung	»Postcards to Grandma«
10:40	60'	360°-Recherche	Interviews und Präsentation
11:40	45'	Synthetisieren	»Personas«

Tabelle 3.1 Beispielzeitplan für einen eintägigen Workshop

Uhrzeit Beginn	Dauer in Minuten	Phase/Schritt	Methode & Inhalt
12:25	60'	Mittagspause	
13:25	10'	Warm-up	Warm-up-Spiel
13:35	20'	Synthetisieren	»User Journey«
13:55	15'	Synthetisieren	Synthese zu »Wie-könnten-wir …«-Fragen
14:10	10'	Pause	
14:20	30'	Ideenfindung	»Brainstorming«
14:50	30'	Ideenfindung	»Brainwriting«
15:20	15'	Ideenfindung	Clustern und Bewerten der Ideen
15:35	45'	Prototyp bauen	Prototypen erstellen
16:20	10'	Pause	
16:30	40'	Validieren	Präsentationen und Fragerunde
17:10	20'	Abschluss	Nächste Schritte und »I like, I wish«
17:30	–	Ende des Workshops	

Tabelle 3.1 Beispielzeitplan für einen eintägigen Workshop (Forts.)

3.9 Die Methoden auswählen

Design Thinking erlaubt bei der Auswahl der Methoden viele Freiheiten. Es gibt für mich weder feste Vorgaben noch einen Standardsatz an Methoden, den ich immer genau so einsetze. Das heißt andersherum: Jeder Workshop ist anders. Ich wähle die Methoden je nach Thema und verfügbarer Zeit aus. Natürlich habe ich für jeden Prozessschritt meine Lieblingsmethoden, die ich besonders gerne einsetze. Doch welche tatsächlich zum Einsatz kommen, hängt immer von der Challenge und der Art der gewünschten Ergebnisse ab.

Ich habe mir einen kleinen Methodenkasten aufgebaut, aus dem ich schöpfe. Die Methoden darin stammen zum großen Teil aus Büchern oder dem Internet, sie wurden mir teilweise von anderen Coaches zugetragen, oder ich habe sie selbst als Teilnehmer in Schulungen oder Workshops kennengelernt. Ich empfehle dir hier,

97

dich nach Literatur umzuschauen. Ein paar Tipps dazu gebe ich gerne in Abschnitt 10.2, »Die ersten Schritte«.

In Tabelle 3.2 habe ich eine Auswahl meiner derzeitigen Lieblingsmethoden aufgelistet. Ich behandle sie in Kapitel 5, »Ein Beispiel-Workshop – Phase ›Discover‹«, und Kapitel 6, »Ein Beispiel-Workshop – Phase ›Design‹«, noch detaillierter.

Phase	Methode
Aufgabenstellung	Postcards to Grandma
360°-Recherche	Interviews, Personas
Synthetisieren	»Wie-könnten-wir ...?«-Fragen
Ideenfindung	Brainstorming, Anti-Problem
Prototyp bauen	Scenes

Tabelle 3.2 Meine Lieblingsmethoden je Phase

Üblicherweise erstelle ich für die verwendeten Methoden jeweils eine kurze Anleitung. Die erste Version davon habe ich in DIN A4 mit Microsoft Word erstellt. Später habe ich mit einem Arbeitskollegen zusammen daraus ansprechendere bunte Pappkarten im DIN-A5- und DIN-A6-Format erstellt, die doppelseitig bedruckt sind und die Methoden in Kurzform erklären. Das Design-Thinking-Team von SAP hat auch Karten erstellt und mich inspiriert, diese eigenen Karten zu gestalten.

Ich verwende sie sowohl zur schnellen Auswahl der Methoden bei der Vorbereitung eines Workshops als auch im Workshop selbst, um sie den Arbeitsgruppen als Anleitung für die Bearbeitung der aktuellen Aufgabe an die Hand zu geben. Ein paar Beispiele für solche Anleitungen findest du in den Download-Angeboten zum Buch unter *www.sap-press.de/4797*.

Zur Auswahl der Methoden gehört auch die Auswahl passender Warm-up-Spiele. Diese Spiele dauern jeweils fünf bis zehn Minuten, und ich setze sie an verschiedenen Stellen ein: als Eisbrecher zu Anfang des Workshops, aber auch damit die Teilnehmenden einander kennenlernen und um direkt zu vermitteln, dass ich großen Wert auf eine lockere Arbeitsatmosphäre lege, in der sich alle wohlfühlen. Nach der Mittagspause mache ich gerne ein Warm-up, das die Teilnehmenden und mich aus dem möglichen »Suppenkoma« holt (*Energizer-Warm-up*). Vor der Ideengenerierungsphase mache ich gerne ein Spiel, das die Kreativität anregt und Hemmungen abbaut, ausgefallene Ideen zu äußern. Es gibt auch eine Reihe von Yoga- und Entspannungsübungen, die ebenso zwischendurch eingesetzt werden können.

Warm-up-Spiele sind keineswegs überflüssig oder nur alberne Spielerei. Sie motivieren das Team, regen die Kreativität an oder schenken einen Moment Entspannung, bevor es aktiv weitergeht. Dazu empfehle ich das Buch von Pauline Tonhauser und weiterer Coaches (Pauline Tonhauser: »66+1 Warm-up, die dich als Trainer unvergesslich machen«, 2018). Darin findest du viele Warm-up-Spiele jeder Kategorie.

3.10 Die Einladungen

Bei der Einladung der Teilnehmerinnen und Teilnehmer gilt es, die richtige Balance zwischen Vorbereitung und Einstimmung auf den Workshop und zu vielen Informationen im Vorfeld zu finden. Denn je mehr Teilnehmende sich bereits vorher Gedanken über Lösungen zur Challenge machen, umso mehr kann es sein, dass sie diese Lösungen im Workshop bearbeiten und durchsetzen wollen.

Zuallererst sollten die Teilnehmenden Wertschätzung erfahren und wissen, dass ihre Teilnahme am Workshop wichtig ist, weil wir ihre Meinung und ihre Mitarbeit am Thema sehr zu schätzen wissen. Die Einladung sollte darauf hinweisen, dass es ein Design-Thinking-Workshop mit einem externen Moderator ist. Auch die Fragestellung oder zumindest das Themengebiet sollte genannt werden.

Zudem weise ich gerne darauf hin, dass bequeme Schuhe empfohlen sind, da die meisten Teilnehmenden es nicht gewohnt sein dürften, viel im Stehen zu arbeiten. Abschließend teile ich mit, dass keine Vorbereitung für den Workshop durch die Teilnehmenden erforderlich ist.

Einladung zum Workshop

Eine Einladung könnte z. B. den folgenden Text enthalten:

Liebe Kollegen,

hiermit lade ich euch zu unserem eintägigen Workshop zum Thema »Wie könnten wir die Arbeit unserer Außendienstmitarbeiterinnen und -mitarbeiter beim Kunden vor Ort verbessern?« ein. Diesen moderierten Workshop führen wir mit unserem SAP-Beratungspartner itelligence in Bielefeld durch. Es handelt sich um einen Design-Thinking-Workshop – ihr dürft gespannt sein, was das bedeutet. Das Tragen von bequemen Schuhen wird empfohlen, ebenso eine möglichst unterbrechungsfreie Teilnahme von Anfang bis Ende. Eine Vorbereitung eurerseits ist nicht erforderlich. Wir freuen uns auf eure Teilnahme!

Wann: *Montag, den 20.01.2020, von 10:00–17:30 Uhr*

Wo: *Raum »DenkWerkstatt« bei der itelligence AG,*

Königsbreede 1, 33605 Bielefeld

Bitte sagt mir bis morgen um 18 Uhr Bescheid, ob ihr dabei seid.

Viele Grüße

Manuel Busse

3.11   Discover-Aktivitäten vor dem Workshop

Als Vorgriff auf die Discover-Phase in Kapitel 5, »Ein Beispiel-Workshop – Phase ›Discover‹«, empfehle ich, dass bereits vor dem Workshop Recherchen zur Problemstellung durchgeführt werden. Dazu sind insbesondere Interviews mit Nutzern, die Verwendung und Auswertung von Fragebögen oder auch das Begleiten und Beobachten von Nutzern hilfreiche Aktivitäten, um Erkenntnisse über die Nutzer, ihre Bedürfnisse und die heute bestehenden Schwierigkeiten bzw. die zu lösenden Probleme zu gewinnen. Ebenfalls in Kapitel 5 gehe ich näher auf diese Methoden ein. An dieser Stelle ist mir nur wichtig, darauf hinzuweisen, dass die Durchführung bereits vor dem Workshop hilfreich ist.

Bisher wurden die meisten meiner Workshops ohne derartige Aktivitäten zwischen dem Vorgespräch und dem Workshop durchgeführt. Dennoch schlage ich mittlerweile meinen Auftraggebern diese Aktivitäten zum Beginn der Discover-Phase vor dem Workshop immer vor, um im Workshop bessere Ergebnisse erzielen zu können.

3.12   Zusammenfassung

In diesem Kapitel habe ich dir viele Informationen zu meinem Vorgehen im Vorfeld eines Workshops gegeben, um die Bedeutung der Vorbereitung zu verdeutlichen. Ich fasse zusammen:

▶ Die Challenge ist das A und O eines Workshops: Wenn nicht klar ist, welches Problem der Workshop bearbeiten soll, dann ergibt der Workshop keinen Sinn.

▶ Die Challenge sollte nutzerbezogen formuliert sein. Nur so ist klar, für wen wir etwas verbessern wollen.

▶ Das Team für den Workshop sollte möglichst vielfältig zusammengestellt werden. Die Teilnehmenden sollten sich vor allem in Hinblick auf folgende Merkmale möglichst unterscheiden: Geschlecht, Altersgruppe, Erfahrungslevel, Unternehmenszugehörigkeit, Abteilung bzw. Tätigkeitsfeld. Alle Teilnehmenden sollten offen für einen »andersartigen« Workshop sein.

▶ Der Ort spielt eine wichtige Rolle für den Workshop. Der Raum sollte kein klassischer Besprechungsraum mit großen Tischen und bequemen Stühlen sein, sondern ein flexibel nutzbarer Ort mit vielen Arbeitsflächen, die beschrieben und beklebt werden können.

▶ Sorge dafür, dass reichlich Material für den Workshop vorhanden ist: viele Post-its in verschiedenen Farben, Stifte und Bastelmaterial. LEGO und Scenes sind großartig als Eisbrecher, weil sie spielerisch die Kreativität anregen und Hemmungen beseitigen, Lösungen in Form einer Geschichte darzustellen.

▶ Der Coach sollte ein Außenstehender sein und neutral bleiben. Er kümmert sich um den Prozess, die ordnungsgemäße Durchführung der Methoden, gibt Denkanstöße und stellt Verständnisfragen. Er bewertet das Gesagte und die Ergebnisse nicht.

▶ Mahlzeiten, Getränke und kleine Naschereien für zwischendurch sind ein wesentlicher Punkt und keine Nebensache.

▶ Ein durchdachter Zeitplan und ein Auge auf die Countdown-Uhren sind wesentlich für den Erfolg des Workshops.

▶ Die Methoden wähle ich für jeden Workshop individuell aus einem Fundus an Methoden aus, die ich kennengelernt habe. Dazu sind Bücher und Webseiten zu Kreativitätstechniken hilfreich.

▶ Warm-up-Spiele sind ein wesentlicher Bestandteil eines guten Workshops – sie sorgen in der Regel für eine gute und entspannte Atmosphäre und dafür, dass die Teilnehmenden aktiv sind.

▶ Die Einladung zu einem Design-Thinking-Workshop sollte verraten, um welches Thema es geht, und die Teilnehmer und Teilnehmerinnen einladen, daran mitzuarbeiten. Darüber hinaus ist es mir wichtig, Wertschätzung gegenüber den Teilnehmenden auszudrücken und ihnen bequeme Schuhe für den Workshop zu empfehlen.

▶ Ich lege den Auftraggebern eines Workshops nahe, dass bereits vor dem Workshop Aktivitäten zum Problemverständnis sinnvoll sind. Dazu finde ich insbesondere die Durchführung von Interviews, Fragebögen oder das Begleiten bzw. Beobachten von Nutzern hilfreich.

4 Jetzt geht's los: die Durchführung

Jetzt ist der große Tag gekommen! In diesem Kapitel möchte ich darstellen, was mir bei der Durchführung von Design-Thinking-Workshops wichtig ist und vor allem, was an den Workshop-Tagen wichtig für die Zusammenarbeit des Teams ist.

Nun geht es also darum, wie du als Coach im Workshop auftrittst, was bei der Begrüßung der Teilnehmerinnen und Teilnehmer wichtig ist, wie du den Tag beginnst und welche Regeln du mit dem Team vereinbarst.

4.1 Der Tag beginnt

Ich empfehle dir, für die Vorbereitung vor Ort mindestens 30 bis 60 Minuten vor Beginn des Workshops da zu sein. Stelle im Vorfeld sicher, dass du bereits vor Beginn des Workshops in den Raum kommst. Falls du noch Arbeitsergebnisse von vorherigen Besprechungen im Raum vorfindest, verfahre, wie zuvor mit der Auftraggeberin oder dem Auftraggeber besprochen. Flipchart-Papier und Ähnliches kannst du meistens abnehmen und sicher irgendwo lagern. Permanent- und Flipchart-Stifte lege ich in der Regel auch beiseite, damit sie keiner (mich eingeschlossen) aus Versehen auf den Whiteboards benutzt.

Rechne zudem damit, dass Teilnehmende, die morgens anreisen, eventuell ebenfalls schon da sein werden. Dann ist Fingerspitzengefühl gefragt, um noch Zeit und Gelegenheit für die Vorbereitungen zu haben. Hier ist es praktisch, wenn du noch einen Co-Moderator oder Arbeitskollegen zur Unterstützung dabeihast.

Bevor der Workshop beginnt, stellst du am besten Materialkisten gut erreichbar an den Rand und legst dir deinen Zeitplan zurecht. Dann legst du reichlich Stifte und Haftnotizzettel auf die Tische. Das Bastelmaterial und die Scheren legst du gesammelt auf einen der Tische, sodass es gleich nach der Begrüßung verwendet werden kann. Dann stelle die Countdown-Uhren auf die Tische, und überprüfe kurz, ob sie korrekt funktionieren.

Schreibe die Challenge gut sichtbar auf ein Flipchart-Papier oder an ein Whiteboard. Ich lasse sie dann gerne die gesamte Zeit an der Wand stehen, sodass sich jeder Teilnehmende jederzeit die genaue Formulierung der Challenge ins Gedächtnis rufen kann. Das ist hilfreich, um immer wieder zu prüfen, ob das Team noch auf dem richtigen Weg ist, schließlich sollen die Ergebnisse des Workshops diese Frage beantworten.

Dann erstelle ich das *Lean Coffee Board*, das ich im Rahmen von Ausbildungsworkshops bei der Firma Design Thinking Coach kennengelernt habe. Es ist ein Bereich auf einem Whiteboard oder Flipchart, der aus den vier Kategorien *Fragen*, *Ideen*, *Wünsche* und *Pluspunkte* besteht. Diese Bezeichnungen habe ich anstelle der englischen Begriffe *Questions*, *Ideas*, *Wishes* und *Likes* gewählt, wie sie z. B. bei Uebernickel et al. zu finden sind (Uebernickel/Brenner/Pukall/Naef/Schindlholzer: »Design Thinking: Das Handbuch«, 2015, S. 210 f.).

Die Teilnehmenden können während des Workshops jederzeit Haftnotizzettel nehmen und darauf Punkte notieren, die in diese Kategorien passen, und sie damit für später aufheben. So kann die aktuelle Arbeit ohne längere Unterbrechung weitergehen, und nichts gerät in Vergessenheit. Am Ende des Workshop-Tages kommst du mit allen gemeinsam in einer Runde bei einem Getränk auf diese Punkte zurück. Ihr könnt euch dazu gemütlich in einem Stuhlkreis zusammensetzen. Hauptsache, es herrscht eine entspannte Atmosphäre zum Ausklang des Tages, und alle Punkte werden besprochen.

Gestalte das Lean Coffee Board nach deinem Geschmack entweder schlicht oder bunt. Ein knallbuntes Beispiel zeige ich dir in Abbildung 4.1. So kannst du es groß ausdrucken (mindestens DIN A1), aus buntem Papier basteln oder an ein Whiteboard malen. Wichtig ist, dass alle vier Bereiche vorhanden und die Teilnehmenden eingeladen sind, ihre Punkte darauf zu hinterlassen.

Abbildung 4.1 Beispielaufbau für das Lean Coffee Board

Übung: Erstelle dein Lean Coffee Board

Zur Übung erstelle doch einfach ein Lean Coffee Board für deine Gedanken zu diesem Buch:

1. Nimm dir ein Blatt im Format DIN A3 oder größer.

2. Nimm einen Stift, mit dem du gut schreiben kannst, z. B. einen schwarzen Fineliner.

3. Unterteile das Papier in vier Abschnitte, indem du ein Kreuz in die Mitte malst.

4. Benenne die Bereiche in »Pluspunkte«, »Fragen«, »Ideen« und »Wünsche«. Am besten malst du noch Icons zum Text.

5. Hänge das Lean Coffee Board an einer Wand auf.

6. Nimm dir einen Block Haftnotizzettel.

7. Fülle ein paar Haftnotizen mit den Fragen, Ideen, Pluspunkten und Wünschen, die dir direkt in den Sinn kommen. Schreibe jeweils einen eigenen Haftnotizzettel pro Punkt.

8. Positioniere deine beschriebenen Haftnotizen entsprechend den Kategorien auf deinem Lean Coffee Board.

Beim Lesen der nächsten Kapitel kannst du weitere Punkte auf Haftnotizzettel schreiben und sie auf deinem Lean Coffee Board ergänzen. Nachdem du das Buch durchgearbeitet hast, schaue dir dein Lean Coffee Board noch mal an. Die Punkte, die sich beim Lesen der nächsten Kapitel erledigt haben, kannst du wieder entfernen. Wenn du mir deine wichtigsten verbliebenen Haftnotizzettel in einer E-Mail ausformuliert an *designthinking@itelligence.de* zuschickst, werde ich gerne beantworten, was ich beantworten kann.

4.2   Begrüßung des Teams

Die Begrüßung des Teams beginnt erfahrungsgemäß schon vor dem Workshop, wenn die Teilnehmenden nach und nach im Raum ankommen. Ich begrüße jeden Teilnehmer und jede Teilnehmerin persönlich, stelle mich kurz mit Namen vor und widme mich dann wieder der Workshop-Vorbereitung, damit der Workshop pünktlich beginnen kann. Visitenkarten gebe ich an dieser Stelle keine aus, mein Name und meine Vorstellung als Moderator des Workshops genügen mir hier. Eine Ausnahme mache ich nur, wenn ich selbst Visitenkarten von Teilnehmenden überreicht bekomme.

Während der Vorbereitungen kannst du Musik im Hintergrund laufen lassen, je nach Präferenz anregende oder entspannte Musik, aber auf jeden Fall leise, denn sie soll sich nicht aufdrängen, sondern eine gute Atmosphäre schaffen.

Wenn der Startschuss für den Workshop fällt, überlasse ich üblicherweise dem Auftraggebenden oder seinem/ihrer Vertreter das Wort, um die Teilnehmenden zu begrüßen. Danach stelle ich mich kurz allen zusammen vor. Meist sage ich dabei auch etwas über meinen aktuellen Job bei itelligence und darüber, dass ich dort als Berater für SAP-Lösungen angefangen habe. Das genügt, um den Teilnehmenden einen Eindruck meines beruflichen Hintergrunds zu geben.

Die folgenden Punkte spielen für mich bei der Begrüßung des Teams eine Rolle:

▶ **Duzen**

In Design-Thinking-Workshops gilt das »Du«, damit das Team besser, demokratisch und ohne hierarchische Hemmnisse arbeiten kann. Daher schlage ich auch für diesen Workshop das »Du« vor. Dazu hole ich mir dann das Einverständnis der Teilnehmenden ein. Im englischen Sprachraum haben es Design Thinker an dieser Stelle leichter als wir in Deutschland. Sollte das Team mit dem Duzen durch mich und untereinander nicht einverstanden sein, dann bleibt es beim Siezen.

▶ **Namensschilder**

Die erste Aufgabe für das Team ist, dass jeder ein Namensschild für sich bastelt. Ich mache es dem Team in der Regel sehr einfach, um schnell das Eis zu brechen: So dürfen die Teilnehmenden einfach nach Belieben ein simples oder ein beliebig komplexes Namensschild basteln. Bereits für diese Aufgabe bekommt das Team eine Zeitvorgabe, und so läuft der Time Timer mit. Fünf Minuten reichen in der Regel vollkommen aus. Selbstverständlich bastle auch ich mir ein Namensschild, aber ich lasse mich gern dabei übertrumpfen.

Mit dem Basteln der Namensschilder appellierst du bereits am Anfang des Workshops an den Spieltrieb und vermittelst damit ganz direkt, dass dieser Workshop etwas anders laufen wird, als die meisten Teilnehmenden ihre Arbeitstage gewohnt sind. Es macht mir immer viel Spaß, zu sehen, wie sich alle über ihre Namensschilder ausdrücken. Auch kannst du als Coach so einschätzen, wem es leichtfällt, sich auf spielerisches Vorgehen einzulassen, und wer sich damit eher schwertut. Das zu wissen kann sich im weiteren Verlauf des Workshops als nützlich erweisen. Abbildung 4.2 zeigt eine Auswahl an typischen Namensschildern.

Du kannst dem Team auch besondere Aufgaben stellen, z. B., dass jeder mit dem Namensschild auch eine Charaktereigenschaft oder sein Hobby darstellen soll oder dass jeder das Namensschild für eine andere Person bastelt, wenn sich die Teilnehmenden untereinander kennen.

Am zweiten Tag kannst du übrigens genauso beginnen, sodass jeder eine zweite, verbesserte Version seines Namensschilds vom ersten Tag bauen kann. Dadurch kommen selbst hier die Prototypen und das iterative Verbessern ins Spiel. Meist trauen sich die Teilnehmenden am zweiten Tag auch, ausgefallenere

Namensschilder zu basteln als am ersten Tag. In einem Workshop gipfelte das Basteln quasi in einem Wettbewerb um die verrückteste Idee, ohne dass ich als Coach den Wettbewerb ausgerufen hatte.

Abbildung 4.2 Beispiele für Namensschilder

► **Warm-up-Spiel**
Nach der Erstellung der Namensschilder hole ich alle Teilnehmer und Teilnehmerinnen zusammen. Wir stellen uns im Kreis auf (auch deshalb ist es sehr praktisch, wenn kein großer Konferenztisch im Raum steht). Einen Moment warte ich, damit sich alle sammeln können, und dann geht es mit einem Warm-up-Spiel los. Diesem ersten Warm-up-Spiel kommt besondere Bedeutung zu, da es die Grundlage für die Stimmung im Workshop bilden kann, das spielerische Element deutlich macht und für eine gute Atmosphäre sorgen soll, in der sich die Teilnehmenden wohlfühlen.

► **Einstieg in die Methodik**
Nach den Namensschildern und dem Warm-up-Spiel gebe ich den Teilnehmenden eine Einleitung in die Design-Thinking-Methode, die dahinterliegende Haltung und einen Ausblick auf das, was sie im Rahmen des Workshops erwartet.

Dazu nutze ich große Ausdrucke von PowerPoint-Folien in DIN A3 und größer, um auch hier auf meinen Laptop verzichten zu können. Ich hänge die Ausdrucke einen nach dem anderen an eine freie Wand (mit Klebeband oder Magneten) und lasse sie möglichst für die Dauer des Workshops hängen, sodass auch hier die Teilnehmenden jederzeit noch mal draufschauen können.

Warm-up-Spiele zur Vorstellung

Es gibt eine Reihe von möglichen Warm-ups, die du im Rahmen der Vorstellungsrunde machen kannst. Ich möchte dir hier kurz drei meiner derzeitigen Favoriten vorstellen.

Beim Warm-up »Power-Geste« stellen sich alle Teilnehmenden im Kreis auf. Jeder überlegt sich zunächst still eine Geste. Dann ist reihum im Uhrzeigersinn jeweils einer nach dem anderen an der Reihe, sich vorzustellen. Er oder sie sagt seinen/ihren Namen und macht daraufhin eine deutliche Geste vor. Die anderen begrüßen den Teilnehmer oder die Teilnehmerin mit »Hallo <Name>« und machen die Geste gleichzeitig nach. Dann ist der nächste dran (siehe Pauline Tonhauser: »66+1 Warm-Up, die dich als Trainer unvergesslich machen«, 2018, S. 75). Dieses Warm-up-Spiel finde ich sehr gut, weil es schnell geht und immer für Erheiterung sorgt, vor allem, wenn sich die Teilnehmenden spontan eine neue Geste überlegen, weil »ihre« schon von jemand anderem gezeigt wurde, oder wenn die Teilnehmenden auf den Ideen der anderen aufbauen. Und genau darum geht es ja in diesem Workshop.

Das nächste Warm-up-Spiel (ich nenne es »Hobby darstellen«) habe ich bei einem Partner-Workshop von SAP kennengelernt. Es funktioniert ähnlich wie »Power-Geste«, nur dass jeder anstelle einer Power-Geste eines seiner Hobbys als stumme Bewegung darstellt. Dabei darf die Darstellung auch ein paar Sekunden dauern und somit über eine einzige Geste hinausgehen. Aber es dürfen keine Geräusche gemacht oder gesprochen werden. Ich mag dieses Spiel, weil es vielen leichter fallen dürfte, ihr Hobby darzustellen, als sich eine passende Power-Geste auszudenken. Darüber hinaus ist das Hobby etwas Persönliches, und so geben wir alle etwas von uns preis, was wiederum als Eisbrecher gut funktioniert. So kommt es manchmal vor, dass Teilnehmende, die sich seit Jahren kennen, noch neue Seiten am anderen entdecken.

Beim dritten Spiel (ich nenne es »Nachbarn zeichnen«) geht es darum, dass jeder Teilnehmende seinen oder ihren Nachbarn in kürzester Zeit zeichnet. Dabei können auch alle sitzen oder an Stehtischen stehen. Jeder nimmt sich einen Haftnotizzettel oder einen kleinen Zettel und einen Kugelschreiber oder Fineliner. 30 Sekunden reichen zum Zeichnen aus. Dann können sich die Teilnehmenden gegenseitig ihr Bild zeigen, oder alle kleben die Bilder an eine Wand, was eine schöne Teamgalerie ergibt. Das Spiel bringt üblicherweise eine Menge schöner oder lustiger Zeichnungen, reichlich Lacher und einige Entschuldigungen hervor. Kennengelernt habe ich es durch einen TED-Talk von Tim Brown (»Tim Brown über Kreativität und Spiel«, zu finden unter: *https:// youtu.be/RjwUn-aA0VY*), in dem er auch davon berichtet, wie sehr sich Erwachsene bei diesem Spiel für ihre Zeichnungen entschuldigen, weil sie Angst vor der Bewertung durch andere haben. Bei Kindern ist das seiner Erzählung nach nicht so.

Übung: Namensschild basteln

Schau dich mal dort um, wo du gerade bist und dieses Buch liest. Welche Materialien befinden sich in deiner Nähe, und was für ein Namensschild würdest du daraus basteln, wenn du jetzt in einem Workshop wärst? Papier, Pappe, Folie und etwas Draht (z. B. von einer Büroklammer) findest du bestimmt. Ebenso Klebstoff und eine Schere. Vielleicht findest du ja auch Ausgefalleneres wie LEGO-Steine? Na, worauf wartest du noch? Probiere es mal aus!

Übung: Warm-up-Spiel auswählen

Stell dir vor, es ist 9:15 Uhr. Du befindest dich in einem schönen lichtdurchfluteten Raum mit acht Teilnehmerinnen und Teilnehmern am Beginn deines ersten Design-Thinking-Workshops als Coach. Welches Warm-up-Spiel würdest du machen, um das Eis zu brechen?

Ein paar Spiele habe ich dir ja bereits vorgestellt, vielleicht hat dir davon eines ja schon gefallen. Falls nicht, schau im Internet oder in Büchern nach einem Spiel, das dir gefällt. Dann lies die Regeln durch, und stell dir vor, wie du es in der Workshop-Situation anmoderierst und wie es sich anfühlt, das Spiel zu machen. Sorgt es für Lacher? Dann ist es bestimmt ein guter Einstieg.

4.3   Regeln zur Zusammenarbeit

Als Nächstes sind die Regeln an der Reihe. Ich empfehle dir, ein paar Regeln direkt zu Beginn des Workshops vorzustellen und mit dem Team zu vereinbaren. Auch diese habe ich als Ausdruck immer dabei und hänge sie bei ihrer Vorstellung gut sichtbar auf.

Bei den folgenden Regeln greife ich auf das zurück, was die Design-Thinking-Expertin Pauline Tonhauser veröffentlicht hat, und ergänze die einzelnen Punkte durch eigene Erläuterungen (siehe Pauline Tonhauser: »Design Thinking Einführung«. In: *http://s-prs.de/670332*).

Im Folgenden werde ich die in der Abbildung sichtbaren Regeln und Arbeitsgrundsätze näher erläutern:

1. **Visualisiere deine Ideen**

   Grafiken sind naturgemäß anschaulicher als Text, vor allem auf kleinen Haftnotizzetteln. Es gilt das Motto »Show, don't tell«, d. h., die Darstellung soll möglichst ohne Erläuterungen direkt verständlich sein. Es kostet viele Teilnehmende anfangs Überwindung, zu malen, aber es lohnt sich. Wichtig ist, dass das Gemalte von dir und vom Team nicht negativ bewertet oder destruktiv kommentiert wird.

2. **Bestärke wilde Ideen**

   Ideen, die abwegig, überzogen oder verrückt wirken, sind im Zweifel die mit dem größten Potenzial und vielleicht auch die mit dem größten Risiko. Ich plädiere dafür, diese Ideen weiterzuverfolgen und sie nicht auszusortieren. Gerade wenn etwas abwegig und unmöglich klingt, hat es vielleicht die beste Chance, etwas ganz Besonderes oder Großartiges zu erschaffen. Im schlechtesten Fall findet man heraus, dass die Zeit noch nicht reif dafür ist – einen Versuch ist es auf jeden Fall wert.

3. **Nur einer spricht**

   Hier geht es um die Diskussionskultur. Nur einer spricht und vor allem: Die anderen hören zu. Sie sollten nicht bewerten oder kommentieren, sondern einfach zuhören, was der Sprecher mitteilen möchte.

4. **Denke nutzerzentriert**

   Design Thinking stellt den Nutzer, den Menschen, in den Mittelpunkt der Überlegungen. Alles, das wir entwickeln, entwickeln wir, um für Menschen etwas zu verbessern. Ich finde es wichtig, sich das von Zeit zu Zeit wieder bewusst zu machen.

5. **Baue auf den Ideen anderer auf**

   Nimm die Ideen anderer, und entwickle sie weiter. Schau nach den Stärken und Schwachstellen, oder versuche, eine geringfügig oder auch fundamental andere Lösung für dasselbe Problem zu finden. Bereits als Kinder lernen wir, indem wir das Verhalten von Erwachsenen und anderen Kindern imitieren und anpassen.

Abbildung 4.3 Beispiele für Workshop-Regeln

6. **Bleib beim Thema**

   Es hilft sehr, bei der Lösung eines Problems tatsächlich bei der Lösung dieses einen Problems zu bleiben. Fokussierung ist ein starkes Mittel!

7. **Generiere viele Ideen**

   Es gilt: Quantität vor Qualität. Zunächst sollte das Team möglichst viele Ideen generieren und sie erst später in einem separaten Schritt sortieren, gruppieren und bewerten. Denn es sind sehr viele Ideen erforderlich, um eine richtig gute zu finden. Wenn Ideen direkt bei ihrer Entstehung (durch den Urheber oder durch andere) bewertet und analysiert werden, dann hemmt das den kreativen Fluss. Daher ist Masse vor Klasse das Motto an dieser Stelle, um in den Fluss zu kommen.

8. **Stelle Kritik zurück**

   Um den kreativen Fluss zu fördern und ihn nicht direkt zu Beginn zu zerstören, ist es wichtig, positiv zu denken und einen Raum zu schaffen, in dem alle Ideen willkommen sind. Auch die verrückten. Gerade die. Nicht bewerten. Nicht kaputtreden. Nicht diskutieren.

9. **Habe Spaß**

   Wer hätte gedacht, dass Spaß zu haben mal eine Regel im Geschäftsumfeld sein würde? Sicher kennst du das auch, wenn Spaß und Spiel die Kreativität beflügeln. Genau das gilt es im Workshop zu erreichen.

Zu den genannten möchte ich noch zwei Regeln ergänzend erklären, die ich ganz wichtig finde:

1. **Augenhöhe**

   Das Team agiert auf Augenhöhe, d. h., alle Teammitglieder sind gleichberechtigt und gleichwertig. Es gibt im Team keine Hierarchie.

2. **Handy stummschalten und nur im Notfall beachten**

   Jeder sollte aufmerksam zuhören und aktiv mitarbeiten. Das bedeutet, dass das Handy bzw. Smartphone stummgeschaltet in die Tasche gehört. Ausnahmen sind natürlich in Ordnung, falls es Notfälle gibt oder wichtige Ereignisse wie etwa die Geburt eines Kindes bevorstehen.

Diese Regeln sind in Abbildung 4.3 dargestellt und visualisiert. So eine Darstellung kannst du auch als Poster gestalten und gut sichtbar im Workshop-Raum aushängen. Wichtig ist, dass du die Regeln auf jeden Fall mit dem Team besprichst und ihr sie zusammen als gültig vereinbart.

Zum Schluss noch etwas Banales: Jeder sollte sein Getränk markieren: Einfach ein Stück Kreppband auf jede Tasse, jedes Glas, jede Flasche etc. kleben und dann mit einem Stift den Namen draufschreiben. Damit ist sichergestellt, dass jeder seine Getränke sicher wiedererkennt. Es klingt banal, aber da wir häufig unsere Standorte im Raum wechseln, hilft das Markieren ungemein dabei, Verwechslungen zu vermeiden.

Übung: Workshop-Regeln erstellen

Ich habe dir ein paar Vorschläge für Regeln gemacht. Nimm sie jetzt zur Hand und überlege, ob du sie ergänzen möchtest oder ob du gar die eine oder andere davon streichst. Ich finde es wichtig, dass du dich vor deinem ersten Workshop damit auseinandersetzt, denn du musst hinter diesen Regeln stehen und sie zur Not durchsetzen. Wichtig ist auch, dass das Team sich mit diesen Regeln am Anfang des Workshops einverstanden erklärt. Ich bin sicher, du findest bestimmt noch Vorschläge zur Ergänzung meiner Liste.

4.4   Die Arbeit mit dem Team

Für die Arbeit mit dem Team möchte ich dir als Coach auch ein paar Tipps geben. Ich habe die Tipps nach den Phasen zur Bearbeitung einer Aufgabe gruppiert:

1. **Phase »Aufgabe vorbereiten«**
   Als Moderator bereitest du das Team für die nächste Aufgabe vor. Dazu hol das Team zusammen zu dir. Meist stehen die Teilnehmenden dabei in sicherem Abstand bequem an einem Tisch oder an Stühlen. Jedenfalls viel lieber als frei stehend in deiner Nähe. Versichere Ihnen, dass du nicht beißt, und bitte sie näher heran, vor allem, wenn du etwas auf Ausdrucken zeigen möchtest. Sonst können sie es vielleicht nicht lesen.

   Dann erkläre, wo ihr im Prozess steht und was ihr zuletzt gemacht habt. Nun erklärst du knapp die nächste Aufgabe. Ideal ist es, wenn du ein Beispiel vorführst, denn das macht die Methoden meist viel verständlicher, aber ist nicht immer einfach, denn es muss detailliert genug sein, damit alle die wesentlichen Elemente verstehen, aber nicht so detailliert, dass es viel Zeit verschlingt, die die Gruppen bei der eigenen Bearbeitung besser gebrauchen könnten.

   Teile danach das Team in Gruppen von jeweils drei bis vier Personen ein. Damit ist die Gruppe so klein, dass jeder aktiv mitmachen und zu Wort kommen kann. Würden sich weniger Teilnehmende pro Gruppe ergeben, bilde weniger Gruppen. Ich teile die Gruppen meist zufällig ein, um immer wieder andere Gruppenzusammensetzungen zu erreichen. Bei meinen bisherigen Workshops fanden die Teilnehmenden diese wechselnden Teams sehr inspirierend und nannten es manchmal ausdrücklich als positiven Punkt im Feedback. Alternativ kannst du auch während des gesamten Workshops feste Teams gegeneinander antreten lassen, um den positiven Spieltrieb in Hinblick auf einen Wettbewerb stärker zu nutzen.

   Abschließend gib den Teilnehmenden die gedruckten Anleitungen für die Methode, falls du welche vorbereitet hast. Hier reichen meist ein bis zwei Exemplare pro Gruppe. Dann nenne klar das vorgesehene Zeitlimit, und stelle die Countdown-Uhren entsprechend ein. Los geht's.

2. **Phase »Aufgabe bearbeiten«**
   Während der Bearbeitung der Aufgabe empfehle ich dir, bei den Gruppen abwechselnd präsent zu sein. Wenn du einen Co-Moderator hast, teilt euch ent-

sprechend auf die Gruppen auf. Stehe für Verständnisfragen bereit, und achte darauf, dass das Team die Aufgabe entsprechend der Anleitung bearbeitet und dabei keine ausschweifenden Diskussionen führt. Schau dir an, was die Gruppen machen und wie sich die einzelnen Mitglieder verhalten. Sei da, wenn etwas unklar ist, und stelle selbst Verständnisfragen zu den Ergebnissen, nicht um sie zu bewerten, sondern um dem Team klarzumachen, was vielleicht unklar ist.

Um auch zurückhaltenden Teilnehmerinnen und Teilnehmern eine Chance zu geben, hat es sich bewährt, am Anfang einer Aufgabe immer eine kleine Phase für Stillarbeit vorzusehen. Ich empfehle dafür jeweils drei Minuten. In diesen kann sich jeder für sich Gedanken und Notizen (in der Regel auf Haftnotizzetteln) machen, bevor das Team gemeinsam die Aufgabe bearbeitet und im Fluss eventuell etwas verloren geht. So können auch die ruhigeren Teilnehmenden ihre Meinung kundtun, ebenso wie diejenigen, die etwas »vorlauter« oder aktiver sind.

Nebenbei kannst du ein wenig aufräumen, indem du z. B. zerknüllte Haftnotizzettel oder Verschnitt von Bastelmaterial wegwirfst. Achte darauf, dass es möglichst unauffällig passiert, um die Gruppen nicht abzulenken. Ebenso ist meist Gelegenheit für die Vorbereitung der nächsten Arbeitseinheit.

Und ganz wichtig: Behalte die Countdown-Uhren im Blick. Zeigen sie dieselbe verbleibende Zeit an? Wie viel Zeit bleibt den Gruppen noch? Mache darauf aufmerksam, etwa wenn die Hälfte der Zeit rum ist oder nur noch wenige Minuten verbleiben. Ein kurz vor Schluss eingeworfenes: »Die letzte Minute läuft« bewirkt manchmal einen kleinen hektischen Sprint am Ende. Mich erinnert das immer an meine eigene Schulzeit, wenn ich in der Klassenarbeit unbedingt noch den Abschnitt zu Ende schreiben wollte.

Wenn es zielführend und zeitlich möglich ist, kannst du in Ausnahmefällen (und nur in Ausnahmefällen!) vor Ablauf der Zeit ein paar Minuten Extrazeit gewähren. Kündige dieses an und stelle dann die Countdown-Uhren entsprechend ein.

Grundsätzlich solltest du aber streng sein, wenn die Zeit abläuft. Ich finde es ganz wichtig, dass den Gruppen klar ist, dass die Zeit vorbei ist, wenn die erste Countdown-Uhr piept. Wären die Zeitvorgaben nicht verbindlich, ginge viel vom Druck und der Denkweise verloren, dass wir keine Perfektion suchen. Daher ist die Zeit wirklich um, wenn die Uhr abläuft.

3. **Phase »Präsentation der Ergebnisse«**
Wenn du Gruppen gebildet hast, lass die Gruppen sich gegenseitig ihre Ergebnisse präsentieren. So synchronisiert sich das Team wieder als Ganzes, und alle sind auf demselben Stand. Darüber hinaus macht es auch einen Heidenspaß, stolz die eigenen Ergebnisse zu präsentieren und zu sehen, was die anderen gemacht haben.

Die Reihenfolge überlasse ich meist gerne den Teams selbst, d. h., es beginnt, wer möchte. Jedes Team bestimmt selbst das Teammitglied, das präsentiert. Es sollte niemand zum Präsentieren gedrängt werden, denn schließlich soll es Spaß machen, und es soll eine gute Atmosphäre herrschen. Es ist vielen Menschen unangenehm, vor anderen zu sprechen. Auch das erinnert mich an meine Schulzeit. Es hat damit zu tun, dass wir anderen gefallen wollen und (negative) Bewertungen scheuen.

Wer präsentiert, bekommt deshalb immer Applaus. Das drückt Wertschätzung aus und die fördert die Bereitschaft, die Ergebnisse zu teilen. Es fördert außerdem, dass die Teilnehmenden sich weiter dem Team gegenüber öffnen und auch Ideen oder Meinungen offener äußern.

Nach der Präsentation dürfen die Zuschauer Verständnisfragen stellen. Diskussionen über die Inhalte oder die Lösung sollten gar nicht stattfinden oder nur kurz dauern, da ansonsten die Gefahr besteht, sich zu verzetteln und das Ziel aus den Augen zu verlieren oder Ideen zu verwerfen, weil sich die Kritiker durchsetzen.

Wer den Ball hat, hat das Wort

Für den Fall, dass du mal mit einem Co-Moderator gemeinsam einen Workshop bestreitest, habe ich einen kleinen Moderationstrick für euch, den ich von meinem Kollegen Timo gelernt habe: Teilt Euch die Aufgaben und Methoden auf, d. h., mal wirst du etwas sagen und das Team anleiten und mal dein Co-Moderator. Wir haben in einem solchen Fall einen weichen Schaumstoffball verwendet, um anzuzeigen, wer dran ist und den Workshop gerade führt. Zum einen ist so für die Teilnehmenden jederzeit erkennbar, wer führt, und zum anderen fällt man sich nicht so leicht gegenseitig ins Wort.

Das Vorgehen erinnert mich immer an Netzwerktopologie in der IT-Welt: Dort gibt es das sogenannte »Token-Ring«-Verfahren, bei dem die Netzwerkgeräte als Ring verbunden sind und sich einen Token herumreichen. Das Gerät, das den Token hat, ist an der Reihe, etwas zu tun. Bei uns ist der Ball der Token, und wer den Ball hat, hat das Wort.

4.5 Von der Liebe zu Post-its

Als ich anfing, Design Thinking zu lernen, und die ersten Workshops hielt, konnte man meinem Büro direkt ansehen, dass sich etwas bei mir verändert hatte: Sofort fiel die große Anzahl bunter Haftnotizzettel ins Auge, die am Whiteboard und an Schränken oder Türen klebten. Ich benutze sie zunehmend auch außerhalb von Workshops und natürlich reichlich davon bei deren Vorbereitung. Wenn du im Internet nach Bildern zum Suchbegriff »Design-Thinking-Workshop« suchst, wirst du sehr viele Fotos von Haftnotizzetteln entdecken. Design Thinker lieben diese bunten Klebezettel. Aber warum eigentlich?

Nun ja, sie sind farbig. Und farbig meint nicht nur gelb. Die bunten Farben bringen mehr Spaß in den Arbeitsalltag und in die oft in schlichten Farben gehaltenen Büroräume. Farben senden Botschaften. In Abbildung 4.4 siehst du die vier Farben, die ich am häufigsten in Workshops einsetze.

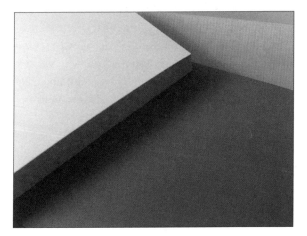

Abbildung 4.4 Haftnotizzettel in verschiedenen Farben

Die Haftnotizzettel haften an sehr vielen Oberflächen, und man kann sie einige Male neu ankleben, bevor sie nicht mehr halten. Genau das ermöglicht uns das Sammeln von Punkten (einer pro Haftnotiz) und deren müheloses Gruppieren und Neusortieren. Ich kann sie auch über Nacht hängen lassen. Und sie machen Ideen im wahrsten Sinne des Wortes begreifbar.

Darüber hinaus passt auf einen Haftnotizzettel in der mittleren Größe nicht viel Text. Das zwingt die Teilnehmenden (und auch dich als Coach) dazu, sich knapp zu fassen und sich aufs Wesentliche zu beschränken. Anstelle endlos langer Sätze finden nur wenige Worte und Icons Platz. Sich zu fokussieren und sich klarzumachen, was wesentlich ist, ist absolut erstrebenswert.

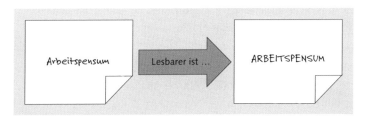

Abbildung 4.5 Großbuchstaben sind oft am besten lesbar.

Wenn ihr auf Haftnotizzettel schreibt, sollte gut lesbar und nachvollziehbar sein, was draufsteht. Das ist sowohl für die Teamarbeit als auch für die spätere Dokumentation wichtig. Deshalb empfehle ich Folgendes:

▶ **Druckschrift**

Schreibe in Druckschrift auf die Haftnotizzettel, so ist die Schrift besser lesbar. Ich empfehle oft, nur Großbuchstaben zu verwenden. So passt noch weniger Text darauf, der zugleich besser lesbar ist, auch wenn die Umstellung sicher etwas Übung erfordert. Großbuchstaben zwingen dich dazu, die Buchstaben einzeln zu schreiben. Normale Schreibschrift mit zusammenhängenden Buchstaben hingegen verleitet dazu, schneller und damit weniger deutlich zu schreiben. Ein Beispiel dafür siehst du in Abbildung 4.5. Probiere es einfach mal aus, um zu entscheiden, ob du damit klarkommst. Wenn du nicht nur Großbuchstaben verwenden möchtest, erlaube Groß- und Kleinschreibung. Das ist vollkommen dir überlassen.

▶ **Substantiv + Verb oder Substantiv + Adjektiv**

Verwende ein Substantiv, und ergänze es um ein Verb oder ein Adjektiv, um den Kontext mitzugeben. So wird die Aussage deutlich klarer. Verwende also lieber »SCHLECHTE KOMMUNIKATION« statt »KOMMUNIKATION«, wenn es um Probleme beim Status quo geht, und »KOMMUNIKATION VERBESSERN«, wenn es um Lösungsideen geht. Nur »KOMMUNIKATION« versteht im Zweifel später nur noch der Autor des Haftnotizzettels. Bedenke, dass nach dem Workshop die Ergebnisse als Fotoprotokoll ggf. auch an Personen weitergegeben werden, die nicht selbst an dem Workshop teilgenommen haben. Diese Empfänger können mit dem einzelnen Wort nichts anfangen. Oder sie ergänzen das Verb oder Adjektiv dazu selbst. Du kannst fast sicher sein, dass dabei eine andere Aussage herauskommt, als im Workshop beabsichtigt war. Die Beispiele in Abbildung 4.6 sollen dies verdeutlichen.

▶ **Wenig Text**

Schreibe nur kurze Texte auf die Haftnotizzettel. Das erhöht die Lesbarkeit ungemein. Bedenke, dass alle anderen deine Haftnotizzettel ohne Anstrengung lesen können sollen, auch wenn sie mit Abstand vor der Wand mit den Haftnotizzetteln stehen. Außerdem wirst du schnell lernen, dass kurze Texte dazu zwingen, sich auf das Wesentliche zu konzentrieren. Effizienz ist schließlich eines der wichtigen Merkmale der Design-Thinking-Methode.

▶ **Icons und Grafiken**

Noch besser als Worte sind Bilder. Oft kann eine kleine Grafik oder ein Icon zwar nicht 1.000 Worte, aber immerhin mehrere Wörter ersetzen. Denke nur an den Boom der Emojis seit dem Aufkommen von WhatsApp & Co. Da die Haftnotizzettel nicht unendlich viel Platz bieten, gilt es, diesen optimal zu nutzen. Wir können uns zudem Bilder besser merken und sie schneller gedanklich verarbeiten als Text (siehe Wyzowl: »The Power of Visual Communication Infographic«. In: *http://s-prs.de/670333*).

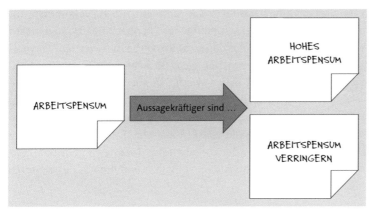

Abbildung 4.6 Ein Substantiv alleine sagt nicht viel aus.

Schwacher Klebstoff – wie die Post-its erfunden wurden

Dr. Spencer Silver arbeitete als Wissenschaftler für die Firma 3M. Er entdeckte im Rahmen seiner Forschungen einen Klebstoff, der auf Oberflächen haftete und sich dennoch leicht wieder ablösen ließ. Dies war eine neue Entdeckung, allerdings war sie nicht das, was er seinerzeit suchte. Seine Aufgabe war eigentlich, kräftigere und wirkungsvollere Klebstoffe zu finden. Silver erzählte jedoch seinen Kollegen von seiner spannenden Entdeckung, und eine Weile später kamen die Dinge zusammen: Sein Kollege Art Fry war Mitglied im Kirchenchor und frustriert darüber, dass seine Lesezeichen herausfielen, nachdem er sie zum Wiederauffinden der Lieder im Gesangbuch hinterlassen hatte. Er hatte also Bedarf an einem Lesezeichen, das fest klebt und sich dennoch leicht wieder entfernen lässt. Er nahm Kontakt zu Silver auf, und zusammen entwickelten sie die weltbekannten Post-it-Haftnotizzettel. Auch diese Geschichte ist ein großartiges Beispiel dafür, wie Scheitern beim Vorankommen hilft. (siehe 3M: »Die Geschichte der Marke Post-it«. In: *http://s-prs.de/670334*).

4.6 Timeboxing als Schlüsselelement

Am Ende einer Arbeitseinheit piept die Countdown-Uhr gnadenlos. Da das bedeutet, dass die Gruppe die Arbeit einstellen muss, und weil die Zeitfenster meist knapp gesetzt sind, sorgt dieses für einen konstant hohen Aktivitätsgrad der Gruppen. Emsig wird überlegt, gebastelt oder werden Ideen generiert. Immer im Wettlauf gegen die Zeit. Dadurch werden zeitraubende Diskussionen vertagt, und die Teammitglieder einigen sich – meist unausgesprochen – auf einen sehr gesunden Pragmatismus. Diese Einteilung in Zeitfenster und das Kontrollieren ihrer Einhaltung nennen wir *Timeboxing*.

Zur Erinnerung: Es geht hier nicht darum, die perfekte Lösung zu finden und zu realisieren. Es geht vielmehr darum, eine *gute* Lösung zu diskutieren, zu bauen und zu testen, um dann möglichst schnell Feedback von den Nutzern zu bekommen, für die man die Lösung entwickelt. Je eher wir hilfreiches Feedback bekommen, desto besser und schneller kann die bisher gefundene Lösung verbessert werden. Je weniger Aufwand und Liebe wir in den Prototypen gesteckt haben, desto leichter können wir uns von ihm oder von Teilen davon wieder trennen. Zu häufig wird eine Idee nur weiterverfolgt, weil man schon so viel investiert hat und nicht bereit ist, diese Investition abzuschreiben und das Experiment zu beenden. Denke nur an den Berliner Flughafen oder Stuttgart 21. In diese klassische Falle kannst du beim Design Thinking nicht laufen, weil die Zeitvorgaben das Team zwingen, den Zeitaufwand und die Kosten für den Prototyp klein zu halten und ihn vor der weiteren Bearbeitung zu testen.

Ich empfehle dir, gleich am Anfang darzustellen, dass der Zeitplan straff und Disziplin deshalb sehr wichtig ist. In Ausnahmefällen kannst du als Coach vor Ablauf der Countdown-Uhren den Gruppen noch ein paar Minuten Extrazeit geben, wenn sich die Gruppen an einem wichtigen Punkt befinden und du den Eindruck hast, dass ein paar Minuten mehr ein viel besseres Ergebnis bringen oder das Ergebnis sonst sehr roh wäre. Aber bitte sei mit dieser Möglichkeit sehr verantwortungsvoll, denn wenn das Team sich daran gewöhnt, dass es mehr Zeit bekommt, wird sich die Arbeitshaltung möglicherweise ändern und der Drang nachlassen, fertig zu werden. Behalte bei einer Verlängerung der vorgegebenen Zeit auch immer deinen gesamten Zeitplan im Auge. Du musst entweder deine Puffer im Zeitplan dafür verwenden oder eine der nächsten Aufgaben kürzer gestalten als geplant oder eine Methode gegen eine zeitsparendere austauschen. Ein gewisses Händchen für Organisation und Improvisation ist als Coach sehr nützlich.

Abbildung 4.7 zeigt eine Countdown-Uhr in Aktion. Wichtig ist, dass für alle Teilnehmenden die verbleibende Zeit jederzeit schnell erkennbar ist. Bei der Aufteilung in Gruppen achte daher darauf, dass die vorhandenen Countdown-Uhren von allen gut gesehen werden können oder dass sogar jede Gruppe ihre eigene Countdown-Uhr am Arbeitsplatz hat.

Abbildung 4.7 Countdown-Uhr der Firma Time Timer

Bei einem meiner Kunden war ich übrigens sehr begeistert, weil in seinen normalen Besprechungsräumen über der Tür ein Schild mit klaren Regeln für Besprechungen befestigt war. Zu den Regeln gehörte, dass ein Meeting fünf Minuten vor dem geplanten Ende beendet werden sollte, damit genügend Zeit bleibt, um den Raum aufzuräumen und zu verlassen, bevor die nächste Besprechung beginnt. Ebenso wurde empfohlen, die letzten Minuten darauf zu verwenden, die eigene Besprechung zusammenzufassen und künftige Aufgaben zu verteilen.

Die Erfindung des Time Timers

Die Produkte der Firma Time Timer LLC sind der Quasi-Standard, wenn es um Countdown-Uhren geht. Die Erfinderin des Time Timers heißt Jan Rogers. Der Darstellung des Herstellers nach erfand sie den Time Timer, um ihrer Tochter das Konzept von Zeit verständlich zu machen, nachdem diese mehrfach »Wie lange noch?« gefragt hatte. Versuche mit analogen und digitalen Uhren scheiterten, ebenso Versuche mit einer Eieruhr, bevor sie die Idee für den ersten Time Timer hatte (siehe Time Timer LLC: »Time Timer: Visual Timer for Visual Learners«. In: *https://youtu.be/5-9ugu9pBak*). Auch hier haben wir also ein Nutzerbedürfnis und das Konzept des Scheiterns, die für Design Thinking so wichtig sind und hier zum Erfolg geführt haben. Heute erfreuen sich die Time-Timer-Countdown-Uhren großer Beliebtheit, weil sie so leicht erkennbar die verbleibende Zeit grafisch darstellen und damit leicht verständlich machen.

4.7   Wohlfühlen

Es geht mir im Workshop darum, Hemmnisse zu beseitigen, damit das Team sich ganz und gar auf die Arbeit am Thema konzentrieren kann. Gleichzeitig gilt es aber auch, jedes Teammitglied ein wenig aus seiner Komfortzone zu holen, um bestmögliche und originelle Ergebnisse zu erzielen. Das heißt, ein gewisses Unbehagen an manchen Stellen gehört dazu (z. B. durch den permanenten Zeitdruck). Im Folgenden möchte ich dir ein paar Impulse mitgeben, wie du das Ziel Wohlfühlen grundsätzlich erreichen kannst.

David Kelley, Gründer und Chairman von IDEO, referiert in seinem TED-Talk über Kreativbewusstsein, wie er es nennt (David Kelley: »Wie man Kreativbewusstsein aufbaut«. In: *https://youtu.be/16p9YRFOl-g*). Damit meint er das Vertrauen in unsere Fähigkeit, etwas Kreatives zu erschaffen. Er sagt, dass Kreativbewusstsein oft bereits in der Kindheit im Keim erstickt werde und dies häufig dazu führe, dass wir nie (wieder) versuchen, etwas zu erschaffen, weil die Angst vor der negativen Bewertung durch andere uns daran hindert. Er führt vor, dass Menschen, die Design Thinking lernen, sich davon frei machen und langsam wieder Kreativbewusstsein aufbauen können.

In unseren Design-Thinking-Workshops gilt es meiner Meinung nach deshalb vor allem, eine angenehme, wertschätzende Atmosphäre zu schaffen, in der sich alle trauen, ihre Gedanken und Ideen zu teilen, und so idealerweise mit Begeisterung zum Ergebnis beitragen.

Applaus ist eine wunderbare Möglichkeit, mit der das Team Anerkennung und Zustimmung ausdrücken kann. Du kannst es als Coach etablieren, indem du einfach mit gutem Beispiel vorangehst und zu klatschen anfängst, sobald die Präsentation vorüber ist. Ebenso gehört es dazu, dass du dich als Coach bei den Teams verbal für ihre Beiträge bedankst. Auch dieses kleine Lob hilft enorm und fördert die Motivation. Wir alle freuen uns über Wertschätzung für unsere Gedanken, Ideen und Taten. Überlege mal, wie häufig in deinem Arbeitsalltag Lob ausgesprochen wird. In den meisten Fällen ist das leider (viel zu) selten der Fall. Die wertschätzende Atmosphäre hilft, Hemmungen abzubauen und auch ausgefallene Ideen zu fördern. Hintergrundmusik laufen zu lassen gehört für mich auch zu den wesentlichen Faktoren, um eine angenehme Atmosphäre zu erzeugen. Ich kann mich bei totaler Stille schlecht konzentrieren, daher bevorzuge ich leise Hintergrundgeräusche oder Musik, solange das nicht meine Aufmerksamkeit auf sich zieht. Scott Doorley, seines Zeichens Creative Director der d.school, hat zwei zur Arbeit in Workshops passende Playlists veröffentlicht: Die »Reflective«-Playlist umfasst entspannte Hintergrundmusik und die »Active«-Playlist ist zur Untermalung von aktiver Tätigkeit gedacht, wie ihr Name vermuten lässt (siehe Scott Doorley: »Two Playlists for the Classroom«. In: *http://s-prs.de/670335*).

Ebenso gehören die in Kapitel 3, »Auf in die Praxis: die Vorbereitungen«, erwähnten Naschereien und Getränke dazu, den Teilnehmerinnen und Teilnehmern etwas Gutes zu tun (das Belohnungssystem im Kopf wird sich freuen) und um unnötige Wege zu vermeiden, die den Arbeitsfluss unterbrechen.

Lachen ist wichtig. Vor allem gemeinsames Lachen, denn wenn das Team Spaß an der kreativen Arbeit hat, wird es bessere Ergebnisse liefern.

[/] Übung: Wohlfühlen

Mach dir bewusst, wie du das Wohlbefinden deiner Teilnehmerinnen und Teilnehmer fördern kannst. Erinnere dich an Situationen aus der Vergangenheit, in denen du dich als Teilnehmende(r) in einer Schulung oder einem Workshop wohlgefühlt hast:

▶ Was hat dir besonders gut gefallen?

▶ Was hat die Atmosphäre positiv unterstützt?

▶ Wie könntest du diese positiven Impulse in einem Design-Thinking-Workshop einsetzen?

Danach mach dir bewusst, in welchen Situationen es genau andersherum war:

▶ Wann und wo hast du dich sehr unwohl gefühlt, und warum war das so?

▶ Wie kannst du dieses Gefühl bei deinen Teilnehmerinnen und Teilnehmern verhindern?

Wohlbefinden ist also ein wichtiger Faktor bei der Durchführung eines Workshops, auch wenn wir die Teilnehmenden bewusst aus der Komfortzone locken wollen.

4.8   Umgang mit Konflikten

Bei Teamarbeit kann es immer zu Konflikten kommen. Allein darüber könnte man ganze Bücher schreiben. Daher möchte ich es an dieser Stelle knapp halten und dich ein wenig für ein paar mögliche Szenarien sensibilisieren. Diese Szenarien sind im Einzelnen:

▶ **Kritik an dir als Moderator/Besserwisser**
Irgendwann wird dich jemand für deine Arbeit kritisieren oder für die Art und Weise, wie du sie machst. Wenn das in einem Workshop passiert und einer der Teilnehmenden derartige Kritik äußert, reagiere entspannt. Vertraue stets darauf, dass die Methode funktioniert. Höre dem Kritiker zu, und nimm die Kritik ernst, aber nimm sie dir nicht zu Herzen. Vielleicht basiert die Kritik auf Erwartungen, die nicht erfüllt wurden, oder darauf, dass der Kritiker andere Methoden für geeigneter hält. Höre in jedem Fall aufmerksam zu, und zeige, dass du die Meinung des Kritikers ernst nimmst. Meist findet sich dann ein Weg, den Workshop fortzusetzen. Falls der Kritiker sich verweigert, kann er auch den Workshop verlassen. Alle Teilnehmenden sollten freiwillig, aus Neugier und Interesse am Workshop teilnehmen. Wenn jemand es für den falschen Weg für sich hält, ist das in Ordnung.

▶ **Verweigerung, Sabotage oder die Regeln werden nicht eingehalten**
Wenn Teilnehmende sich verweigern, die Teamarbeit sabotieren oder die Regeln nicht einhalten, empfehle ich dir, das Gespräch mit den entsprechenden Teilnehmenden zu suchen. Die Gründe können sehr vielfältig sein und von Angst, Unsicherheit, Hemmungen bis hin zu konkurrierenden Zielen reichen. Bei Unsicherheit und Angst könnten die Ursachen z. B. in der Angst vor Bewertung durch andere liegen. Da kann es helfen, eine Atmosphäre der Wertschätzung zu etablieren und zu demonstrieren, dass hier jeder seine Gedanken zum Thema frei äußern kann und die Mitarbeit und Sichtweise jedes Teilnehmers und jeder Teilnehmerin ausdrücklich erwünscht ist. Das ist ja der Grund, warum er oder sie eingeladen wurde.

▶ **Durcheinander reden/nicht ausreden lassen**
Wenn Teilnehmende sich gegenseitig oder dem Coach ins Wort fallen, kann es helfen, einen Schaumstoffball als Token zu verwenden: Wer den Ball hat, darf sprechen. Alle anderen hören zu.

▶ **»Ich bin nicht kreativ.«**
Manchmal sprechen Teilnehmende ihr Unbehagen und ihre Unsicherheit durch diesen Satz ausdrücklich aus. Ich höre oft von Menschen, dass sie andere um

ihre kreativen Hobbys beneiden. Ich glaube, dass jeder Mensch kreativ sein und etwas Wunderbares erschaffen kann. Das Problem besteht meiner Meinung nach eher darin, sich nicht zu trauen und nicht zu wissen, wie man anfangen soll. Diese erste Hemmschwelle gilt es zu beseitigen. Darin liegt eine Herausforderung für den Coach. David Kelley, Gründer von IDEO, referiert in seinem TED-Talk Kreativbewusstsein darüber, wie Kreativbewusstsein komplett durch destruktive Bewertung zerstört und wie es durch Erfolge mit Design Thinking wieder aufgebaut werden kann (siehe David Kelley: »Wie man Kreativbewusstsein aufbaut«. In: *https://youtu.be/16p9YRFOl-g*). Es ist ein Prozess, aber die vielen kleinen Erfolgserlebnisse, die das Team im Rahmen eines Workshops erlebt, helfen dabei, Kreativbewusstsein aufzubauen und ein Stückchen mehr von »Ich bin nicht kreativ!« zu »Ich kann etwas erschaffen!« zu kommen.

► **Hierarchie-Dominanz**

Wenn die Teammitglieder nicht auf einer Ebene sind bzw. hierarchisch höher gestellte Teilnehmende die Arbeit dominieren, kann es helfen, auf stille Einzelarbeit zu setzen und anschließend die Ergebnisse zusammenzutragen. Das ist nicht die ideale Lösung, gibt allerdings Teilnehmerinnen und Teilnehmern, die sonst nicht gehört werden oder nicht zu Wort kommen, die Möglichkeit, sich demokratisch einzubringen. Auch das Anonymisieren von Beiträgen kann helfen, Hindernisse abzubauen. Zum Beispiel könnte jeder still seine Haftnotizen schreiben. Dann werden sie verdeckt gemischt, bevor sie am Whiteboard angebracht werden, sodass die Urheberschaft etwas verwischt wird. Die Methode *Brainwriting* funktioniert im Ideengenerierungsprozess in diesen Fällen auch sehr gut, weil jeder still auf den Ideen der anderen aufbaut. Es werden nicht zwischendurch die einzelnen Beiträge laut diskutiert und bewertet, sondern erst die gesamte Idee am Ende.

► **Zwischenzeitliche Abwesenheit**

Es kommt praktisch in jedem Workshop vor, dass einzelne Teilnehmer und Teilnehmerinnen für einen kürzeren oder längeren Zeitraum nicht zur Verfügung stehen – meistens, weil sie an anderen Meetings teilnehmen. Ich empfehle immer, dass die Teilnehmenden komplett am Workshop teilnehmen, dennoch überlasse ich die Entscheidung jedem selbst. Es kann allerdings zu Konflikten oder unterschwelliger Unzufriedenheit führen, wenn einzelne Mitglieder nicht da sind. Zumal das immer bedeutet, dass ihre Meinung und ihre Ideen nicht berücksichtigt werden und dass es später etwas aufzuholen gibt. Letzteres klappt meist ganz gut, sodass es für mich kein Drama ist, wenn mal jemand zwischendurch wegmuss und eine Arbeitseinheit verpasst, solange das verbleibende Team groß genug ist, um die Aufgabe zu bearbeiten, und es nicht zu schlechter Stimmung führt. Dennoch ist es mir wichtig, bereits in der Vorbesprechung zu kommunizieren, dass die Teilnehmenden möglichst unterbrechungsfrei am Workshop teilnehmen.

▶ **Sich übergangen fühlen**

Durch die enge zeitliche Taktung lasse ich Diskussionen und Zwischengespräche in der Regel nur sehr kurz laufen. Das kann dazu führen, dass sich Teilnehmende übergangen bzw. überhört fühlen. In dem Fall kommt dem *Lean Coffee Board* besondere Bedeutung zu, da es die Ideen, Fragen und Probleme, auf die Teilnehmende hinweisen wollen, aufnimmt und so am Ende die Themen noch hinreichend thematisiert werden können.

▶ **Sarkasmus und Zynismus**

Humor und Lachen sind wichtig für die gute Atmosphäre im Workshop. Von Sarkasmus und Zynismus rate ich ab, da sie oft von ernsthaften oder verletzenden Äußerungen nur schwierig zu unterscheiden sind. Es ist deine Aufgabe als Coach, darauf hinzuweisen, dass ein respektvoller Umgang auf Augenhöhe ganz wesentlich für die Zusammenarbeit im Team ist. Sollte dies nicht gewährleistet sein, kann es erforderlich sein, dass du einzelne Teilnehmerinnen und Teilnehmer beiseitenimmst, um sie im Vier-Augen-Gespräch darauf hinzuweisen, sich mit Sarkasmus oder Zynismus zurückzuhalten.

Das Team durch Irritation wieder fokussieren

Mittlerweile zählt auch ein Satz Buzzer mit markanten Geräuschen zu meiner Werkzeugkiste. Ich benutze sie, wenn Teilnehmende sich z. B. in einer Brainstorming-Session in Diskussionen oder Gespräche verzetteln. Das Geräusch der Buzzer irritiert die Teilnehmenden beim ersten Mal. Ich weise sie dann daraufhin, dass ich die Buzzer drücke, wenn sie diskutieren, anstatt Quantität vor Qualität gelten zu lassen. Natürlich darf auch jeder andere die Buzzer benutzen, wenn das Team sich verzettelt. Im weiteren Verlauf des Workshops sorgen die Buzzer für Erheiterung und damit auch für gute Stimmung. Mal ganz davon abgesehen, dass sich die Gruppe wieder der aktuellen Aufgabe zuwendet, weil sie bemerkt, was der Grund für das Auslösen des Buzzers war, und sie sich der Ablenkung vom Thema bewusst wird.

4.9 Spontaneität

Manche versetzt schon das Lesen des Wortes Spontaneität in Verzückung, und anderen wiederum bereitet es sofort Stress. Als Coach wirst du immer wieder improvisieren und spontan auf Ereignisse reagieren müssen, die sich im Workshop ereignen. Auch wenn du ein Improvisationskünstler bist, empfehle ich dir dringend, Workshops vollständig und gewissenhaft vorzubereiten (siehe Kapitel 3, »Auf in die Praxis: die Vorbereitungen«). Spontaneität ist für den Coach kein Hintertürchen für mangelnde Vorbereitung, sondern ein Instrument, um mit Abweichungen vom Plan umzugehen. Zu Konflikten habe ich im letzten Abschnitt ein paar Worte geschrieben. Nun geht es um die anderen Fälle, in denen deine Spontaneität gefragt ist.

Manchmal dauern Dinge länger als geplant. Dann gilt es, dass du Fingerspitzenge-fühl zeigst und die Überziehung laufen lässt oder wieder einfängst. Bei wichtigen Diskussionen oder wenn das Team gerade im Fluss bei der Bearbeitung einer Auf-gabe ist, gewähre ich meist ein paar Minuten Zeit. Meine eingeplanten Puffer las-sen das in der Regel zu. Wenn Diskussionen umfangreich werden, beende sie mit dem Hinweis auf den Zeitplan und verweise auf das Lean Coffee Board, an dem jeder jederzeit Merkzettel für später hinterlassen kann. So geht nichts verloren, und es sollte sich auch niemand übergangen fühlen.

Kommen im Laufe des Workshops erhebliche Überziehungen zusammen, über-prüfe deinen Zeitplan, und tausche ggf. Methoden gegen zeitsparendere aus, oder streiche den Einsatz von zusätzlichen Methoden, die du zur Vertiefung eingeplant hattest. Mein Ziel ist dabei, dass der Design-Thinking-Prozess trotz der Überzie-hungen komplett durchlaufen wird. Hin und wieder kannst du auch ein Warm-up-Spiel streichen, aber ich empfehle dir, sie nicht komplett zu streichen, da sie erheb-lich zu einem erfolgreichen Workshop beitragen.

4.10   Zusammenfassung

Dieses Kapitel hatte eine Reihe von Themen zum Inhalt. Die wichtigsten Stich-punkte daraus lassen sich wie folgt zusammenfassen:

▶ Sei rechtzeitig vor Beginn des Workshops vor Ort, damit du in Ruhe das Mate-rial, den Raum und dich selbst vorbereiten kannst.

▶ Begrüße die Teammitglieder, wenn sie eintreffen. Rechne damit, dass manche bereits deutlich vor Beginn des Workshops ankommen.

▶ Überlege dir die für dich wichtigen Regeln zur Zusammenarbeit vor dem Work-shop. Drucke sie aus, oder schreibe sie auf ein Flipchart oder Whiteboard, so-dass sie über den gesamten Workshop hinweg gut sichtbar sind. Achte darauf, dass die Regeln jederzeit eingehalten werden.

▶ Timeboxing ist wichtiger Bestandteil von Design Thinking. Der Aktivitätsgrad, den knappe Zeitfenster erzeugen, fördert den Fokus des Teams. Deshalb achte immer auf die Countdown-Uhren, und gewähre nur in Ausnahmefällen Extrazeit.

▶ Wohlfühlen ist wichtig, auch wenn wir im Workshop die Teilnehmenden aus ihren gewohnten Denkmustern und der Komfortzone herausholen wollen, um noch bessere Ergebnisse zu produzieren. Musik kann eine gute Atmosphäre un-terstützen, ebenso Humor, Lachen und wertschätzender Applaus bei der Vor-stellung von Ergebnissen.

▶ Es können vielfältige Konflikte auftreten. Konflikte sind im Workshop oft schwie-rig zu lösen. Ich empfehle dir, die in diesem Kapitel beschriebenen Szenarien zu lesen und dich gedanklich darauf vorzubereiten. Sei aufmerksam während des Workshops, und beobachte die Teilnehmenden und ihre Stimmung. Achte und reagiere auf Veränderungen im Verhalten und der Stimmung der Teilnehmenden.

▶ Achte darauf, dass die Teilnehmenden sich bei der Bearbeitung der Aufgaben nicht in Diskussionen oder Gesprächen verlieren.

▶ Sei spontan: Wenn das Team an einer aus der Sicht der Challenge spannenden Stelle ist, gewähre ihnen ein paar Minuten Extrazeit. Andererseits beende Diskussionen, und verweise auf das Lean Coffee Board, wenn es für die aktuelle Aufgabe nicht relevant ist.

5 Ein Beispiel-Workshop – Phase »Discover«

Die erste Phase des Design-Thinking-Prozesses, die Phase »Discover«, hat zum Ziel, das Problem in der Tiefe zu verstehen, um dann nach geeigneten Lösungen suchen zu können. Ich werde dir zeigen, wie du dem Team zu einem tieferen Problemverständnis verhelfen kannst.

Beim Design-Thinking-Prozess gibt es verschiedene Ansätze. SAP unterteilt den Prozess in die Phasen *Discover* (»Entdecken«), *Design* (»Gestalten«) und *Deliver* (»Liefern«), wie ich in Abschnitt 1.5.1, »Der Prozess«, schon ausführlich beschrieben habe (siehe auch SAP: »Design Thinking – the process to innovate«. In: *http://design.sap.com/designthinking.html*). In diesem Buch folge ich dieser Darstellung des Prozesses (siehe Abbildung 5.1). Ich bevorzuge jeweils die englischen Bezeichnungen bei den Phasen und die deutschen Bezeichnungen bei den Schritten darunter, weil ich Discover – Design – Deliver wohlklingender finde als Entdecken – Gestalten – Liefern.

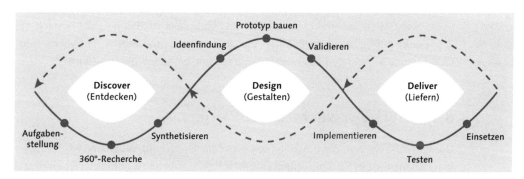

Abbildung 5.1 Der Design-Thinking-Prozess in der Darstellung von SAP (Quelle: SAP)

Im Zusammenhang mit SAP Leonardo wird der Discover-Phase noch die Phase *Explore* vorgeschaltet. In der Explore-Phase geht es darum, die relevanten Fragestellungen und Anwendungsfälle zu identifizieren (siehe Hailey Temple: »SAP Leonardo Design-Led Engagements Demystified«. In: *http://s-prs.de/670336*). Ich habe die Vorarbeit bereits in Kapitel 3, »Auf in die Praxis: die Vorbereitungen«, dargestellt, daher beginne ich hier mit dem tatsächlichen Design-Thinking-Workshop in der Discover-Phase. Manchmal beginnt die Discover-Phase bereits vor dem

Workshop, wenn z. B. Interviews, Beobachtungen oder die Begleitung von Nutzern durchgeführt werden.

Wie Abbildung 5.1 zeigt, umfasst jede Phase mehrere Einzelschritte. Die Schritte *Aufgabenstellung*, *360°-Recherche* und *Synthetisieren* in der Discover-Phase dienen dazu, ein umfassendes Problemverständnis zu erreichen, bevor anschließend in der Design-Phase Lösungsideen gesucht, gefunden und als Prototypen umgesetzt werden.

1. Im Schritt *Aufgabenstellung* erarbeitet das Team ein gemeinsames Verständnis der Aufgabenstellung für den Workshop. Worum geht es überhaupt, und wie grenzt das Team die Aufgabenstellung ab?
2. Im Schritt *360°-Recherche* untersucht das Team intensiv das Problem und die betroffenen Nutzer.
3. Im Schritt *Synthetisieren* geht es darum, die bisherigen Erkenntnisse zusammenzutragen, zusammenzufassen, Empathie für den Nutzer aufzubauen und die Problemstellungen zu formulieren und auszuwählen, die im Folgenden weiterbearbeitet werden.

Manche der hier vorgestellten Methoden lassen sich in Kurzfassung im Workshop durchführen. Bessere Ergebnisse erzielen sie jedoch, wenn sie ausführlicher *vor* dem Workshop durchgeführt werden. Dies trifft z. B. auf die Begleitung von Nutzern oder Interviews mit diesen zu.

Für dieses fiktive Beispiel eines Workshops lautet die Challenge ganz einfach auf den Punkt gebracht: »*Wie könnten wir Außendienstmitarbeitern helfen, ihre Besuchstermine bei Kunden besser vorzubereiten und einfacher durchzuführen?*«

5.1   Wer, wie, was? – unser Beispiel

Die fiktive TastyFood & Convenience GmbH aus Nordrhein-Westfalen ist Hersteller von Lebensmitteln für Konsumenten und für gewerbliche Abnehmer und dient uns in diesem Buch als Beispiel.

Der Auftraggeber

Das mittelständische Unternehmen mit seinem Hauptsitz in Bielefeld produziert in seinem Hauptwerk allerlei leckere Süßigkeiten und Convenience-Produkte. Der Geschäftsführer Alex Milso hat das Unternehmen sehr erfolgreich zu einem der zehn umsatzstärksten Unternehmen der Region gemacht. Da er diesen Erfolgskurs weiter fortsetzen möchte, sucht er nach Problemen in den Abläufen, nach Hindernissen und Verbesserungsmöglichkeiten.

Kürzlich ist er im Internet auf die Methode Design Thinking aufmerksam geworden, und er vermutet, dass diese ihm helfen könnte, neue Ideen zu entwickeln, um komplexe Probleme zu lösen. Darüber hinaus hat er auch davon gehört, dass sein Lieferant für Unternehmenssoftware – SAP – ebenfalls starker Verfechter dieser Methode ist.

Er nimmt Kontakt zu einer ortsansässigen Beratungsfirma auf, die Design-Thinking-Workshops anbietet. Nach zwei Telefongesprächen mit dem Design-Thinking-Coach Martin Butze wird ein zweitägiger Workshop angesetzt, der hier im Folgenden als Beispiel dienen wird.

Die Teamzusammensetzung

Der Geschäftsführer Alex Milso stellt für den Workshop das folgende Team zusammen:

▶ Daniel – Vertriebsaußendienst

▶ Julia – Vertriebsaußendienst

▶ Marion – Vertriebsinnendienst

▶ Constantin – Vertriebsaußendienst

▶ Angelina – Produktmanagement Süßigkeiten

▶ Eren – Vertriebsaußendienst

▶ Kirsten – Produktmanagement Tiefkühlprodukte

▶ Thomas – IT-Spezialist

Ort und Zeitplan

Der Workshop findet vor Ort im Hauptsitz der TastyFood & Convenience GmbH in Bielefeld in einem improvisierten Design-Thinking-Raum statt. Der große Besprechungsraum wurde für den Workshop leer geräumt und mit reichlich Material für den Workshop bestückt.

Der Workshop beginnt an beiden Tagen auf Wunsch des Auftraggebers jeweils um 9 Uhr und endet spätestens um 17:30 Uhr. Die Agenda in Tabelle 5.1 zeigt einen beispielhaften Zeitplan für den ersten Tag des Workshops. Die Agenda für den zweiten Teil findest du in Kapitel 6, »Ein Beispiel-Workshop – Phase ›Design‹«.

Hier kommen nicht alle später vorgestellten Methoden zum Einsatz. Zum einen wäre dieses zeitlich nicht möglich und zum anderen auch inhaltlich nicht sinnvoll, da die Methoden teilweise auf dieselben Aspekte abzielen. In Workshops setze ich in der Regel ein bis zwei Methoden pro Prozessschritt ein, je nachdem, wie groß das Team ist und wie viel Zeit wir tatsächlich zur Verfügung haben.

Beginn	Inhalte
09:00	Begrüßung, Namensschilder basteln und das Warm-up-Spiel »Power-Geste«
09:30	Wie gehen wir im Workshop vor? – Regeln
09:45	Discover – Aufgabenstellung: Challenge zerlegen
10:15	Discover – Aufgabenstellung: »Postcard to Grandma«
10:45	15 Minuten Pause und 15 Minuten Puffer
11:15	Discover – 360°-Recherche: Interviews, Nachbereitung und Kurzpräsentation
12:30	Mittagspause
13:30	Warm-up-Spiel »Turmbau-Challenge« zur Aktivierung
13:45	Discover – Synthetisieren: Jobs to be done
14:30	Discover – Synthetisieren: Personas
15:45	15 Minuten Pause und 15 Minuten Puffer
16:15	Discover – »Wie-könnten-wir …?«-Fragen entwickeln
16:45	Lockere Runde zur Besprechung des Lean Coffee Boards
17:00	»I like, I wish« des ersten Workshop-Tages
17:15	Ende des ersten Tages

Tabelle 5.1 Beispielzeitplan für den ersten Workshop-Tag Dienstag

Das Beispiel ist bewusst so aufgebaut, dass eine vollständige Iteration stattfindet. Wenn der Workshop entsprechend straff geplant und durchgeführt wird, ist auch eine zweite komplette Iteration des Prozesses in diesen zwei Tagen möglich – oder die Wiederholung einzelner Schritte, um neue Erkenntnisse zu gewinnen und diese einzuarbeiten. Ich empfehle dir, vor Durchführung des Workshops mit deinem Auftraggeber über seine Erwartungen und Wünsche zu sprechen.

Eine oder zwei Iterationen?

In meinen bisherigen Workshops hat bereits die Durchführung einer vollständigen Iteration des Prozesses das Team bei der Lösung der Probleme so weit vorangebracht, dass ich auch für diesen fiktiven Workshop bei dieser Strategie bleibe.

Darstellung der Methoden

In den folgenden Abschnitten werden die Methoden dargestellt, die der Coach Martin im Rahmen des Workshops einsetzt, um das Team durch den Prozess zur

Gewinnung neuer Erkenntnisse über die Nutzer zu führen. Dabei stelle ich dir mehr Methoden vor, als du in einem normalen Workshop einsetzen wirst. Das heißt, ich zeige für jeden Schritt (Aufgabenstellung, 360°-Recherche und Synthetisieren) mehrere Methoden auf, aus denen du wählen kannst, wenn du deinen eigenen Workshop gestaltest. Da Design Thinking keine fest definierten Methoden umfasst, ist diese Vorstellung nicht erschöpfend, sondern als Startpunkt für deinen eigenen Werkzeugkasten zu verstehen. Es ist wie ein Best-of-Album eines Musikers: Es sind nicht alle großartigen Songs dabei, aber die Highlights, die man kennen sollte.

Nachdem ich die Methoden beschrieben und erklärt habe, zeige ich sie dir noch mal in der Anwendung, jeweils anhand des fiktiven Coaches Martin und seines fiktiven Workshops bei der TastyFood & Convenience GmbH.

5.2   Aufgabenstellung

In diesem Abschnitt geht es darum, dass das Team ein gemeinsames Verständnis der Aufgabenstellung erlangt. Wie du weißt, steht am Anfang des Workshops die Challenge. Diese hast du in Telefonaten vorab mit dem Auftraggeber erarbeitet. Da die Challenge die Leitfrage für den Workshop ist, schreibe sie gut lesbar und sichtbar auf ein Whiteboard, an die Wand oder an ein Flipchart, das die gesamte Zeit sichtbar bleibt.

In diesem ersten Schritt gilt es, die Aufgabenstellung wirklich zu verstehen. Dabei ist es wichtig, zu verstehen, welches Problem sie umfasst, und genauso wichtig ist es, abzugrenzen, was nicht dazugehört. Das Ziel ist ein gemeinsames Verständnis davon, woran das Team arbeitet.

Ich wende in der Discover-Phase mindestens eine Methode an. Wenn genügend Zeit verfügbar ist, dann auch eine zweite oder gar dritte Methode. Vor allem dann, wenn für mich erkennbar ist, dass das Team sich noch schwer damit tut, die Aufgabenstellung zu fassen, oder es noch tiefer gehen sollte.

Sollte sich in dieser Phase herausstellen, dass die für den Workshop gewählte Challenge das Problem nicht genau beschreibt, also zu unspezifisch ist, wird sie vom Team gemeinsam neu formuliert. Dies nennt man *Reframing*, und es wird immer dann durchgeführt, wenn sich Abweichungen zeigen. Die Challenge ist nicht in Stein gemeißelt – wir arbeiten iterativ und lernen ständig dazu.

5.2.1   Challenge zerlegen

Eine Methode zum Verstehen der Challenge ist es, sie in ihre Bestandteile zu zerlegen und diese einzeln zu besprechen, um zu ermitteln, wie das Team die Aufgabenstellung versteht.

Beschreibung der Methode

Das Zerlegen der Challenge meine ich wörtlich. Dazu stelle ich mich ans Whiteboard und schreibe die Challenge an. Dann gehe ich mit dem Team gemeinsam die Challenge Wort für Wort von vorne nach hinten durch und markiere mit dem Whiteboard-Stift jedes wesentliche Wort, das wir noch genauer definieren sollten (siehe Abbildung 5.2).

Bereits beim ersten Durchgang flammen die Diskussionen im Team darüber auf, welche Begriffe klar scheinen und welche nicht. So passiert genau das Gewünschte: Die Teilnehmenden tauschen ihre unterschiedlichen Sichtweisen und Interpretationen der Aufgabenstellung miteinander aus. Das Team entwickelt so eine gemeinsame Sichtweise für den Workshop und darüber hinaus. Und das ist ganz wesentlich, denn es geht in diesem Workshop schließlich darum, das Problem richtig zu verstehen und das richtige Problem zu bearbeiten.

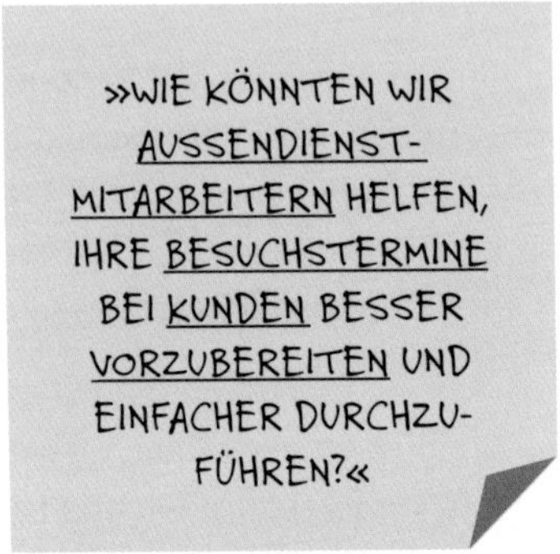

>>WIE KÖNNTEN WIR
AUSSENDIENST-
MITARBEITERN HELFEN,
IHRE BESUCHSTERMINE
BEI KUNDEN BESSER
VORZUBEREITEN UND
EINFACHER DURCHZU-
FÜHREN?«

Abbildung 5.2 Challenge mit markierten Begriffen

Sobald alle Begriffe markiert sind, nehmen sich alle Teilnehmenden einen Block Haftnotizzettel und einen Stift. Dann gebe ich ihnen fünf Minuten Zeit, damit alle die für sie wichtigen Punkte zu allen markierten Begriffen aufschreiben können:

▶ Was zeichnet das Wort aus?

▶ Was verstehst du darunter?

▶ Was umfasst das Stichwort, was beinhaltet es nicht?
  Hier geht es um die inhaltliche Abgrenzung des Themas.

Dabei gilt wieder: ein Punkt pro Haftnotizzettel. So können wir die Zettel später nach Bedarf umsortieren und gruppieren. Jeder behält seine Zettel erst mal für sich.

Nach Ablauf der Zeit hören alle auf zu schreiben, und ich gehe ans Whiteboard. Nun gehen wir die markierten Wörter der Reihe nach durch. Jeder kann seine Haftnotizzettel ankleben, sodass nach und nach das Teamverständnis der Wörter am Whiteboard sichtbar wird. Doppelte Haftnotizzettel sollten nicht aufeinandergeklebt, sondern die doppelten Exemplare entsorgt werden. Das hält das Whiteboard übersichtlicher und macht auch im Fotoprotokoll später die einzelnen Haftnotizzettel besser lesbar, zumal doppelte Zettel keine zusätzliche Bedeutung hinzufügen. Sie dienen lediglich dazu, Punkte zu gewichten, und das lässt sich besser durch Markierungspunkte oder gemalte Markierungen auf den Haftnotizzetteln erreichen.

Wichtig ist auch hier: Zu jedem Zeitpunkt spricht nur einer, und die anderen hören zu. Das Zuhören ist wichtig, damit alle mitbekommen und verstehen können, was das Teammitglied sich gedacht und warum es den Punkt auf den Zettel geschrieben hat.

Durch das gemeinsame Ankleben und Besprechen beginnt das Team, sich darüber auszutauschen, was gemeint ist. Dies ist vor allem bei schwammigen Formulierungen wie etwa »für alle Beteiligten« oder »für unsere Kunden« ganz wichtig, um die Platzhalter mit konkreten Inhalten zu füllen. Dieser Prozess dauert im Workshop je nach Challenge etwa 20 bis 30 Minuten. Das ist gut investierte Zeit, gerade wenn die Aufgabe am Anfang banal erscheint.

Nachdem alle ihre Haftnotizzettel ans Whiteboard gebracht haben, lasse ich das Team die einzelnen Punkte gruppieren. Danach sollen die Teams den Gruppen jeweils eindeutige Bezeichnungen geben.

Challenge zerlegen – Material- und Zeitbedarf

▶ Flipchart-Papier oder freies Whiteboard

▶ Whiteboard-Stifte für alle Teilnehmenden

▶ einen Haftnotizzettelblock pro Teilnehmer(in)

▶ Zeit: 15–30 Minuten

Anwendung im Workshop

Im Workshop wird die Challenge »Wie könnten wir Außendienstmitarbeitern helfen, ihre Besuchstermine bei Kunden besser vorzubereiten und einfacher durchzuführen?« zerlegt. Das Team markiert die Begriffe *Außendienstmitarbeiter, Besuchstermine, Kunden, vorbereiten* und *durchführen*. Coach Martin schreibt diese Begriffe ans Whiteboard und leitet das Team an, jeder für sich in Stillarbeit die mit den Begriffen assoziierten Stichworte zu sammeln und auf separate Haftnotizzettel zu schreiben. Die Countdown-Uhren stellt Martin auf fünf Minuten ein. Das Team soll seine Ideen noch nicht untereinander diskutieren. Nach Ablauf der Zeit bittet Martin alle Teilnehmerinnen und Teilnehmer, ihre Ergebnisse an das Whiteboard zu kleben und jeweils ganz kurz für alle zu erläutern, was mit dem Stichwort gemeint ist. Damit tauscht sich das Team bezüglich der einzelnen Aspekte der Fragestellung aus und entwickelt eine ganzheitliche Sichtweise auf das Problem.

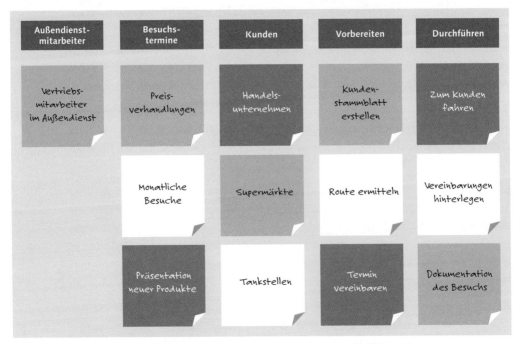

Außendienst-mitarbeiter	Besuchs-termine	Kunden	Vorbereiten	Durchführen
Vertriebs-mitarbeiter im Außendienst	Preis-verhandlungen	Handels-unternehmen	Kunden-stammblatt erstellen	Zum Kunden fahren
	Monatliche Besuche	Supermärkte	Route ermitteln	Vereinbarungen hinterlegen
	Präsentation neuer Produkte	Tankstellen	Termin vereinbaren	Dokumentation des Besuchs

Abbildung 5.3 Sammlung der assoziierten Begriffe zur Challenge

5.2.2 Postcard to Grandma

Die Methode »Postcard to Grandma« (siehe Ingrid Gerstbach: »77 Tools für Design Thinker«, 2017, S. 172) gehört zu meinen Lieblingen, weil sie direkt zu Anfang des Workshops ein spielerisches Element einbringt.

Beschreibung der Methode

Bei »Postcard to Grandma« geht es darum, dass jede Teilnehmerin und jeder Teilnehmer auf einer Postkartenrückseite mit knappen Worten ihr bzw. sein Problemverständnis in möglichst einfacher Sprache ausdrückt. Genau wie auf einer üblichen Urlaubspostkarte gibt es wenig Platz zum Schreiben. Das erfordert bei komplexen Problemen, sich auf die wesentlichen Knackpunkte zu konzentrieren und diese so simpel wie möglich zu beschreiben. Genau deshalb finde ich diese Methode sehr mächtig, da sie die Teilnehmenden zwingt, sich kurzzufassen.

Ich verteile in Workshops selbst erstellte Postkarten auf festem Papier (300g/m²) mit einem Foto auf der Vorderseite, das möglichst nach Urlaub aussieht (siehe Abbildung 5.4). Das sorgt meist schon für Erheiterung im Team. Sofort werden die Erinnerungen an den letzten Urlaub wach, was das Formulieren einer fiktiven Urlaubspostkarte erheblich erleichtert. Jeder erhält eine Postkarte und einen Fineliner oder Kugelschreiber. Das Team bekommt dann drei bis fünf Minuten Zeit für das Formulieren des Textes in Stillarbeit.

Abbildung 5.4 Eine Beispielpostkarte

Nach Ablauf der Zeit hängen alle Teammitglieder die Postkarten mit der Rückseite nach vorn an die Wand. Zur Befestigung verwende ich Magnete oder Klebestreifen, je nach Untergrund. Nun bitte ich alle Teilnehmenden in freiwilliger Reihenfolge darum, ihre Postkarte vorzulesen. Die anderen kommentieren und bewerten nicht, sondern hören zu, um den Standpunkt des Vortragenden zu verstehen. Auch hier geht es wieder darum, dass das Team ein gemeinsames Verständnis erlangt und jeder seine Sichtweise einbringen kann.

Nachdem alle ihre Postkarten vorgetragen haben, bitte ich jeden, jeweils auf drei Haftnotizzetteln die drei wesentlichen Elemente der eigenen Problembeschreibung zu formulieren. Das ist die Quintessenz jeder Postkarte, die die Teilnehmenden dann wiederum ans Flipchart kleben und den anderen vortragen. Nachdem alle ihre Punkte vorgebracht haben, gruppiert das Team zügig alle Punkte, sodass sich wieder eine stark verdichtete Übersicht der Problembereiche ergibt.

Diese Methode ist meiner Meinung nach auch geeignet, um vor dem Workshop echte Nutzer zu befragen. Vor allem, wenn sie sich im eigenen Unternehmen oder bei Geschäftspartnern befinden, mit denen Mitarbeiter des Unternehmens Kontakt haben. Hier gilt: Je näher die Teilnehmenden des Workshops an den echten Nutzern sind, desto besser sind die Ergebnisse.

⌐¡⌐ **Postcard to Grandma: Material- und Zeitbedarf**

▶ eine Postkarte pro Teilnehmer(in) (alternativ ein großer Haftnotizzettel in etwa in Größe DIN A6)

▶ einen Fineliner pro Teilnehmer(in)

▶ einen Haftnotizzettelblock pro Teilnehmer(in)

▶ Zeit: fünf Minuten fürs Schreiben und pro Teilnehmer(in) ca. eine Minute für die Vorstellung der Postkarte, drei Minuten für das Aufschreiben der drei Kernthemen auf Haftnotizzettel und ca. fünf bis zehn Minuten für das Team zum abschließenden Gruppieren und Zusammenfassen der Inhalte

Anwendung im Workshop

In unserem Beispiel-Workshop beschreiben die acht Teilnehmenden jeweils im Stillen eine Postkarte und hängen sie anschließend als Galerie an das Whiteboard. Die Postkarten von Tom und Sandra sind in Abbildung 5.5 zu sehen – sie dienen hier als Stellvertreter für das gesamte Team. Nachdem alle Postkarten an das Whiteboard geklebt wurden, lesen sich alle Teammitglieder gegenseitig ihre Postkarten vor, um zu einem gemeinsamen Verständnis der Problemstellung zu gelangen.

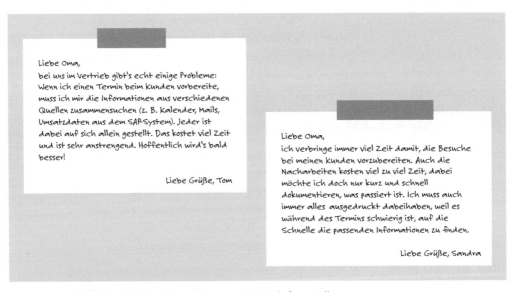

Abbildung 5.5 Beispielpostkarten zur Vertriebsfragestellung

5.3   360°-Recherche

In der nächsten Phase geht es darum, umfassend zum Problem zu recherchieren. Das heißt, wir wollen das Problem noch tiefer verstehen, nachdem die Aufgabenstellung dem Team nun klar ist. Unser Ziel ist es, die Probleme und Sichtweisen der Nutzer zu verstehen und Empathie für sie aufzubauen. Dies klingt im Geschäftsumfeld für dich vielleicht ein wenig esoterisch, aber der Nutzerbezug ist ein wesentliches Element für eine sehr gute Lösung des Problems. Wenn das Team die Nutzer und deren Probleme, Bedürfnisse und Anforderungen versteht, kann es Lösungen entwickeln, die tatsächlich auf Begeisterung stoßen und gerne verwendet werden. Und genau das ist unser Ziel. Um das zu erreichen, müssen sowohl funktionale Anforderungen als auch darüber hinausgehend »Wohlfühlfaktoren« erfüllt werden, um eine sehr gute User Experience zu erreichen. Besonders spannend ist übrigens die Recherche in den Extremen: wenn vor allem intensive Nutzer der zukünftigen Lösung untersucht werden oder die größten Verweigerer. Denn wenn die Lösung diese beiden Extreme erreicht, wird sie in der Regel auch für alle Nutzer dazwischen funktionieren.

Ein Beispiel für eine erfolgreiche Innovation mit Blick auf die extremen Nutzer ist ein Haushaltsgegenstand aus der Küche: der Schäler von OXO (Abbildung 5.6). Dieser wurde mit Blick auf Nutzer mit Arthritis entwickelt, weil sie Schmerzen bei der Verwendung herkömmlicher Schälwerkzeuge hatten. Dies wird auch im Film »Objectified« von Gary Hustwitt thematisiert, der sich umfassend dem Thema Industriedesign widmet.

Abbildung 5.6 Ein Schäler von OXO (Beispiel)

5.3.1 Nutzer beobachten, Nutzer begleiten und zum Nutzer werden

Am besten wäre es, sich nicht nur geistig in die Rolle des Nutzers hineinzuversetzen, sondern tatsächlich einer zu sein – wenn auch nur für einen (halben) Tag.

Beschreibung der Methode

Bei der Begleitung von Nutzern oder beim Einnehmen ihrer Rolle geht es darum, Einblicke, Prozesswissen und Empathie zu erlangen (siehe Uebernickel/Brenner/

Pukall/Naef/Schindlholzer: »Design Thinking: Das Handbuch«, S. 111), indem Team-mitglieder die Rolle eines Nutzers übernehmen. Ist der Nutzer ein Konsument, ist es oft relativ einfach, dessen Rolle zu übernehmen. Insbesondere wenn es um digitale Produkte oder Dienstleistungen geht, bei denen der Test online stattfinden kann. Ist der Nutzer hingegen ein Anwender im Geschäftsumfeld, ist dies leider nur in vergleichsweise wenigen Fällen möglich, weil z. B. fehlende Fachkenntnisse, Sicherheitsmaßnahmen oder andere Gesetze und Regelungen dagegensprechen. Darüber hinaus ist es im Workshop-Kontext tatsächlich meistens aus zeitlichen, organisatorischen oder räumlichen Gründen nicht möglich. Dennoch ist es die vielleicht beste Methode, und vielleicht ergibt sich ja die Möglichkeit in deinem Workshop.

Eine Alternative zum Übernehmen der Nutzerrolle ist es, diese Nutzer zu besuchen und zu beobachten, wie sie sich verhalten. Nutzer und ihr Verhalten in der Situation zu beobachten, in der das Problem auftritt (bzw. wenn sie ihre Aufgaben erledigen), dürfte einen großen Erkenntnisgewinn erzielen. Wichtig dabei ist, den Nutzer darauf vorzubereiten, dass man ihn begleitet, und eine gute Atmosphäre zu schaffen, um künstliches Verhalten zu verhindern. Wenn Menschen sich beobachtet und bewertet fühlen, verändern sie ihr Verhalten. Das kennst du vielleicht auch aus Prüfungs- oder Testsituationen. Eine Verhaltensänderung wäre für uns aber nicht hilfreich. Daher ist es wichtig, ein gutes Verhältnis zum Nutzer herzustellen und die Beobachtungen nicht zu bewerten. Bleibe stattdessen neugierig und aufmerksam, frage nach, und zeige, dass es dir wirklich darum geht, zu verstehen, was der Nutzer wie und warum macht bzw. was daran zu verbessern ist.

Wenn die Nutzer Angehörige desselben Unternehmens sind, das den Workshop durchführen lässt, sollte es relativ einfach sein, dem Team (bzw. einzelnen Mitgliedern) den Besuch und die Begleitung von Nutzern zu ermöglichen. Es lässt sich innerhalb eines Workshops durchführen, sprengt aber oft den zeitlichen Rahmen. Daher empfehle ich dir, diesen Schritt ggf. vor dem eigentlichen Workshop zu machen, wenn Nutzerbesuche oder Interviews möglich sind.

Du solltest dazu eine Kamera, ein Notizbuch und Stifte mitnehmen. Manchmal kann auch ein Tonaufnahmegerät hilfreich sein. In jedem Fall muss das Einverständnis der Nutzer und natürlich des Unternehmens eingeholt werden.

Nutzer begleiten und beobachten: Material- und Zeitbedarf

- ▶ Notizbuch
- ▶ Stifte
- ▶ Foto- oder Videokamera
- ▶ Tonaufnahmegerät (sofern sinnvoll)
- ▶ Zeit: Die erforderliche Zeit ist stark von der Aufgabenstellung abhängig, daher gebe ich dazu keine allgemeine Empfehlung ab.

Anwendung im Workshop

Die Anwendung im Workshop ist in der Praxis tatsächlich nahezu unmöglich, weil das Mitlaufen und Begleiten von Nutzern in der Regel zu lange dauert, um es am Workshop-Tag durchzuführen. Daher haben sich zwei Mitglieder des Teams bereiterklärt, vor dem Workshop jeweils für einen ganzen Tag einen Vertriebsmitarbeiter im Außendienst zu begleiten. Dabei bekommen sie Einblicke in die konkrete Vorbereitung eines Vor-Ort-Termins beim Kunden, die Durchführung des Termins und die Nachbereitung. Der Coach Martin hat die beiden bei der Vorbereitung unterstützt. Wichtig ist, dass die Begleiter Fragen stellen und aufmerksam protokollieren, was sie erleben. Sie achten vor allem auf die Aktivitäten, die der Vertriebsmitarbeiter durchführt, und darauf, welche Stolperfallen dabei bestehen. Hilfsmittel wie Stifte und Papier (oder Tablet bzw. Smartphone), eine Kamera und ein Audiorekorder sind sehr gute Begleiter auf dieser Tour.

Im Nachgang bereiten die beiden Teilnehmenden ihre Notizen für den Workshop auf, sodass das Team im Workshop die Beobachtungen nachvollziehen, sie verstehen und Erkenntnisse daraus gewinnen kann. Die folgende Liste in Tabelle 5.2 stellt eine Auswahl der Aktivitäten dar, die beim Begleiten von Außendienstmitarbeitern beobachtet wurden.

Phase	Aktivität
Vorbereitung des Kundenbesuchs	▶ Adresse des Kunden ermitteln ▶ aktuelle Preisliste für den Kunden ermitteln ▶ Umsatz mit dem Kunden in den letzten sechs Monaten ermitteln ▶ Reklamationsquote und Reklamationsvolumen ermitteln ▶ Rahmenverträge einsehen ▶ bisherige Produkte, die der Kunde kauft
Durchführung des Kundenbesuchs	▶ Anmeldung am Empfang beim Kunden ▶ Begrüßung des Ansprechpartners ▶ Befragung des Kunden zur Zufriedenheit mit den Produkten und Dienstleistungen ▶ Besprechung der aktuellen vertraglichen Vereinbarungen ▶ Durchführung der Preisverhandlungen ▶ Besprechung von Kritikpunkten mit dem Kunden ▶ Vorstellung von neuen Produkten ▶ Information über Preisänderungen ▶ Vorstellung und Vereinbarung von Promo-Aktionen

Tabelle 5.2 Die Notizen des Teams nach den Beobachtungen

Phase	Aktivität
Nachbereitung des Kundenbesuchs	▶ Protokoll des Gesprächs für die eigenen Unterlagen (handschriftlich) ▶ Dokumentation der getroffenen Vereinbarungen (elektronisch) ▶ Weitergabe der getroffenen Vereinbarungen an den Vertriebsinnendienst per E-Mail

Tabelle 5.2 Die Notizen des Teams nach den Beobachtungen (Forts.)

Das Team erkennt bei den Beobachtungen, dass auch in der Nachbereitung der Kundenbesuche einige Stolpersteine liegen und hier ebenfalls großes Verbesserungspotenzial besteht. Daher beschließt es, die Challenge wie folgt anzupassen. Die bisherige Fragestellung lautete:

> »Wie könnten wir Außendienstmitarbeitern helfen, ihre Besuchstermine bei Kunden besser vorzubereiten und einfacher durchzuführen?«

Daraus wird nun:

> »Wie könnten wir Außendienstmitarbeitern helfen, ihre Besuchstermine bei Kunden besser vorzubereiten, einfacher durchzuführen und komfortabler nachzubereiten?«

Diese Fragestellung wird nun für den weiteren Verlauf der Vorbereitungen und des Workshops verwendet. Solche Anpassungen sind die Regel und bedeuten einen Lernerfolg für das Team, da es erkannt hat, dass es erforderlich ist, die Aufgabenstellung zu erweitern, um weitere Verbesserungspotenziale für die Nutzer zu untersuchen.

5.3.2   Interviews

Falls es nicht möglich oder erwünscht ist, Nutzer zu begleiten, dann sind Interviews eine hervorragende Möglichkeit, mehr über die Probleme der Nutzer zu erfahren.

Beschreibung der Methode

Um Interviews durchzuführen, kannst du z. B. ein paar repräsentative Nutzer einladen lassen, die im Rahmen des Workshops für Interviews zur Verfügung stehen. 45 Minuten reichen für die meisten Interviews vollkommen aus. Auch kürzere Interviews sind möglich, falls die Zeit knapp ist. Meiner Meinung nach kann jedes Gespräch mit Nutzern dem Team neue Einblicke verschaffen.

Falls auch dies nicht möglich ist, sollten Menschen, die durch regelmäßigen Kontakt mit den Nutzerinnen und Nutzern nah an ebendiesen dran sind, Teil des Workshop-Teams sein. Das funktioniert meiner Erfahrung nach auch sehr gut, sodass auch bei diesem Vorgehen zahlreiche Erkenntnisse gewonnen werden können. Aber diese Gespräche sind eben nur zweite Wahl nach Interviews mit echten Nutzer(inne)n.

Welche Tipps gibt es für Interviews? Ich beziehe mich im Folgenden auf das »Digital Innovation Playbook« (siehe Dark Horse Innovation: »Digital Innovation Playbook«, 2017, S. 40–46), ergänzt um meine eigenen Erfahrungen aus bisherigen Workshops und Gesprächen. In dem Buch stellt die Agentur Dark Horse Innovation zwei Ansätze für Interviews dar: das tiefschürfende *qualitative Interview* (S. 78 ff.) und das schnelle und spontane *explorative Interview* (S. 91 ff.), das auch als »Straßeninterview« bezeichnet wird. Das qualitative Interview wird gründlich geplant und gilt den Autoren als Königsweg. Es dient dazu, sehr tief zu schürfen und an die tatsächlichen Bedürfnisse und die Motivation der Nutzer zu gelangen.

Beim »Straßeninterview« geht es um ein schnelles Abprüfen der wichtigsten Fragen und um den Abgleich der Richtung, in die das Team denkt, mit den Vorstellungen der Nutzer. »Dabei ist es zunächst zweitrangig, ob diejenigen, mit denen wir sprechen, auch hundertprozentig zu den anvisierten Nutzern gehören, für die wir eine Innovation entwickeln wollen.« (Dark Horse Innovation: »Digital Innovation Playbook«, 2017, S. 91).

Meiner Ansicht nach eignen sich die schnellen simplen Interviews auch im Rahmen von Workshops gut. Weil die qualitativen Interviews deutlich mehr Vorbereitungszeit erfordern, kann man sie eher in der Discover-Phase *vor* einem Workshop oder in größerem Umfang am ersten Tag eines mehrtägigen Workshops einsetzen.

Wesentliche Empfehlungen aus dem Buch, ergänzt um meine Erfahrungen für Interviews, lauten in Kurzform:

1. **2:1**
   Ein Interviewduo für einen Befragten. Dabei übernimmt einer die aktive Gesprächsführung, und der zweite führt Protokoll über das Interview, beobachtet den Befragten und notiert seine Erkenntnisse. So kann sich jeder komplett auf seine Rolle konzentrieren, und der Befragte hat auch nur einen Ansprechpartner, mit dem er das Gespräch führt.

2. **Empathie zeigen**
   Der Interviewer sollte eine angenehme Atmosphäre schaffen, sodass sich der Befragte wohlfühlt. Zu Beginn sollte der Interviewer sich vorstellen und kurz erzählen, warum das Interview durchgeführt wird und was er besser verstehen möchte. Das Gehörte sollte nicht negativ bewertet werden, sondern der Interviewer sollte interessiert nachfragen, um mehr Details oder Hintergründe vom Befragten zu erfahren.

3. **Die 5-Why-Technik verwenden**

   Diese Technik nach dem Gründer von Toyota, Sakichi Toyoda, beruht darauf, dass der Interviewer eine Frage stellt und auf die Antwort hin mit einer »Warum?«-Frage nachhakt. Dieses Vorgehen wiederholt der Interviewer so oft, bis er beim Kern des Problems angekommen ist. Ein guter Richtwert ist wohl die Zahl 5, der die Methode ihren Namen verdankt. Sie gilt aber nur als Richtwert, nicht als feste Vorgabe. Wenn mehr Fragen erforderlich sind, dann sollte auch entsprechend nachgefragt werden. Ein Hinweis ist wichtig: Manchmal reagieren Menschen gereizt, wenn sie wiederholt nach dem Warum gefragt werden. Ein Grund ist sicherlich, dass wir es als Erwachsene nicht gewohnt sind, wiederholt nach der Ursache zu fragen.

4. **Mehr Hören als Reden**

   Der Interviewer sollte nur etwa 20 % der Zeit reden, der Befragte 80 % der Zeit. Der Interviewer fragt nach, vor allem bei Unklarheiten oder um die hinter der Antwort liegenden Gründe und die Motivation zu erfahren.

5. **Verallgemeinerungen unterlassen**

   Verallgemeinerungen wie »immer« oder »gewöhnlich« oder »meistens« sind für den Befragten nicht hilfreich und erschweren die Beantwortung der Fragen. Wir wollen konkrete Antworten auf konkrete Fragen.

6. **Konkret statt abstrakt fragen**

   Konkrete Fragen ermöglichen es dem Befragten eher, sie zu beantworten. Sehr konkrete Fragen können auch ein sehr guter Einstieg ins Interviewgespräch sein. Wenn es z. B. darum geht, eine neue Kalender-App fürs Smartphone zu gestalten, dann kann die Frage »Wann hast du dich das letzte Mal über deine Kalender-App geärgert?« spannende Erkenntnisse hervorbringen, die dem Team Ansatzpunkte für eine wesentliche Verbesserung der Kalender-App geben können.

7. **Offene und kurze Fragen stellen**

   Der Befragte sollte die Fragen so stellen, dass sie mehr als nur ein »Ja« oder »Nein« als Antwort erfordern. Dazu eignen sich offene Fragen, die mit einem W-Wort (Wieso, Weshalb, Warum, Wie, Was, ...) beginnen. Diese Fragen zielen zudem mehr auf tiefer gehende Hintergründe und Motive ab. Der Interviewer sollte auch keine Antwortmöglichkeiten vorgeben, weil das die möglichen Antworten beschränkt und das Gespräch ggf. in eine bestimmte Richtung lenkt. »Ist Pommes oder Spaghetti dein Lieblingsgericht?« wird wesentlich weniger Erkenntnisse über den Befragten ergeben als die Antwort auf »Was isst du am liebsten?«. Fragen sollten zudem möglichst knapp und einfach verständlich gestellt werden. Es sollte immer nur eine einzige offene Frage im Raum stehen, damit keine Fragen unbeantwortet bleiben.

8. **Auf Widersprüche achten**

   Manchmal widersprechen sich die Befragten. Dabei stehen entweder einzelne Aussagen zueinander im Widerspruch, oder die Körpersprache widerspricht dem Gesagten. Diese Widersprüche sind spannend und bieten eine Gelegenheit für weitere tiefer gehende Fragen nach den Motiven und Ursachen für die Widersprüche.

9. **Spiegeltechnik verwenden**

   Um sicherzugehen, dass der Interviewer die Aussagen des Befragten richtig verstanden hat, kann er die Aussagen des Befragten in eigenen Worten als Frage wiederholen: »Habe ich richtig verstanden, dass du gerne Spaghetti isst?«

10. **Nicht nach Lösungen fragen**

    Der Interviewer sollte den Befragten nie nach Wunschlösungen fragen, denn »Die Antworten und Ideen der Nutzer sind dementsprechend naheliegend, denn die Vorstellungen und Wünsche unserer Interviewpartner sind durch die eigenen Erfahrungen begrenzt« (siehe Dark Horse Innovation: Digital Innovation Playbook, 2017, S. 88). Nutzer denken also üblicherweise in dem Umfeld, das sie kennen. Da das Team nach Problemen, Bedürfnissen und Anforderungen sucht, sollte zudem gezielt danach gefragt werden und nicht danach, wie die Lösung aussehen sollte. Erwarte die innovative Idee zur Lösung des Problems nicht von den Nutzern! Henry Ford fasste es ganz schön zusammen: »Wenn ich meine Kunden gefragt hätte, was sie wollen, dann hätten sie gesagt, schnellere Pferde« (siehe Dark Horse Innovation: Digital Innovation Playbook, 2017, S. 88).

11. **Mimik und Gestik beobachten**

    An der Körpersprache des Befragten können geschulte Beobachter viel ablesen, das das Gesagte unterstreicht, im Widerspruch dazu steht oder den Gemütszustand des Befragten ausdrückt. Daher ist es sinnvoll, die Körpersprache aufmerksam zu beobachten.

12. **Spannend wird es nach dem Ende**

    Manchmal wird es richtig spannend, wenn die offizielle Interviewsituation zu Ende ist und das Gespräch danach ganz unbefangen weitergeht. Daher sollte der Interviewer insbesondere danach mit offenen Ohren zuhören. Du kennst das vielleicht auch aus dem privaten Umfeld, wenn Gespräche noch eine ganze Weile weitergehen, nachdem man sich gerade voneinander verabschiedet hat oder schon eine Weile Aufbruchsstimmung herrscht.

Zur Vorbereitung der Interviews gibt es verschiedene Alternativen: Entweder erstellt du vorab einen konkreten Fragebogen, der dir Wiederholbarkeit garantiert, aber wenig Flexibilität ermöglicht, oder du erstellst z. B. eine Mindmap mit den Themen und Stichworten, über die du mehr erfahren möchtest. Bei einer Mindmap finde ich es leichter, in einem dynamischen Gespräch den Überblick zu behalten und das Gespräch fließen zu lassen, als bei einer einfachen Fragen- oder Themenliste, die einfach untereinandergeschrieben wird.

> **Interviews: Material- und Zeitbedarf**
> ▶ Papier pro Interviewer
> ▶ Klemmbrett pro Interviewer
> ▶ Stifte pro Interviewer
> ▶ Tonaufnahmegerät (optional)
> ▶ Zeit: ca. 30–45 Minuten pro Interview als Richtwert

Anwendung im Workshop

In unserem Beispiel-Workshop hat das Team fünf Vertriebsaußendienstmitarbeiter zum Interview eingeladen. Die Interviews dauern jeweils 30 Minuten, und danach verwendet das Team noch 90 Minuten darauf, die gewonnenen Erkenntnisse zusammenzufassen und zu besprechen. Martin unterstützt das Team als Coach in der Vorbereitung, Durchführung und in der Nachbereitung der Erkenntnisse.

Die Interviewer verwenden für die Interviews eine Interview-Mindmap mit den relevanten Themenbereichen, zu denen sie Fragen stellen wollen. Abbildung 5.7 zeigt ebendiese Mindmap. Sie könnte noch beliebig weiter detailliert werden.

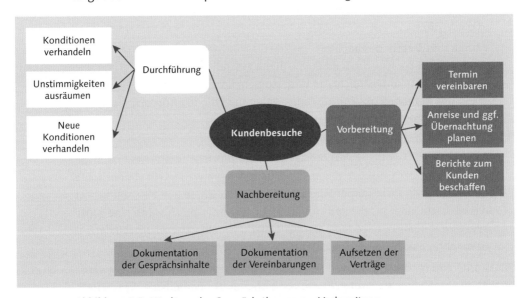

Abbildung 5.7 Mindmap der Gesprächsthemen zur Vorbereitung

Die Einstiegsfrage für die Interviews lautet: »Wie haben Sie Ihren letzten Vor-Ort-Besuch beim Kunden vorbereitet?«. Daraufhin beginnen die Befragten, von ihren

Erfahrungen zu berichten. Die Interviewer führen Protokoll über das Gesagte und über die darüber hinausgehenden Beobachtungen wie Mimik, Gestik, emotionale Momente und Widersprüche. Später fragen sie auch gezielt nach den Problemen und Hindernissen, die im Rahmen der Vorbereitung, Durchführung und Nachbereitung aufgetreten sind, um mehr darüber zu erfahren, wo sie etwas verbessern könnten. Sie hören aufmerksam zu und erfahren eine ganze Reihe von Informationen aus erster Hand, die es später zusammenzustellen gilt, um sie für das gesamte Team entsprechend aufzubereiten.

In den Interviews findet das Team u. a. folgende Kritikpunkte heraus, bei denen sich die Außendienstmitarbeiter eine Verbesserung wünschen:

▶ Die Außendienstmitarbeiter können sich heute nur im Büro oder zu Hause vorbereiten, da der Laptop dafür erforderlich ist. Es ist nicht möglich, unterwegs oder zwischen zwei Kundenterminen etwas vorzubereiten.

▶ Sie kritisieren die langen Vorlaufzeiten, wenn sie Berichte und Kennzahlen zu einem Kunden vom Vertriebsinnendienst anfordern und dass sie die Informationen als PDF per E-Mail erhalten. Zum Beispiel brauchen sie regelmäßig die aktuellen Umsatzzahlen, die letzten Bestellungen des Kunden, die Top-Produkte des Kunden und eine Liste der Produkte, die der Kunde gar nicht kauft.

▶ Sie kritisieren, dass sie laufend zwischen mehreren Anwendungen wechseln müssen und es schwierig ist, den Überblick aller Informationen zum Kunden zu bekommen und den Durchblick zu behalten.

▶ Sie wünschen sich mehr Unterstützung bei der Planung ihrer Reiserouten und der Bestellung von Hotelübernachtungen.

▶ Sie stört, dass sie viele Produktproben und Broschüren mitnehmen müssen, um den Kunden die Produkte zeigen und Informationen dazu geben zu können.

▶ Sie kritisieren die Notwendigkeit, die Gesprächsnotizen selbst zu verwalten. Weil die meisten Befragten sie handschriftlich erfassen, weil es am Laptop zu umständlich ist, wünschen sie sich Unterstützung bei der Erfassung, Ablage und beim Finden von Gesprächsnotizen zu Kundenbesuchen und auch bei Telefonaten mit dem Kunden.

Diese Punkte geben dem Team tatsächlich schon eine ganz Reihe an Erkenntnissen, in welchen Bereichen Verbesserungen möglich sein könnten. Das Team verwendet noch weitere Methoden, um weitere Erkenntnisse über die Nutzer und ihre Bedürfnisse zu gewinnen.

5.3.3   Point of View

Ich setze die Methode »Point of View« (auch »Do the pig« genannt) gerne ein, um in einem Workshop die Stakeholder zu einer Aufgabenstellung zu identifizieren und ihre Sichtweisen zu dokumentieren und visuell darzustellen.

Beschreibung der Methode

Bei dieser Methode geht es darum, die für die Challenge relevanten Akteure und ihre Beziehungen zueinander der Gruppe bewusst zu machen. Die folgende Beschreibung zur Durchführung ist an das Buch »Design Thinking: das Handbuch« (siehe Uebernickel/Brenner/Pukall/Naef/Schindlholzer: Design Thinking: Das Handbuch, 2015, S. 130 f.) angelehnt. Die Vorgehensweise ist einfach:

1. Hänge Papier auf, oder mache ein Whiteboard frei.

2. Jeder Teilnehmende nimmt sich einen Haftnotizzettelblock und einen Stift.

3. Als Coach schreibst du die Fragestellung in die Mitte.

4. Die Teilnehmenden sammeln nun alle beteiligten Stakeholder und schreiben jeweils einen davon auf einen Haftnotizzettel. Ich empfehle das Sammeln in ein paar Minuten Stillarbeit mit anschließendem Einsatz von Kreativitätstechniken wie *Brainstorming* (siehe Kapitel 6, »Ein Beispiel-Workshop – Phase ›Design‹«).

5. Die Teilnehmenden stellen sich nun gegenseitig die gesammelten Stakeholder vor und kleben ihre Haftnotizzettel auf das Papier bzw. an das Whiteboard.

6. Sind alle Stakeholder aufgeklebt, dann folgt der zweite Teil: Die Teilnehmenden zeichnen nun die wesentlichen Beziehungen zwischen den Stakeholdern auf und benennen die Verbindungen aussagekräftig.

7. Abschließend kann das Team noch Bewertungen vornehmen: Welche Beziehungen sind die spannendsten oder relevantesten aus Sicht der Problemstellung? Außerdem muss das Team entscheiden, auf welche Stakeholder es sich im weiteren Verlauf des Workshops konzentriert, da normalerweise die Zeit knapp ist und nicht alle Stakeholder in Hinblick auf die Aufgabenstellung gleichermaßen interessant sind. Zur Abstimmung empfehle ich die Verwendung von Markierungspunkten.

Point of View: Material- und Zeitbedarf

▸ Flipchart-Papier oder Whiteboard

▸ Whiteboard-Stifte

▸ einen Haftnotizzettelblock pro Teilnehmer(in)

▸ fünf bis zehn Markierungspunkte pro Teilnehmer(in) für die Abstimmungen

▸ Zeit: mindestens 15 Minuten

Anwendung im Workshop

Im Workshop erstellt die Gruppe eine Grafik, die die Akteure und ihre Beziehungen zueinander darstellt. Das Ergebnis ist in Abbildung 5.8 dargestellt. Die Gruppe identifiziert drei wesentliche Akteure: den Außendienstmitarbeiter im Vertrieb, den Kunden und den Mitarbeiter im Vertriebsinnendienst. Die wesentlichen Beziehungen stellt die Gruppe wie folgt dar: Der Außendienstmitarbeiter besucht den Kunden vor Ort und verhandelt mit diesem über Verträge.

Der Außendienstmitarbeiter und der Innendienstmitarbeiter tauschen Informationen und Daten über den Kunden aus. Dazu gehören z. B. Notizen vom letzten Vor-Ort-Besuch oder Informationen über die aktuellen Aufträge, die der Innendienst an den Außendienst weitergibt. Auch erstellt der Innendienst für den Außendienst auf Anforderung Berichte, sodass der Außendienst sich über die Situation beim Kunden ein Bild machen kann.

Der Gruppe fällt als ein Knackpunkt auf, dass der Kunde im Fall von Reklamationen beide Vertriebsmitarbeiter kontaktiert, je nachdem, wen er zuerst erreicht. Nun ist es aber ganz wesentlich, dass beide Mitarbeiter stets auf demselben Stand sind. Das Team sieht hier Verbesserungspotenzial.

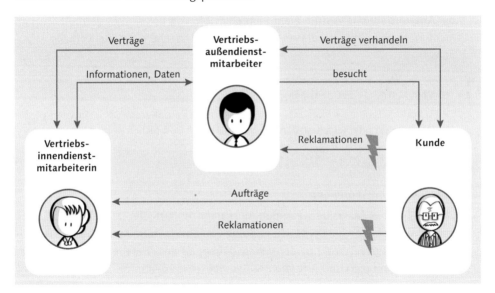

Abbildung 5.8 Eine Point-of-View-Grafik zeigt die Akteure und ihre Beziehungen.

5.3.4   5-Why-Methode

Die Methode »5 Why« von Toyoda Sakichi, dem Begründer der Toyota Motor Corporation, hilft in einem Gespräch, zum Kern eines Problems vorzudringen. Sie ist z. B. bei Uebernickel et al. beschrieben (siehe Uebernickel/Brenner/Pukall/Naef/Schindlholzer: Design Thinking: Das Handbuch, 2015, S. 129).

Beschreibung der Methode

Als Ausgangspunkt dient eine »Warum«-Frage, die das Problem adressiert. Diese Frage stellt der Fragende dem Befragten. Die Antwort des Befragten wird im nächsten Durchgang wieder zur Frage formuliert. Die Idee ist, fünfmal Warum zu fragen, um zum Kern des Problems vorzustoßen.

Mich erinnert die Methode immer daran, wie Kinder sich Wissen aneignen. Sie fragen die Erwachsenen nach der Ursache für einen Sachverhalt. Kaum haben sie eine Antwort bekommen, folgt die nächste Frage und darauf die nächste Antwort und so weiter, bis sie eine zufriedenstellende Antwort bekommen.

Manchmal führt die Methode zu Antworten, die banal erscheinen. Ist dann die tatsächliche Ursache nicht gefunden, kann es helfen, mit einer verfeinerten Fragestellung einen weiteren Durchgang zu beginnen.

Außerhalb von Design-Thinking-Workshops eingesetzt, kann die Methode helfen, Probleme und Menschen besser zu verstehen. Aber manchmal reagieren Befragte leider genervt auf die wiederholte Frage nach dem Warum. Das liegt meiner Meinung nach daran, dass wir Erwachsenen Aussagen selbst oft nicht weiter hinterfragen oder die Antwort auf das Warum nicht kennen. Viele von uns sind es vermutlich auch nicht mehr gewohnt, auf diese Weise selbst zur Ursache eines Sachverhalts vorzudringen.

> **5 Why: Material- und Zeitbedarf**
> - Schreibmaterial, um die Frage und die Antwort zu notieren. Dazu im Workshop Whiteboard oder Flipchart-Papier verwenden, bei Gesprächen Stift und Papier.
> - Zeit: etwa zehn Minuten pro Durchgang

Anwendung im Workshop

Ein Mitglied des Teams befragt einen Außendienstmitarbeiter im Einzelgespräch zu den Schwierigkeiten bei der Nachbereitung von Kundenterminen. Ich stelle im Folgenden das kurze Transkript der ersten Befragung dar. T steht dabei für das fragende Teammitglied und A für den Außendienstmitarbeiter:

T: »Warum ist es für Sie schwierig, Kundentermine nachzubereiten?«

A: »Weil ich eine ganze Reihe von verschiedenen Informationen und Dokumenten gesammelt habe, die ich konsolidieren muss.«

T: »Warum müssen Sie verschiedene Informationen und Dokumente konsolidieren?«

A: »Weil ich zum einen handschriftliche Notizen habe, die ich selber ablege, und zum anderen Informationen an die Kollegen weitergeben muss.«

T: »Warum haben Sie handschriftliche Notizen?« (hier wurde bewusst erst mal dieser Pfad weiterverfolgt)

A: »Weil es mir zu umständlich ist, am PC Notizen zu machen.«

T: »Warum finden Sie es zu umständlich, die Notizen am PC zu machen?«

A: »Weil ich selbst Dokumente erstellen und verwalten muss, die ich entsprechend zum Kunden ablege.«

T: »Warum müssen Sie die Dokumente selbst erstellen und verwalten?«

A: »Weil ich im System keine Eingabefelder dafür habe, mir aber merken möchte, worüber ich mit dem Kunden gesprochen habe und was zu seiner Zufriedenheit ist und was schlecht gelaufen ist.«

Hier haben wir einen spannenden Endpunkt erreicht, der uns zeigt, dass die Hilfsmittel, die dem Außendienstmitarbeiter zur Verfügung gestellt werden, offenbar nicht ausreichen, um alle Aufgaben zu unterstützen. Hervorragend! Wir haben einen Ansatzpunkt für Verbesserungen gefunden.

5.4 Synthetisieren

Das Ziel der Phase »Synthetisieren« ist die Zusammenfassung und Verdichtung der zuvor erworbenen Informationen und Erkenntnisse, um anschließend die wesentlichen Fragestellungen für die Ideengenerierung zu isolieren. Dazu ist es hilfreich, die Nutzer mithilfe von Personas begreifbar zu machen und Fragen im Format »Wie könnten wir ...?« (WKW) zu formulieren, die die identifizierten Probleme auf den Punkt bringen. Du kennst dieses Format bereits von der Erstellung der Challenge in Kapitel 3, »Auf in die Praxis: die Vorbereitungen«.

Die »Wie-könnten-wir ...?«-Fragen sind der Übergangspunkt zwischen den Phasen Discover und Design, d. h. die Verbindung zwischen Problem- und Lösungsraum. Bisher haben wir uns ja bewusst mit den Problemen, Wünschen, Anforderungen und Bedürfnissen der Nutzer befasst und das Generieren von Ideen zurückgestellt, um zunächst ein besseres Verständnis der Nutzer und der Problemstellung zu erarbeiten. Dieses bessere Verständnis soll nun in WKW-Fragen münden, die ganz klar die Aufgabenstellung für die Ideengenerierung auf den Punkt bringen.

5.4.1 Personas

Mithilfe von *Personas* fasst das Team die vorherigen Beobachtungen und Erkenntnisse über die Nutzer bzw. Nutzergruppen zusammen und macht sie begreifbar. Wir wollen uns in die Rolle der Nutzer so gut wie möglich hineindenken können, wobei Personas enorm helfen. Zu finden ist die Methode z. B. im Buch »77 Tools für Design Thinker« (Ingrid Gerstbach: 77 Tools für Design Thinker, 2017, S. 114). Die Methode kommt ursprünglich aus dem Marketing-Kontext, um die potenziellen Kunden für ein Produkt besser verstehen und adressieren zu können.

Beschreibung der Methode

Die Methode Personas funktioniert bei mir wie folgt: Das Team bekommt jeweils Flipchart-Papier, Stifte und Zeitschriften, Werbebroschüren oder anderes Material, das viele Fotos enthält. Wenn echte Fotos von Stellvertretern der Nutzergruppen vorhanden sind, können auch diese verwendet werden.

Das Team erfindet dann auf Basis der bisherigen Erkenntnisse pro Gruppe mindestens einen fiktiven Charakter, der als Stellvertreter für eine gesamte Kundengruppe fungiert. Das ist die Persona. Dabei gilt es, sich die erfundene Person so genau wie möglich vorzustellen und sie für die anderen zu beschreiben. Also anstelle von »männlich, 30 bis 40 Jahre alt«, wie Nutzer auf Basis von Marktforschung kategorisiert werden könnten, geht es hier darum, einen echten Menschen zu erfinden: »Marc Schlosser, 36 Jahre alt, männlich«. Wenn wir nun weitere Beschreibungen hinzufügen wie: »Außendienstmitarbeiter mit einem Faible für sportliche Kleidung«, dann merkst du, was dadurch passiert: Du hast direkt ein Bild im Kopf. Du kannst dir Marc besser vorstellen, als es mit den abstrakten Angaben »männlich, 30 bis 40 Jahre alt« möglich ist. Genau deshalb erstellen wir die Persona so konkret wie nur möglich.

Das Team soll den Menschen ganzheitlich erfinden, d. h. mit Jobbezeichnung, Wohnort, Familienstand, Kindern (Alter und Name), Hobbys und Interessen. Aber auch Eigenschaften wie Frustrationstoleranz und Abneigungen sind spannend, um den Menschen besser verstehen zu können. Wenn wir verstehen, was er mag und was er nicht mag, können wir das später bei der Suche nach Lösungen berücksichtigen.

Welche Aufgaben hat die Persona zu erledigen? Sowohl emotional wie im Rahmen ihres Jobs? Marc könnte z. B. die Aufgabe haben, Familie und Beruf unter einen Hut zu bekommen, was mit seinen kleinen Kindern und seinem Job im Außendienst oft eine Herausforderung darstellt.

Als Ausgangspunkt gebe ich dem Team eine Anleitung mit einer Reihe von Stichwörtern mit. Wichtig ist mir auch, dass die Arbeitsgruppen immer ein Bild der Persona zeichnen oder aus einer Zeitschrift, Broschüre oder dem Internet aussuchen und dieses dem Steckbrief hinzufügen. Ein Foto macht die Persona direkt noch leichter verständlich als eine Beschreibung wie »Marc ist 1,70 Meter groß und von athletischer Figur. Er hat kurze braune Haare und trägt eine unauffällige Brille.«

Nachdem die Arbeitsgruppen ihre ersten Personas entwickelt haben, lasse ich sie ihre Personas den anderen Arbeitsgruppen in einer kurzen Präsentation von etwa drei bis fünf Minuten vorstellen. Eine interessante Variante ist es dabei, wenn die Präsentation in Ich-Perspektive aus Sicht der Persona erzählt wird: »Ich bin Marc Schlosser. Ich bin 36 Jahre alt, verheiratet mit Lisa, gemeinsam haben wir zwei Kinder ...«

Starthilfe für Personas

Als Ausgangspunkt für die Erfindung von Personas gebe ich dem Team eine Reihe von Impulsen mit, damit es den Teilnehmenden leichter fällt, eine umfangreiche Persona zu erfinden. Zu den Impulsen für die Persona-Erstellung gehören:

- ► Wie heißt die Persona mit vollem Namen?
- ► Wie alt ist sie?
- ► Wo lebt sie?
- ► Wie sieht es mit Familie aus?
- ► Welchen Beruf hat sie?
- ► Was sind ihre Verantwortlichkeiten?
- ► Welche täglichen Aufgaben gibt es beruflich und privat?
- ► Welche Hobbys und Interessen hat sie?
- ► Welche Abneigungen hat sie?
- ► Wie ist ihr Maß an Frustrationstoleranz – niedrig, mittel, hoch?
- ► Welche Gegenstände sind für die Persona typisch?
- ► Welche Ziele hat die Persona, also was versucht sie zu erreichen?
- ► Welche ungelösten Probleme hat sie bei der Erfüllung ihrer Aufgaben?
- ► Wie sieht die Persona aus? Zeig es mit einem Foto oder einer Skizze.

Damit lässt sich schon ein Mensch erfinden, den sich das Team gut vorstellen kann, und genau darum geht es bei der Erfindung der Persona.

Als Nächstes bekommt das Team die Aufgabe, die Bedürfnisse der Persona herauszuarbeiten: Was braucht sie? Was wünscht sie sich? Dies sollten sowohl berufliche als auch allgemeine Bedürfnisse sein. Das heißt Stabilität im beruflichen Umfeld, einen zukunftssicheren Job, wenige Medienwechsel und standardisierte Arbeitsabläufe sind für mich gute Antworten. Ich bin mir sicher, die Teams werden noch mehr dazu finden.

Eine Schwierigkeit für die Teammitglieder ist in Workshops dabei oft die Unterscheidung zwischen Bedürfnis und Lösungsvorschlag. Es kommt oft vor, dass Lösungsvorschläge für Bedürfnisse anstelle der eigentlich zugrunde liegenden Bedürfnisse notiert werden. Hier bist du als Coach gefragt: Mach den Teilnehmenden klar, dass es hier noch nicht um Lösungen geht. Sensibilisiere sie dafür, Bedürfnisse von Lösungen zu unterscheiden. Um das für dich klarer zu machen: Eine App für den Versand von Bildern und Textnachrichten ist eine Lösung. Das dahinterstehende Bedürfnis könnte »Kommunikation mit Freunden« sein.

⌐⌐⌐
L¡⌐ **Personas: Material- und Zeitbedarf**

▶ ein bis zwei Blatt Flipchart-Papier oder ein Whiteboard pro Gruppe

▶ einen Block Haftnotizzettel pro Teilnehmer(in)

▶ einen Stift pro Teilnehmer(in)

▶ mehrere Zeitschriften, Flyer und Magazine mit Fotos von Menschen zur einfachen Illustration der Personas

▶ einen Klebestift pro Gruppe

▶ eine Schere pro Gruppe

▶ Zeit: 20–30 Minuten pro Gruppe und Persona

Anwendung im Workshop

Im Workshop erfindet eine Gruppe Stefan Rath, einen Vertriebsaußendienstmitarbeiter der Firma TastyFood & Convenience GmbH, der hier als Beispiel für die
Erstellung von Personas dienen soll. Das Team stellt die Persona mit ihren Eigenschaften visuell aufbereitet und gruppiert dar. Abbildung 5.9 zeigt eine Darstellung der Persona, die Blütenblättern ähnelt. Hier wählte das Team die Kategorien
Mensch, Interessen, Arbeit und Persönlichkeit, um die gesammelten Punkte zu
gruppieren.

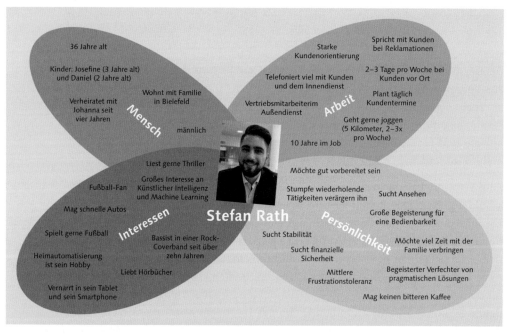

Abbildung 5.9 Die Persona Stefan Rath in einer gruppierten Darstellung

Darüber hinaus kann es für das Verständnis der Persona hilfreich sein, wenn das Team die Gegenstände darstellt, die sie am häufigsten benutzt (ggf. mit der Einschränkung auf das Thema der Challenge). Bei Stefan Rath kam das Team zu dem Schluss, dass es das Smartphone (für E-Mail, Kalender, Kamera zur Dokumentation, Karten-App zur Navigation und die Notizen-App), der Laptop (Zugriff auf Internet und das SAP-S/4HANA-System), Kugelschreiber, Notizblock für Notizen und das Auto sind (siehe Abbildung 5.10. Sie zeigt Stefans typische Gegenstände). Besonders anschaulich finde ich es, wenn die Gegenstände zusammengestellt und von oben fotografiert werden können. Wenn ein Drucker erreichbar ist, macht sich ein Ausdruck des Fotos auch sehr gut im Workshop-Raum, weil so den Teilnehmenden ihre Persona immer vor Augen ist.

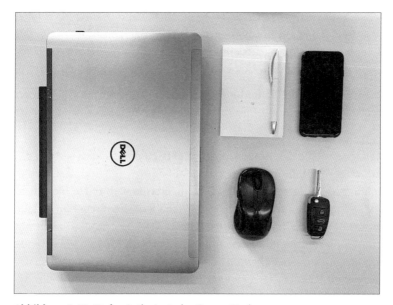

Abbildung 5.10 Stefan Raths typische Gegenstände

Zum Abschluss der Hinweis, dass du Personas auch sehr gut mithilfe von SAP Build erstellen kannst.

5.4.2   Jobs to be done

Bei der Methode »Jobs to be done« (auch JTBD) nach Clayton M. Christensen sammelt das Team, welche (emotionalen und fachlichen) Aufgaben der Nutzer tatsächlich erledigen möchte.

Beschreibung der Methode

Das Wesentliche beim Sammeln der Aufgaben des Nutzers ist, nicht auf Lösungen abzuzielen und diese zu sammeln, sondern auf die dahinterliegenden Bedürfnisse zu schauen und diese zu verstehen. Deshalb heißt die Methode auch nicht Required solutions, sondern Jobs to be done.

Ingrid Gerstbach weist in ihrem Buch »77 Tools für Design Thinker« (siehe Gerstbach: 77 Tools für Design Thinker, 2017, S. 95) ebenso daraufhin, dass der Kunde nicht nach Lösungen gefragt werden sollte, wie die Autoren im »Digital Innovation Playbook« (siehe Dark Horse Innovation: Digital Innovation Playbook, 2017, S. 88). »Die wenigsten Menschen können sich Lösungen vorstellen, die über das hinausgehen, was sie bereits kennen«, heißt es bei Ingrid Gerstbach dazu (siehe Ingrid Gerstbach: 77 Tools für Design Thinker, 2017, S. 95). Also ist es die Aufgabe des Teams, die versteckten Wünsche, Anforderungen und Bedürfnisse zu ermitteln und danach Lösungsideen dafür zu suchen. Zum Beispiel sind LED-Leuchtmittel eine Lösung für das Bedürfnis, »etwas sehen zu können, auch wenn es draußen dunkel ist«. Weitere Lösungsideen könnten Lagerfeuer, Fackeln, Halogenstrahler oder Öl-Lampen sein. Aber auch Infrarot-Nachtsichtgeräte könnten das Bedürfnis, im Dunkeln etwas zu sehen, auf ganz andere Art und Weise erfüllen.

Das mag für Ungeübte befremdlich und kleinkariert klingen, aber die Unterscheidung zwischen Lösungen und Bedürfnissen und den zu erfüllenden Aufgaben ist ganz wesentlich.

Jobs to be done eignet sich dazu, Konkurrenzprodukte zu ermitteln, weil man das tatsächliche Bedürfnis ermittelt, das hinter einer Kauf-/Produktentscheidung steht. So sieht sich Netflix im Wettbewerb mit »einem Restaurantbesuch, der Arbeit, Hobbys oder einem Weinabend bei Freunden« (siehe Dark Horse Innovation: Digital Innovation Playbook, 2017, S. 186) und nicht mit anderen Anbietern für Videostreaming wie Amazon oder Apple. Diese umfassende Betrachtung ermöglicht es meiner Meinung nach, besser zu verstehen (und später gegenüber potenziellen Kunden darzustellen), wie die eigenen Produkte die Bedürfnisse der Kunden erfüllen.

Jobs to be done: Material- und Zeitbedarf
- ▶ Flipchart-Papier oder Whiteboard pro Gruppe
- ▶ ein Block Haftnotizzettel pro Teilnehmer(in)
- ▶ Stifte pro Teilnehmer(in)
- ▶ Zeit: mindestens 20–30 Minuten

Anwendung im Workshop

In unserem Workshop sind für einen Vertriebsmitarbeiter z. B. der Wunsch, Termine mit seinen Kunden vorbereiten und angenehm durchführen zu können, Jobs to be done. Diese Aufgaben lassen sich noch weiter in andere Aufgaben, Wünsche und Bedürfnisse herunterbrechen. Was heißt es, einen Kundentermin »angenehm durchführen« zu können?

Abbildung 5.11 zeigt die Erkenntnisse der Gruppe bezüglich der Vorbereitung von Kundenbesuchsterminen. Hier sieht die Gruppe die Herausforderungen darin, freie Termine zu finden, die Reiseplanung frühzeitig durchzuführen und das Kaufverhalten des Kunden zu kennen. Die Gruppe erkennt, dass der Außendienstmitarbeiter über aktuelle Informationen zu Bestellungen und Reklamationen verfügen muss.

Abbildung 5.11 Anwendung der Methode »Jobs to be done« für die Vorbereitung

Bei der Durchführung des Kundenbesuchs ist es der Gruppe wichtig, dass der Außendienstmitarbeiter dem Kunden die Produkte auch zeigen kann und dass er Zugriff auf Details zu den Produkten hat. Auch verbindliche Auskünfte über Liefertermine geben zu können wird von der Gruppe als wesentlich identifiziert. Abbildung 5.12 zeigt die Punkte, die die Gruppe zur Durchführung von Kundenbesuchsterminen gesammelt hat.

Abschließend widmete sich die Gruppe der Nachbereitung von Kundenbesuchsterminen. Abbildung 5.13 zeigt die Punkte der Gruppe dazu. Beispiele sind hier: Die Bestellungen müssen direkt an den Innendienst weitergegeben werden, und die neuen Preise müssen hinterlegt werden. Auch die organisierte Ablage von Gesprächsnotizen wird als wesentlich angesehen.

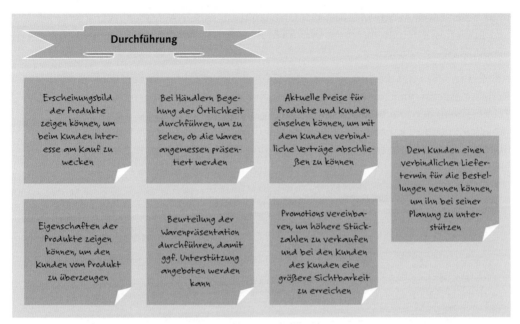

Abbildung 5.12 Anwendung der Methode »Jobs to be done« für die Durchführung

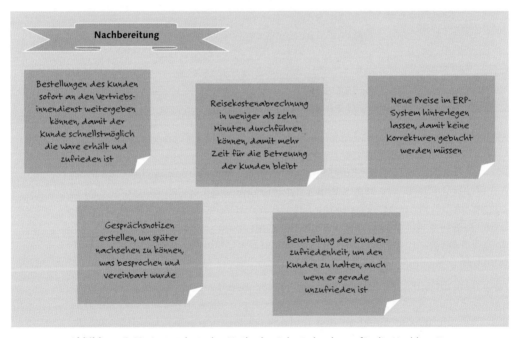

Abbildung 5.13 Anwendung der Methode »Jobs to be done« für die Nachbereitung

5.4.3 Empathy Map

»Während viele andere Techniken den Menschen rein technisch betrachten, hilft die Empathy Map, die untersuchten Personen und Personengruppen auch auf emotionaler Ebene zu erfassen« (siehe Uebernickel/Brenner/Pukall/Naef/Schindlholzer: Design Thinking: Das Handbuch, 2015, S. 122).

Beschreibung der Methode

Die Idee ist ganz einfach: Wenn wir uns in die Nutzer hineinversetzen können, dann können wir besser nachvollziehen, was sie brauchen. Die Empathy Map (auch »Einfühldiagramm«) soll »sichtbar machen, was der Nutzer sagt, denkt und fühlt« (siehe Ingrid Gerstbach: 77 Tools für Design Thinker, 2017, S. 87).

Um sie zu erstellen, wird ein leerer Bogen Flipchart-Papier im Querformat aufgehängt. In die Mitte malst du als Coach nun ein Gesicht, sodass direkt klar wird, dass es um einen Menschen geht. Alternativ können Fotos als Sinnbild für stellvertretende Nutzer verwendet werden. Wurden bereits Personas erstellt (siehe Abschnitt 5.4.1, »Personas«), dann kann das Team eine auswählen und sie hier in den Mittelpunkt der Analyse stellen bzw. kleben.

Dann teilst du die Arbeitsfläche um den Kopf herum in vier Bereiche, die von links nach rechts lauten: »Sehen« (links), »Denken & Fühlen« (oben), »Sagen & Tun« (unten) und »Hören« (rechts). Darüber schreibst du nun die Fragestellung, um die es gehen soll. In meinem Beispiel ist das: »Wie ist das, wenn ich als Vertriebsaußendienstmitarbeiter einen Kundentermin vorbereite?«

Anschließend beginnt das Team, die einzelnen Felder zu füllen, indem es sich in die durch die Frage beschriebene Situation und Rolle hineinversetzt. Je besser die Teammitglieder die Situation und die Menschen kennen, desto besser wird das Ergebnis werden. Ich empfehle beim Aufschreiben der Punkte die Verwendung von einzelnen Haftnotizzetteln pro Stichpunkt und zu Beginn eine stille Phase, in der jedes Teammitglied für sich überlegen und aufschreiben kann, bevor das Team seine Ergebnisse zusammenträgt und sich über die Erkenntnisse dahinter austauscht.

Beim Feld »Sehen« stellt sich jeder im Team die Person im Mittelpunkt in der genannten Situation vor: Was sieht diese Person konkret? Was nimmt sie wahr? Dann schreibt das Team die Eindrücke auf Haftnotizzettel aus der Perspektive der Person im Mittelpunkt.

Beim Feld »Denken & Fühlen« ist die Frage, was die Person in der Situation denkt und fühlt. Das ist sehr wichtig, um sich in die Rolle der Person hineinzuversetzen.

157

Hier schreibt das Team die Gedanken und Gefühle so auf, wie es die Person selbst wahrnimmt, z. B.: »Wie lange wird der Termin dauern?«. Besonders spannend ist hier »eine Diskrepanz, die zu Behagen oder Unbehagen führt?« (siehe Uebernickel/ Brenner/Pukall/Naef/Schindlholzer: Design Thinking: Das Handbuch, 2015, S. 122).

Beim Feld »Sagen & Tun« geht es darum, was die Person in der genannten Situation sagt und tut, z. B. »Die letzten Aufträge des Kunden aufrufen« oder »Umsatz des Kunden in den letzten zwölf Monaten ermitteln«.

Beim Feld »Hören« geht es abschließend darum, was die Person hört. Wenn z. B. der Vertriebsmitarbeiter die Terminplanung seines Kundentermins in einem Imbiss oder im parkenden Auto durchführt, ist schnell klar, was er wohl hören könnte. Genau deshalb ist es so wichtig, sich tatsächlich in den Menschen und die Situation hineinzuversetzen. Je besser das gelingt, desto besser sind die Ergebnisse der Methode.

Das Einfühldiagramm wurde von Scott Matthews von XPLANE entwickelt, meine Anleitung zu dieser Methode ist an die Beschreibung im Buch »77 Tools für Design Thinker« (siehe Ingrid Gerstbach: 77 Tools für Design Thinker, 2017, S. 87) angelehnt.

> **Empathy Map: Material- und Zeitbedarf**
> ► Flipchart-Papier oder Whiteboard pro Gruppe
> ► ein Block Haftnotizzettel pro Teilnehmer(in)
> ► Stifte pro Teilnehmer(in)
> ► Zeit: mindestens 20 Minuten

Anwendung im Workshop

Im Workshop erstellt das Team gemeinsam eine Empathy Map aus Sicht eines Vertriebsmitarbeiters im Außendienst. Der Coach Martin unterteilt die Arbeitsfläche, wie zuvor beschrieben, in die vier Bereiche »Sehen«, »Hören«, Sagen & Tun« und »Denken & Fühlen«. Dann schreibt er die Fragestellung »Wie ist das, wenn ich als Vertriebsaußendienstmitarbeiter einen Kundentermin vorbereite?« in die Mitte und malt einen Kopf darunter, weil der Mensch hier im Mittelpunkt steht. Dann sammelt das Team zu den einzelnen Bereichen passende Einfälle und schreibt jeweils einen auf einen Haftnotizzettel, der dann an die passende Stelle geklebt wird.

Abbildung 5.14 zeigt das Ergebnis dieses Prozesses in schematischer Form für die beiden Dimensionen »Sehen« und »Hören«. Abbildung 5.15 zeigt die beiden anderen Dimensionen »Sagen & Tun« und »Denken & Fühlen«. Zugunsten einer besseren Lesbarkeit habe ich die Dimensionen hier auf zwei Abbildungen aufgeteilt.

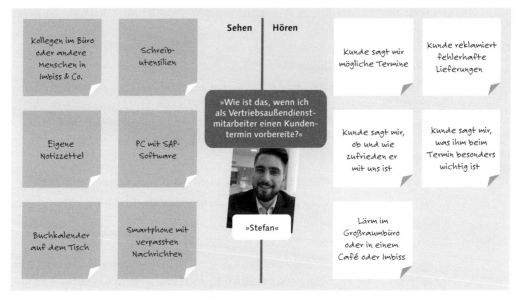

Abbildung 5.14 Die Empathy Map für »Sehen« und »Hören«

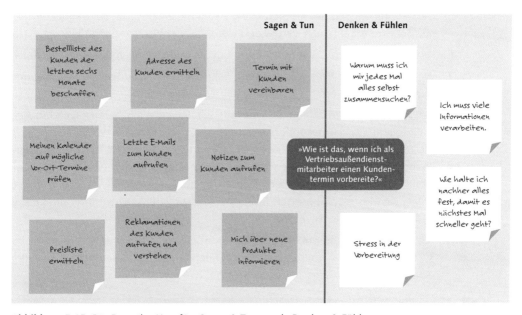

Abbildung 5.15 Die Empathy Map für »Sagen & Tun« und »Denken & Fühlen«

5.4.4   Customer Journey Map

Die Customer Journey Map dient dem Team dazu, sich besser in die Rolle des Kunden (oder Nutzers) hineinversetzen zu können. Dazu wird eine typische Situation untersucht, in der der Kunde in Kontakt mit dem Produkt oder der Dienstleistung des Auftraggebers kommt.

Beschreibung der Methode

Im Folgenden beschreibe ich das Vorgehen in Anlehnung an die Beschreibung von Ingrid Gerstbach (siehe Ingrid Gerstbach: 77 Tools für Design Thinker, 2017, S. 77–81). Ich ergänze das Ziel, das der Nutzer versucht zu erreichen, seine Gedanken und Gefühle. Um eine Customer Journey Map zu erstellen, geht das Team wie folgt vor:

1. den Prozess für die Untersuchung auswählen (wird auch »Reise« genannt)

2. Flipchart oder Whiteboard bereit machen und den Titel der Reise sichtbar daraufschreiben

3. Stifte und Haftnotizzettelblöcke verteilen

4. Alle Schritte sammeln, die der Prozess umfasst. Dabei kann es sinnvoll sein, auch Experten nach dem ersten Entwurf zu Rate zu ziehen, um sicherzugehen, dass wirklich alle Schritte erfasst wurden. Ich schlage hier wieder die Verwendung von Haftnotizzetteln vor – jeweils ein Haftnotizzettel pro Schritt.

5. Darstellung der Schritte als grafische Darstellung einer Karte, bei der die einzelnen Schritte miteinander verbunden werden, oder als Prozessabfolge

6. Wo sind die Berührungspunkte mit Produkten und Lösungen des Auftraggebers?

7. Weiter ins Detail: Was soll in jedem Schritt erreicht werden? Was denkt der Kunde? Was fühlt er?

8. Betrachtung der einzelnen Schritte auf der Suche nach herausragenden Bestandteilen: Was ist besonders frustrierend für den Nutzer? Wo verändert sich die Stimmung? Wo gibt es das größte Verbesserungspotenzial? Die entsprechend identifizierten Schritte sollten durch das Team markiert werden. Hier liegt vielleicht die spannendste Herausforderung für den weiteren Workshop in der Frage, wie das Team diese Schritte des Prozesses verbessern könnte, um für die Nutzer das Erlebnis zu verbessern.

9. Ich bevorzuge es, hier noch nicht nach Lösungsideen für eine Verbesserung zu suchen. Stattdessen sollten hier die spannenden Schritte identifiziert und ihre Knackpunkte herausgearbeitet werden.

Customer Journey: Material- und Zeitbedarf

▸ Flipchart-Papier oder Whiteboard pro Gruppe oder ausgedruckte Vorlage mindestens in DIN A2

▸ ein Block Haftnotizzettel pro Teilnehmer(in)

▸ Stifte pro Teilnehmer(in)

▸ Zeit: mindestens 30 Minuten

Anwendung im Workshop

Die Gruppe erstellt für Stefans Vorbereitung eines Kundentermins eine Customer Journey Map. Das Ergebnis dieser Arbeit in der Gruppe ist in Abbildung 5.16 dargestellt. Die Gruppe hat die Phasen »Terminplanung«, »Organisation Dienstreise« und »Status des Kunden bestimmen« identifiziert und dazu die Aufgaben gesammelt. Stefan erledigt in diesen drei Phasen die Aufgaben »Freie Termine finden«, »Termin festlegen«, »Verkehrsmittel vergleichen«, »Buchung durchführen«, »Umsatzentwicklung einschätzen« (in der Grafik abgekürzt) und »Zufriedenheit einschätzen«.

Die Gruppe erkennt, dass Stefan mit keiner der Aufgaben besonders zufrieden ist, aber er insbesondere mit der Durchführung von Reisebuchungen unzufrieden ist. Auch bereitet es ihm Schwierigkeiten, die Zufriedenheit des Kunden schnell einzuschätzen und entsprechende Maßnahmen planen zu können.

Die Gruppe überlegt daraufhin, wo sie Stefan besser unterstützen könnte. Sie sieht Potenziale darin, Stefan zu helfen, freie Termine schnell zu finden, die Terminabstimmung zu unterstützen, den Vergleich und die Buchung von Verkehrsmitteln für die Reise zu erleichtern, den Zugang zu Informationen zu verbessern und die Unklarheit über die Zufriedenheit des Kunden zu beseitigen. Also eine Reihe spannender Potenziale für die Ideenfindungsphase.

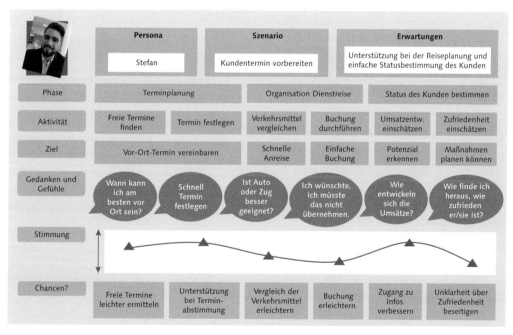

Abbildung 5.16 Customer Journey Map für Stefans Vorbereitung eines Kundentermins

5.4.5 Clustern und Bewerten

Egal, welche Methode verwendet wurde, danach ist es fast immer erforderlich, die gesammelten Informationen zu sichten, zu besprechen, sie zu gruppieren und zusammenzufassen. Vor allem, wenn mehrere Methoden in einer Phase zum Einsatz kommen, sollten die Ergebnisse und Erkenntnisse konsolidiert werden, bevor das Team mit dem nächsten Schritt weitermacht. Daher möchte ich im Folgenden kurz auf das Gruppieren, Zusammenfassen und Bewerten eingehen.

Das Ziel sollte sein, die gesammelten Punkte in eine handhabbare Anzahl aussagekräftiger Gruppen bzw. Überschriften zusammenzufassen. Dabei ist zu beachten, dass keine wesentlichen Erkenntnisse durch die Verdichtung verloren gehen dürfen. Daher empfehle ich, dass beim Problemverständnis nicht nur auf einfache Substantive zusammengefasst wird, sondern diese immer um ein Adjektiv ergänzt werden. So sollte anstelle von »Bedienbarkeit« lieber »Schlechte Bedienbarkeit« und anstelle von »Benutzeroberfläche« lieber »Unverständliche Benutzeroberfläche« verwendet werden, sofern dies den Kern der gesammelten Punkte wiedergibt. Wichtig finde ich auch, die Punkte um Doppelnennungen zu bereinigen und sehr ähnliche gegebenenfalls zusammenzufassen.

Gib dem Team das Material, maximal fünfzehn Minuten Zeit und die Aufgabe, die Ergebnisse der Methode in Schlüsselbegriffen zusammenzufassen.

Anschließend soll das Team die Punkte bewerten, um eine Gewichtung vorzunehmen. Die Teammitglieder haben bis hierhin eine Menge Informationen gesammelt und zusammengetragen, die nun sortiert und priorisiert werden müssen.

Clustern und Bewerten: Material- und Zeitbedarf

- ▶ Haftnotizzettel
- ▶ Stifte (meistens Whiteboard-Marker)
- ▶ Whiteboard oder Flipchart-Papier
- ▶ Markierungspunkte zur Bewertung (in der Regel vergebe ich drei bis fünf pro Teilnehmendem)
- ▶ Zeit: maximal 15 Minuten

5.4.6 Wie-könnten-wir …?-Fragen

Fragen im Format »Wie könnten wir …?« (*WKW-Fragen*) dienen als Übergangspunkt zwischen der Discover- und der nachfolgenden Design-Phase. Daher ist die Erstellung ebendieser Fragen ein wesentliches Element der Discover-Phase.

Es ist wichtig, dass die Formulierung keine Lösung vorgibt, »sondern lediglich zum Nachdenken über mögliche Lösungen inspiriert.« (siehe Uebernickel/Brenner/Pukall/Naef/Schindlholzer: Design Thinking: Das Handbuch, 2015, S. 145).

Ich bevorzuge dabei eine Variante, die anstelle von »können« den Konjunktiv »könnten« verwendet, um noch mehr Lösungen zuzulassen. Dieser kleine sprachliche Unterschied erweitert die Möglichkeiten enorm, weil eine Lösung jetzt noch nicht realisierbar sein muss und es vielleicht auch nicht ist, aber schon morgen kann die Welt ganz anders aussehen. Man denke zurück an unzählige Beispiele, bei denen Menschen gedacht haben, dass sie niemals möglich sein würden: Smartphones, Reisen zum Mond, Autos, die schneller fahren, als Pferde laufen können etc. Beispiele dafür gibt es in der Menschheitsgeschichte sicherlich unzählige.

Wie-könnten-wir ...?-Fragen: Material- und Zeitbedarf

▸ DIN-A4-Papier, Flipchart-Papier oder Whiteboards je nach Präferenz

▸ ein Block Haftnotizzettel pro Teilnehmer(in)

▸ Stifte pro Teilnehmer(in)

▸ Zeit: ca. 15–20 Minuten

Anwendung im Workshop

Im Workshop zur Unterstützung der Vertriebskollegen hat das Team die Ausgangschallenge zum Ende der Discover-Phase wie folgt verfeinert. Am Anfang des Workshops lautete die Challenge:

>*Wie könnten wir Außendienstmitarbeitern helfen, ihre Besuchstermine bei Kunden besser vorzubereiten und einfacher durchzuführen?*«

Diese Version wurde nach den Interviews erweitert, da das Team festgestellt hat, dass auch die Nachbereitung Verbesserungspotenziale bietet:

>*Wie könnten wir Außendienstmitarbeitern helfen, ihre Besuchstermine bei Kunden besser vorzubereiten, einfacher durchzuführen und komfortabel nachzubereiten?*«

Da zuvor Personas erstellt wurden, formuliert das Team die Challenge so um, dass sie sich auf die Persona Stefan Rath bezieht. Ich verwende dieses Vorgehen gerne, weil die Persona dadurch dem Team immer wieder ins Gedächtnis gerufen wird und es so für das Team leichter ist, bei der Ideenentwicklung die späteren Nutzer im Kopf zu haben. In der einfachsten Form wird die vorherige Challenge um den Bezug zur Persona ergänzt:

>*Wie könnten wir Stefan Rath helfen, seine Besuchstermine bei Kunden besser vorzubereiten, einfacher durchzuführen und komfortabler nachzubereiten?*«.

Nun hat das Team in der Discover-Phase einige Hindernisse und Schwierigkeiten aus Nutzersicht identifiziert. Diese sind der perfekte Ansatzpunkt für gezielte WKW-Fragen. Das Team formuliert in einer kurzen Session von etwa 15 Minuten die folgenden WKW-Fragen:

▶ Wie könnten wir Stefan ermöglichen, auch auf Reisen oder bei Pausen Termine vor- und nachzubereiten?

▶ Wie könnten wir Stefan helfen, sich selbst die erforderlichen Informationen für den Kundentermin im Vorfeld zu beschaffen?

▶ Wie könnten wir Stefan den Zugriff auf aktuelle Informationen während des Kundentermins ermöglichen?

▶ Wie könnten wir Stefan helfen, seine eigenen Berichte und Kennzahlen zu definieren?

▶ Wie könnten wir Stefan helfen, seine Vorbereitungszeit inklusive Reiseplanung auf 30 Minuten pro Kundentermin zu verkürzen?

▶ Wie könnten wir Stefan helfen, in 15 Minuten einen Überblick über alle relevanten Informationen zu einem Kundenbesuch zu bekommen?

▶ Wie könnten wir für Stefan die Planung der Routen und die Buchung von Hotelübernachtungen für die Kundenbesuche erleichtern?

▶ Wie könnten wir Stefan helfen, schnell und komfortabel Notizen zu den Kundenbesuchen zu erfassen und diese organisiert abzulegen?

▶ Wie könnten wir Stefan helfen, die Nachbereitungszeit deutlich zu reduzieren?

Das Team bewertet die WKW-Fragen mit Markierungspunkten, um eine Priorisierung zu erreichen. In der folgenden Phase bilden, je nach verfügbarer Zeit, eine oder mehrere der drängendsten und vielversprechendsten WKW-Fragen die Grundlage für die Ideengenerierung.

5.5 Übungen

Nachdem du nun eine ganze Reihe von Methoden kennengelernt hast, ist es an der Zeit, diese zu üben. Mit den folgenden Übungsaufgaben möchte ich dir einen Startpunkt geben, damit du schnell selbst eigene Erfahrungen machen kannst.

[✓] Übung: Triff die Wahl!

Nimm dir deine Challenge wieder vor, die du dir im Rahmen der Übungen in Kapitel 3, »Auf in die Praxis: die Vorbereitungen«, überlegt hast. Dann schau dir die bisher besprochenen Methoden erneut an, und wähle für jeden Schritt mindestens eine Methode aus dem Werkzeugkasten aus. Mach dir eine Liste der Methoden zu den einzelnen Schritten des Prozesses.

[✓] Übung: Erstelle einen Zeitplan!

Nachdem du eben die Methoden ausgewählt hast, erstelle einen konkreten Zeitplan für die Discover-Phase in einem Workshop. Eine Vorlage dazu findest du im

Zusatzmaterial zum Buch unter *www.sap-press.de/4797* in der Datei *03_Zeitplan-hilfe.xlsx*.

Übung: Probiere die Methoden aus!

Arbeite dich nun Schritt für Schritt durch die ausgewählten Methoden. Vielleicht fängst du an deinem Schreibtisch oder in deiner Küche an, aber je eher du die Methoden selbst ausprobierst, desto besser. Und glaube mir – es macht noch mehr Spaß, wenn du sie mit ein oder zwei Kollegen oder sogar einem ganzen Team ausprobierst.

Und denke immer daran, dass du jederzeit im Prozess zurückgehen kannst, wenn du neue Erkenntnisse gewonnen hast oder eine Vertiefung erforderlich ist.

Zum Abschluss dieser Übung formuliere ein paar Fragen im WKW-Format zu deiner Challenge, um für das nächste Kapitel gerüstet zu sein.

Übung: Spiel es noch einmal!

Nachdem du den ersten Durchgang erfolgreich durchlaufen hast, nimm dir bewusst die Methoden vor, die du beim ersten Mal nicht verwendet hast, oder kombiniere sie mit den Methoden, die du noch mal ausprobieren möchtest. Du wirst sehen, dass jede Methode etwas andere Ergebnisse hervorbringt und dass genau das den Reiz ausmacht. Manchmal sind Methoden auch für die Art der Aufgabenstellung nicht so gut geeignet, sodass es sich lohnt, es mit einer anderen Methode zu versuchen. Nicht jedes Werkzeug passt zu jedem Problem.

5.6 Zusammenfassung

In diesem Kapitel habe ich die ersten Schritte des tatsächlichen Workshops mit dem Team dargestellt:

▶ In der Discover-Phase erarbeitet das Team ein gemeinsames und tiefes Verständnis des Problems.

▶ Es gilt, Empathie mit den Nutzern aufzubauen, ihre Bedürfnisse, Wünsche und Anforderungen zu verstehen.

▶ Mithilfe vieler verschiedener Methoden kann das Problem auseinandergenommen, detailliert und Empathie für die Nutzer aufgebaut werden.

▶ In dieser Phase sollen keine Lösungen entwickelt oder vorgeschlagen werden, sondern lediglich Probleme, Anforderungen und Bedürfnisse aufgenommen, verstanden und beschrieben werden.

▶ Der erste Schritt besteht darin, dass alle Teilnehmenden die Aufgabenstellung verstehen. Am Anfang empfehle ich dir, mit dem Team die Challenge zu zerlegen, um ein gemeinsames Verständnis zu erarbeiten.

▶ Anschließend kannst du z. B. »Postcard to Grandma« einsetzen, damit jeder im Team ganz komprimiert die aus seiner Sicht wesentlichen Probleme auf den Punkt bringt und sie damit in die Diskussion einbringt.

▶ Im nächsten Schritt geht es darum, dass das Team einen Rundumblick des Problems bekommt. Hier können z. B. Nutzer beobachtet, begleitet oder interviewt werden, je nachdem, wie es das Workshop-Setup oder die Vorbereitungsphase zulassen. Es geht hier darum, besser zu verstehen, was das Problem ist und wie es auftritt.

▶ Bei der Methode »Point of View« geht es darum, die an der Problemstellung Beteiligten und ihre Beziehungen zueinander zu identifizieren.

▶ Die Methode »Empathy Map« zielt darauf ab, ein besseres Verständnis dessen zu bekommen, was die Nutzer in der spezifischen Situation wahrnehmen, fühlen und denken.

▶ Bei der Methode »Jobs to be done« geht es darum, die Aufgaben zu erledigen, um die dahinterstehenden Bedürfnisse zu erfüllen und ihre Ziele zu erreichen.

▶ Die »Customer Journey Map« hilft dem Team zu verstehen, wann der Kunde in Kontakt mit dem Produkt kommt, was dabei passiert und was in ihm vorgeht.

▶ Die Methode »5 Why« kann helfen, den Grund für ein Problem herauszufinden, indem immer wieder iterativ nach dem Warum gefragt wird.

▶ Abschließend gilt es, aus den vielen Problemstellungen die auszuwählen, die das Team im Rahmen des Workshops weiterbearbeiten möchte. Dazu können die Erkenntnisse über die Nutzer- bzw. Nutzergruppen mithilfe von Personas begreifbarer gemacht werden. Dabei geht es darum, die Erkenntnisse der User Research in Form von fiktiven Charakteren auf den Punkt zu bringen. Diese erleichtern es dem Team, die Problemstellung aus Sicht der Nutzer zu sehen und zu verstehen.

▶ Fragen im Format »Wie könnten wir ...?« sind die Verbindung von der Discover- zur Design-Phase. Daher erstellt das Team sie am Ende der Discover-Phase. Diese Fragen sollten gezielt auf die Lösung von zuvor geschilderten Problemen und Hindernissen Bezug nehmen.

▶ Das Team definiert eine Reihe von WKW-Fragen, die die Probleme der Außendienstmitarbeiter konkretisieren. Manche davon sind bewusst zugespitzt formuliert, um eine größere Herausforderung für die Ideengenerierung zu sein.

▶ Auch in diesem Kapitel ging es darum, dass du dir deinen eigenen Methodenkoffer aufbaust, um je nach Aufgabenstellung die passende(n) herauszunehmen und anzuwenden. Wie immer gilt: Übung macht den Meister!

6 Ein Beispiel-Workshop – Phase »Design«

Das Team hat die Problemstellung in der Tiefe verstanden und die wesentlichen Fragen für den Workshop ausgewählt. Nun ist es endlich so weit, Ideen für die Lösung dieser Frage zu finden.

Dieses Kapitel setzt den Workshop in der zweiten Phase des Prozesses »Design« fort. Dabei geht es darum, zu den zuvor erarbeiteten Problemstellungen möglichst viele Lösungsideen zu generieren und diese anschließend zu bewerten, einige davon als Prototypen zu bauen und diese zu testen.

Nun geht es also endlich um das Finden von Lösungen. Viele meiner Workshop-Teilnehmenden (und vor allem die Auftraggeberinnen und Auftraggeber) können es im Workshop kaum erwarten, endlich mit der Ideengenerierung zu beginnen. Leider werden die dazu erforderlichen vorherigen Schritte manchmal als Beiwerk abgetan, bevor sie tatsächlich durchlaufen werden. Beim Bearbeiten der Discover-Phase werden jedoch meist viele neue Erkenntnisse gewonnen, sodass dieser Eindruck im Verlauf des Workshops nachlässt. Dies ist vor allem dann der Fall, wenn das Team herausfindet, dass die Probleme andere sind, als vor oder zu Beginn des Workshops angenommen.

Im Schritt *Ideenfindung* geht es also darum, als Team möglichst viele Ideen zur Lösung der Problemstellung zu entwickeln. Nach der Ideenfindung werden ein paar wesentliche Lösungsideen in Form von niedrig aufgelösten Prototypen erstellt (Schritt *Prototyp bauen*), um sie abschließend vorzustellen und idealerweise mit Nutzern daraufhin zu überprüfen, ob sie die Nutzerbedürfnisse und damit die Anforderungen erfüllen (Schritt: *Validieren*).

Das Validieren mit Nutzer(inne)n und deren Feedback sind wesentlich für das Team, um zu verifizieren, dass es auf dem richtigen Weg ist. Erinnere dich daran, dass ein negatives Feedback sehr lehr- und hilfreich sowie für den Prozess wesentlich ist. Und es ist auch gar nicht schlimm. Da wir nur niedrig aufgelöste Prototypen erstellen, ist es nicht so schade darum, sich von ihnen zu trennen und neue Prototypen zu erstellen und diese zu testen, bis am Ende eine gute Lösung dabei herauskommt.

6.1 Der Beispiel-Workshop

Der zweite Workshop-Tag setzt genau da an, wo der erste aufgehört hat: Nach der Begrüßung und einer Anpassung oder Umgestaltung der Namensschilder (die meist ausgefallener werden als am ersten Tag, weil die Teilnehmenden sich mehr trauen und inspirierter sind) geht es mit einem Warm-up-Spiel weiter. Anschließend geht es für das Team direkt in die Design-Phase.

Beginn	Inhalte
09:00	Begrüßung, Namensschilder überarbeiten und ein Warm-up-Spiel
09:20	Review des ersten Tages
9:40	Abgleich mit der Challenge – noch auf dem richtigen Weg?
9:45	Design – Ideenfindung: Brainstorming
10:45	15 Minuten Pause und 15 Minuten Puffer
11:15	Design – Ideenfindung: Anti-Problem
12:15	Gruppierung und Bewertung der Lösungsideen
12:30	Mittagspause
13:30	Warm-up-Spiel zur Aktivierung
13:45	Auswahl der Lösungsideen für die Prototypen
14:00	Design – Prototyp bauen: Scenes
15:00	15 Minuten Pause und 15 Minuten Puffer
15:30	Design – Validieren
16:30	Festlegung der nächsten Schritte
17:00	Lockere Runde zur Besprechung des Lean Coffee Boards
17:15	»I like, I wish« des Workshops
17:30	Ende des Workshops

Tabelle 6.1 Zeitplan für den zweiten Workshop-Tag

Für die Darstellung der Methoden in diesem Kapitel habe ich jeweils stellvertretend eine Frage im Format »Wie könnten wir …?« ausgewählt.

6.2   Ideenfindung

Nun geht es darum, Ideen zur Lösung der zuvor erarbeiteten Problemstellung zu sammeln. Eine oder mehrere WKW-Fragen (»Wie könnten wir …?«) aus dem letzten Schritt bilden hier den Startpunkt für die Ideenfindung. Denn nur, wenn dem Team die zu beantwortende Frage klar ist, kann es Antworten suchen.

Das Schöne an diesem Schritt ist, dass die meisten Teilnehmenden an der Ideenfindung sehr viel Spaß haben. Je besser und spielerischer die Atmosphäre im Team ist, desto mehr ausgefallene und neue Ideen kommen dabei heraus. Bring die Teilnehmerinnen und Teilnehmer in den kreativen Fluss, damit sie Ideen produzieren und diese zulassen, anstatt sie kleinzureden oder zu verwerfen. Hier ist es deine Aufgabe, an die Regel zu erinnern, dass Ideen nicht negativ kritisiert werden sollen. Versuche dabei, dem Team die Haltung zu vermitteln, dass es keine schlechten Ideen gibt und dass die verrücktesten manchmal die vielversprechendsten sind. Den Teilnehmenden wird es leichter fallen, kreativ zu werden, wenn sie sich sicher fühlen und es kein »Versagen« geben kann. Dabei kann es helfen, wenn du erst eine konventionelle Ideenfindungsmethode einsetzt und danach zur Öffnung des Verstands eine ausgefallenere Methode wählst.

Wenn die Teammitglieder es gewohnt sind, sehr analytisch zu denken, ist es deine Aufgabe, sie aus der Reserve zu locken. Das Ziel ist, dass sie möglichst unbefangen und unkritisch Ideen in Massen produzieren. Das fällt eher analytisch denkenden Menschen (wie z. B. SAP-Beratern) oft schwer, weil sie Ideen direkt bewerten, filtern und analysieren. Warm-up-Spiele helfen dabei, die gewünschte Stimmung zu erzeugen.

Im Anschluss an die letzte Methode zur Ideenfindung sollte eine Zusammenführung und Bewertung der Ergebnisse erfolgen. Dazu eignen sich die Markierungspunkte ideal, von denen ich je nach Anzahl der Ideen etwa fünf an jeden Teilnehmenden verteile. Sie sind nicht markiert, sodass jeder frei abstimmen kann, wie er es für richtig hält. Es ist auch erlaubt, einer Idee mehrere Punkte zu geben, um sie besonders stark zu gewichten. Design Thinking ist demokratisch, dementsprechend hat hier jeder die gleiche Anzahl Stimmen.

6.2.1 Warm-up-Spiel »Turmbau-Challenge«

Das Warm-up-Spiel »Turmbau-Challenge« halte ich für ein wunderbares Spiel, um die Teilnehmenden munter zu machen. Es gehört zu meinen Lieblingsspielen für Workshops.

Beschreibung der Methode

Soweit ich mich erinnere, habe ich es das erste Mal in »Design Thinking: Das Handbuch« entdeckt. Dort wird die Turmbau-Challenge mit (ungekochten) Spaghetti und Marshmallows gespielt (Uebernickel/Brenner/Pukall/Naef/Schindlholzer: Design Thinking: Das Handbuch, 2015, S. 194). Ich bevorzuge jedoch die Verwendung von einfachem Druckerpapier und Klebeband (Tesafilm mit Abroller oder Kreppband) als Verbindungsmittel gegenüber der Verwendung von Lebensmitteln.

Bei diesem Spiel treten mindestens zwei Gruppen gegeneinander an. Das Ziel ist es, in kurzer Zeit den höchsten Turm zu bauen. Der Turm muss nach Ablauf der Aufbauphase noch mindestens zehn Sekunden ohne Hilfe stehenbleiben. Das Spiel erfüllt gleich mehrere Funktionen: Aktivierung (besonders nach der Mittagspause), Teambuilding, kreative und zielorientierte Problemlösung, Kommunikation und eine Menge Spaß.

Anwendung im Workshop

Teile das Team in mindestens zwei Gruppen von drei bis vier Teilnehmenden auf. Anschließend gib jeder Gruppe einen Stapel Druckerpapier und jeder Teilnehmerin und jedem Teilnehmer eine Rolle Klebeband. Bei Kreppband reichen die kleinen Rollen vollkommen aus. Erkläre dem Team die Regeln, starte die Zeit und sei hart, wenn die Zeit abgelaufen ist. Nach Ablauf der Zeit muss jeder Turm mindestens zehn Sekunden ohne fremde Hilfe stehenbleiben. Und vielleicht hast du ja sogar einen kleinen Preis für das Siegerteam dabei?

Für mich als Coach ist es immer wieder spannend, zu sehen, wie unterschiedlich die Lösungen der Teams ausfallen. Eine Gruppe baute eine aufwendige stabile Konstruktion, die sich an Strommasten für Überlandleitungen orientierte. Eine andere Gruppe rollte das Papier und baute jeweils mit vier Säulen und einem Blatt Papier als Plateau eine Ebene etc. Übrigens sind die Teilnehmenden oft sehr erfinderisch, was die Regeln angeht: Manchmal befestigen sie ihre Türme mit Klebeband an der Decke, Tischen oder dem Boden. Du machst die Regeln, also überlege dir vorher, welche Varianten du zulassen bzw. ausdrücklich ausschließen möchtest. Ich wette, du wirst dennoch immer wieder vom Einfallsreichtum überrascht werden. Und das ist etwas Gutes.

Abbildung 6.1 Eine mögliche Lösung für die Turmbau-Challenge

Mache während dieses Spiels immer Fotos für die Dokumentation, denn sie sind eine tolle Erinnerung an den Workshop und die spielerische Atmosphäre. Eine mögliche Lösung für die Turmbau-Challenge siehst du in Abbildung 6.1.

Turmbau-Challenge: Material- und Zeitbedarf

▶ Variante 1: fünf bis zehn Blatt Druckerpapier und eine Rolle Klebeband pro Teilnehmer(in)

▶ Variante 2: eine Packung Spaghetti (reicht für acht bis zehn Teilnehmende) und eine große Packung Marshmallows

▶ maximal fünf Minuten nach Erklärung der Aufgabe

6.2.2 Warm-up-Spiel »30 Circles«

Bei diesem Warm-up von Bob McKim geht es zum einen darum, schnell Ideen zu entwickeln und umzusetzen, und zum anderen darum, zu erkennen, welche Bandbreite von Ideen man bei sich selbst zulässt. Erwähnt und durchgeführt wird das Spiel z. B. von Tim Brown in einem TED-Talk (siehe Tim Brown: Tim Brown über Kreativität und Spiel. In: *https://youtu.be/RjwUn-aA0VY*).

Beschreibung der Methode

Das Vorgehen ist simpel: Die Teilnehmenden sollen, jeder auf seinem eigenen Zettel, in wenigen Minuten so viele Kreise wie möglich füllen. Gewinner ist, wer die meisten Kreise bemalt hat.

Für dich als Coach ist wichtig, dass es vollkommen egal ist, wie die Kreise gefüllt werden, denn es geht nur um die Anzahl. Am besten verrätst du das dem Team aber erst nach der Durchführung des Spiels, um den kreativen Fluss und den Wettbewerb nicht zu beeinflussen. Zum Beispiel wird jemand, der in jeden Kreis nur einen Punkt macht, wahrscheinlich nicht für seinen Einfallsreichtum bewundert werden, aber er hat die meisten Kreise ausgefüllt und damit gewonnen. Um die Teilnehmer nicht vor Ablauf des Spiels mit der Nase darauf zu stoßen, beantworte ich keine Fragen, nachdem ich die Aufgabenstellung ausgegeben habe.

Ich sehe gerne, wie unterschiedlich die Teilnehmenden vorgehen: Manche malen Emojis, andere skizzieren detailliert runde Dinge wie Pizzen, Bälle, Sonnen oder gleich ganze Szenen. Manche malen jeden Kreis anders aus, manche jeden Kreis gleich. In Abbildung 6.2 zeige ich dir eines von mehreren Beispielen, die ich selbst ausgemalt habe. (Mögen die Psychologen unter euch ihre Schlüsse ziehen.) Du kannst den Teilnehmenden gerne ähnlich aufwendige Beispiele zeigen, um sie ein wenig in die Irre zu führen. Es ist dann besonders spannend zu sehen (und anschließend zu besprechen), wie manche Teilnehmerinnen und Teilnehmer die Aufgabe

erfüllen und wie sich manche von den Beispielen anstecken lassen und selbst aus-
gefeilte Skizzen in die Kreise zaubern.

Abbildung 6.2 Ein Beispiel für das Warm-up-Spiel »30 Circles«

Anwendung im Workshop

Gib den Teilnehmenden das Material und die Aufgabenstellung. Beobachte als
Coach aufmerksam, wie die Teilnehmenden sich verhalten, und teilt im Anschluss
an die Übung die Ergebnisse miteinander – z. B. als Aushang an einer Wand. Dann
besprich die Ergebnisse mit dem Team. Hier lässt sich schön sehen, wer Qualität
vor Quantität den Vorzug gegeben hat, wer gewinnen wollte und wer der Lösung
der Aufgabe mit einem hohen Anspruch an sich selbst begegnet ist. So oder so, es
lohnt sich, dieses kreativitätsanregende Spiel zu spielen und sich über die Ergebnisse auszutauschen. Es gibt an dieser Stelle kein »Richtig« und »Falsch«. Das Spiel
soll die Teilnehmenden inspirieren und ihnen die eigene Interpretation der Aufgabe bewusst machen.

30 Circles: Material- und Zeitbedarf

▶ ein Blatt Papier mit 30 Kreisen pro Teilnehmerin und Teilnehmer (siehe Zusatzmaterial zum Buch unter *www.sap-press.de/4797*)

▶ eine Minute für die Einleitung, drei Minuten für die Durchführung, Zeit für die
  Nachbesprechung nach deinen Vorstellungen

6.2.3 Warm-up-Spiel »Ja, aber …/Ja, und …«

Dieses Warm-up-Spiel für mindestens drei Mitspielerinnen und Mitspieler verdeutlicht, wie sehr Sprache das Denken beeinflusst.

Beschreibung der Methode

Ich habe das Spiel aus dem Buch von Pauline Tonhauser entnommen (vgl. Pauline Tonhauser: »66+1 Warm-Up, die dich als Trainer unvergesslich machen«, 2018, S. 149) und setze es gerne in Workshops ein. Es löst diesen wunderbaren Aha-Moment bei den Teilnehmenden aus, wenn sie erkennen, wie unterschiedlich die Ergebnisse beider Durchgänge ausfallen und warum das so ist. Im o. g. Buch dient die Planung einer Party als Aufgabe. Du kannst auch beliebige andere passende Aufgabenstellungen für die Gruppe vorgeben, beispielsweise die Planung eines Urlaubs oder die Gestaltung neuer Büroräume. Das Spiel geht wie folgt:

1. Alle Mitspielerinnen und Mitspieler stellen sich im Kreis auf.

2. Der Coach erklärt kurz die Regel: Ihr beginnt jede Antwort immer mit den Worten »Ja, aber …«. Dann eröffnet er das Spiel mit einer kurzen Einleitung: »Wir planen einen gemeinsamen Urlaub. Dafür brauchen wir ein Hotel.«

3. Alle Mitspielerinnen und Mitspieler formulieren ihre Antworten als ganzen Satz, beispielsweise: »Ja, aber wir brauchen auch ein Auto.« Oder: »Ja, aber ein Auto ist teuer.«

4. Nach ein paar Minuten beendet der Coach die Runde und fragt die Mitspielenden, wie der Urlaub wohl aussehen würde.

5. Dann ändert der Coach die Regeln: Nun muss jede Antwort mit »Ja, und …« beginnen. Erneut antworten die Mitspielenden auf die Einleitung des Coaches: »Wir planen einen gemeinsamen Urlaub. Dafür brauchen wir ein Hotel.« Nun sagen sie aber beispielsweise: »Ja, und wir fahren gemeinsam mit dem Auto!« Oder: »Ja, und wir haben schon auf der Hinfahrt viel Spaß zusammen!« usw.

6. Abschließend befragt der Coach die Mitspielenden erneut nach ihrem Eindruck, wie der Urlaub nun aussehen würde.

Anwendung im Workshop

Führe das Spiel wie beschrieben durch und lass die Mitspielerinnen und Mitspieler am Ende laut reflektieren, wie es sich angefühlt hat und was ihnen aufgefallen ist. Welche Unterschiede und Gemeinsamkeiten haben sie bei beiden Durchgängen festgestellt?

Ja, aber …/Ja, und …: Material- und Zeitbedarf

▸ ca. 5 Minuten Zeit

▸ Es ist kein Material erforderlich.

6.2.4   Warm-up-Spiel »Zeichne deinen Nachbarn«

Dieses Warm-up-Spiel von Bob McKim ist durch Tim Browns TED-Talk bekannt geworden (»Tim Brown über Kreativität und Spiel«, zu finden unter: *https://youtu.be/RjwUn-aA0VY*). Tim Brown benutzt es, um aufzuzeigen, wie sehr Erwachsene sich vor der Bewertung durch andere fürchten und wie gehemmt dadurch sie bei kreativer Arbeit sind.

Beschreibung der Methode

Jede Mitspielerin und jeder Mitspieler bekommen ein leeres Blatt Papier und einen Stift. Der Coach fordert alle auf, schnell den Nachbarn/die Nachbarin (oder in Zweiergruppen jeweils das Gegenüber) zu zeichnen. Nach Ablauf der Zeit soll jeder sein Werk dem jeweiligen Nachbarn oder der Nachbarin zeigen. Nun fragt der Coach, wer stolz auf sein Werk ist. Ein Beispiel für eine solche Zeichnung siehst Du in Abbildung 6.3. Dies ist eine Cartoon-Zeichnung, die ich selbst für dieses Buch erstellt habe.

Abbildung 6.3 Beispiel für »Zeichne deinen Nachbarn«

Anwendung im Workshop

Im Workshop kannst du die Methode ganz einfach vor Beginn der Ideenfindungsphase oder auch zum Kennenlernen und Auflockern am Anfang des Workshops einsetzen. Beobachte nach dem Ablauf der Zeit die Mitspielenden und ihre Reaktionen. In der Regel sind nur sehr wenige stolz auf ihr Werk. Die meisten schämen sich für ihre Zeichenkünste und sind peinlich berührt der Meinung, dass sie nicht zeichnen können und nicht kreativ sind.

Thematisiere dieses Verhalten: Die meisten Erwachsenen verhalten sich so. Führt man das Spiel hingegen in einem Kindergarten durch, wird man wesentlich mehr stolze Künstlerinnen und Künstler finden. Frag die Gruppe, woran das liegen könnte und welche Auswirkungen unser Denken auf unser Leben hat und wie es die Mitspielenden einschränkt. Viele werden sich an Erlebnisse aus ihrer Kindheit oder Jugend erinnern, die dieses Verhalten verstärkt haben, beispielsweise Spott durch Mitschülerinnen und Mitschüler.

Zeichne deinen Nachbarn: Material- und Zeitbedarf

▶ ca. 30 Sekunden bis 1 Minute Zeit zum Zeichnen

▶ ein weißes Blatt DIN A4-Papier für jede Mitspielerin und jeden Mitspieler

▶ ggf. zusätzlich jeweils ein Klemmbrett, falls die Mitspielenden keine Tische zur Verfügung haben

▶ jeweils einen Stift, bspw. einen Bleistift oder einen schwarzen Fineliner

6.2.5 Brainstorming

Brainstorming wurde bereits 1953 von Alex Osborn entwickelt (siehe Florian Rustler: Denkwerkzeuge der Kreativität und Innovation, 2016, S. 148–149) und ist heute wahrscheinlich die am häufigsten eingesetzte Methode zur Sammlung von Ideen zu einem Thema oder Problem. Wahrscheinlich ist sie leider auch die am häufigsten falsch praktizierte Methode.

Beschreibung der Methode

Beim Brainstorming geht es darum, möglichst viele Ideen zum Thema zu sammeln. Dabei sind Killerphrasen (»Haben wir schon probiert – hat nicht funktioniert!«, »Das geht nicht!«, »So ein Schwachsinn!«, »Das ist viel zu teuer!«) sehr destruktiv, da sie die Motivation der Teilnehmenden zerstören und die Hemmschwelle für das Äußern ungewöhnlicher Ideen unnötig erhöhen. Dadurch kommt der kreative Fluss schnell zum Stillstand, sodass die Methode keine neuen Ideen mehr hervorbringt. Derartige Killerphrasen solltest du daher sofort unterbinden. Erinnere die Teilnehmenden ggf. daran, dass Lösungen zunächst gesammelt und (noch) nicht bewertet werden sollen.

Beim Brainstorming geht es auch darum, auf den Ideen der anderen aufzubauen. Und erinnere dich: Alles, was heute unmöglich scheint, könnte morgen schon möglich sein. Folgende Regeln sollten daher gelten:

- ▶ Quantität geht vor Qualität.

- ▶ Verrückte und ausgefallene Ideen sind ausdrücklich erwünscht.

- ▶ Fördert die Kreativität der anderen!

- ▶ Nehmt eine »Alles-ist-möglich«-Haltung an!

- ▶ Baut auf den Ideen der anderen auf.

- ▶ Schreibt nur eine Idee pro Haftnotizzettel auf.

- ▶ Nicht aufhören, bevor die Zeit abgelaufen ist!

- ▶ Verständnisfragen sind erlaubt.

- ▶ Sammelt Ideen, anstatt zu diskutieren!

- ▶ Sortiert und bewertet wird erst im Anschluss.

Ich mag Brainstorming, weil die Teilnehmenden schnell eine Masse von Ideen mitteilen können, die sie vielleicht schon die ganze Zeit im Kopf hatten. Es ist demokratisch, jeder kann so viele Ideen äußern, wie er möchte. Aber Brainstorming ist auch relativ unspektakulär, weil es so oft praktiziert wird. Daher ist die Methode meiner Meinung nach kein großer Katalysator, um ungewöhnliche Ideen zu entwickeln. Ich verwende sie allerdings dennoch aus dem zuerst genannten Grund, damit die Teilnehmenden ihre Ideen in Massen loswerden können. Manchmal sind tatsächlich dann doch überraschend großartige Ideen dabei.

Erkläre zuerst die Regeln, und verteile dann Stifte und Haftnotizzettel an alle Teilnehmerinnen und Teilnehmer. Dann schreibst du die »Wie-könnten-wir … ?«-Frage in die Mitte je eines Flipchart-Papiers für jedes Team und startest dann die Countdown-Uhren. Als Variante kannst du dem Team auch zu Anfang drei Minuten für Stillarbeit geben, in denen sich jeder auf die Frage konzentrieren und erste Ideen sammeln kann. Wer eine Idee aufgeschrieben hat, geht nach vorne, liest die Idee laut für alle in der Gruppe vor, klebt den Haftnotizzettel auf das Flipchart-Papier und geht wieder zurück an seinen Platz. Dann ist der Nächste dran, der möchte. Übrigens empfehle ich den Teams hier ausdrücklich, im Stehen zu arbeiten.

Nach ein paar Minuten ebbt der Ideenfluss üblicherweise ab. Dann gilt es jedoch, nicht aufzuhören. Es ist lediglich das Signal, dass die oberflächlichen, naheliegenden Ideen nun ausgesprochen sind. Damit beginnt das Brainstorming erst richtig. Die guten Ideen kommen in den nächsten Minuten, wenn die Gruppe dranbleibt und jetzt nicht aufhört, über die Frage nachzudenken und Ideen aufzuschreiben. Sei aufmerksam: Wenn die Teilnehmenden nun anfangen, Gespräche zu führen, den Raum zu verlassen oder die aufgeschriebenen Ideen zu diskutieren, führe sie zurück zur Ideensammlung.

Lass das Team alle 15 Minuten prüfen, ob die Ideen noch zum Thema passen oder ob sich die Ideengenerierung verselbstständigt hat (siehe Florian Rustler: Denkwerkzeuge der Kreativität und Innovation, 206, S. 148). Prüfe kurz vor Ablauf der Zeit, in welcher Phase sich die Gruppen befinden: Ist die zweite Welle der Ideenfindung bereits durch, lässt sie auf sich warten, oder sind die Teilnehmenden noch im Fluss? Wenn das Team noch nicht fertig ist, kann es sich hier für das Ergebnis lohnen, wenn du vor Ablauf der Zeit ein paar Minuten Extrazeit spendierst.

Bitte im Anschluss an das Brainstorming die Gruppen, ihre Ideen zu sortieren, zu gruppieren und Duplikate zu entsorgen.

Brainstorming: Material- und Zeitbedarf

▶ ein Block Haftnotizzettel für jeden Teilnehmenden

▶ ein Stift für jeden Teilnehmenden

▶ ein bis zwei Blatt Flipchart-Papier pro Gruppe und Platz, dieses senkrecht aufhängen

▶ mindestens 25 Minuten

Anwendung im Workshop

Das Team nimmt sich im ersten Schritt die Vorbereitung eines Kundenbesuchs vor und führt dazu ein Brainstorming durch. Dazu wurde die WKW-Frage »Wie könnten wir Stefan helfen, seine Vorbereitungszeit auf 30 Minuten pro Kundentermin zu verkürzen?« ausgewählt. Coach Martin schreibt sie in die Mitte des Whiteboards, alle Teilnehmenden versorgen sich mit einem Block Haftnotizzettel und einem Stift. In den ersten drei Minuten wird still gesammelt, anschließend laut gemeinsam.

Ein paar Auszüge aus den Ergebnissen siehst du in Abbildung 6.4. Das Team sieht vor allem Lösungen darin, Abläufe, Kennzahlen und Berichte zu vereinheitlichen. Zudem fällt die Idee auf, alle Informationen zum Kunden an einer Stelle zusammenzuführen. Da die TastyFood & Convenience GmbH bisher kein übergreifendes Business-Intelligence-Werkzeug oder Ähnliches einsetzt, sieht das Team hier eine große Chance. Die Vorbereitung soll durch einheitliches Berichtswesen sowie die Bereitstellung von Stammdaten und Dokumenten deutlich beschleunigt werden. Darüber hinaus denkt das Team darüber nach, dass Stefan die Planung und Organisation von Reisen durch Spezialisten zum großen Teil abgenommen werden könnte.

Nach der Sammlung der Ideen gruppiert das Team die Ideen nach Themenbereichen. Die Teammitglieder wählen dabei die Kategorien Technologie, Organisation und Standardisierung. Das Ergebnis des Teams ist in Abbildung 6.5 dargestellt.

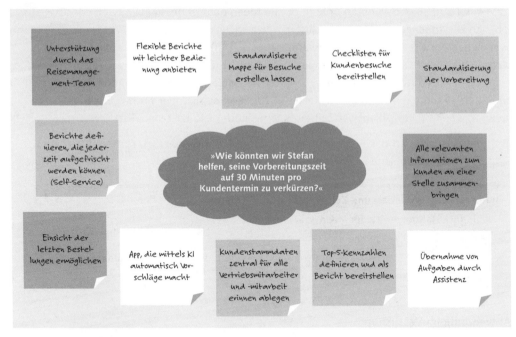

Abbildung 6.4 Beispiel für ein Brainstorming-Ergebnis

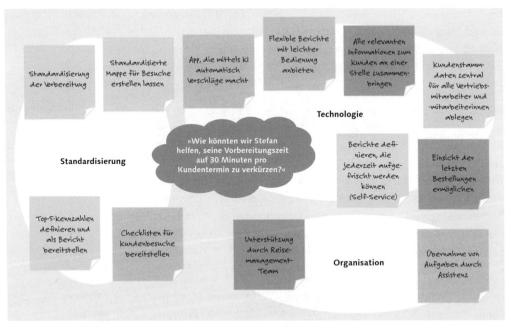

Abbildung 6.5 Das Brainstorming-Ergebnis nach der Gruppierung der Ideen

6.2.6 Anti-Problem

Menschen fällt es wohl leichter, Gründe zu finden, warum etwas ganz schrecklich sein könnte, als Gründe dafür, dass es schön sein könnte. Diesen Umstand machen wir uns bei der Methode »Anti-Problem« zunutze.

Beschreibung der Methode

Meine Beschreibung der Methode ist durch die von Gray/Brown/Macanufo (siehe Dave Gray/Sunni Brown/James Macanufo: Gamestorming, 2011, S. 84) und von Ingrid Gerstbach (siehe Ingrid Gerstbach: 77 Tools für Design Thinker, 2017, S. 226) vorgestellten Methoden inspiriert. Die Methode »Anti-Problem« funktioniert also wie folgt:

1. Wir kehren im ersten Schritt die Fragestellung exakt ins Gegenteil um. Aus »Wie könnten wir die Schüler unterstützen, ein besseres Lernerlebnis beim Unterricht im Klassenverbund zu erreichen?« wird »Wie könnten wir verhindern, dass Schüler ein besseres Lernerlebnis beim Unterricht im Klassenverbund erreichen?«

2. Die Teilnehmenden sammeln möglichst viele Ideen zur Fragestellung. Dieser Schritt entspricht z. B. dem klassischen Brainstorming (siehe Abschnitt 6.2.5, »Brainstorming«).

3. In der nächsten Phase schreibt das Team nun für jeden einzelnen Haftnotizzettel, den es vorher geschrieben hat, einen neuen, der exakt das Gegenteil, also eine positive Umkehrung des Problems, beschreibt.

Dadurch ergibt sich aus der Umkehrung der negativen Impulse in der Regel eine ganze Reihe positiver Ideen. Impulse sowie auch Aspekte, die das Team ganz stillschweigend für selbstverständlich hält, werden so oft erst bewusst gemacht. Dieses fällt z. B. deutlich bei der Planung einer Party auf, wenn dann aus »Keiner der Eingeladenen kommt vorbei!« der neue Zettel mit »Alle Eingeladenen kommen!« wird.

Manchmal ergibt die 1:1-Umkehrung keinen Sinn, wenn sich, um im Beispiel zu bleiben, bei der Planung einer Party aus den Haftnotizzetteln »Kein Alkohol vorhanden« und »Nur alkoholische Getränke vorhanden« durch die Umkehrung wieder dieselben Zettel ergeben. Ich finde es daher sinnvoll, die Umkehrung 1:1 durchzuführen und dann eine Nachbearbeitung vorzunehmen, bei der Zettel umformuliert und ggf. mehrere zusammengefasst werden, sodass der Sinn der Ideen besser eingefangen wird. Dies könnte in dem Beispiel zu »Sowohl alkoholische als auch nicht alkoholische Getränke vorhanden« oder zu »Vielfältige Getränkeauswahl« führen.

> [⸫] **Anti-Problem: Material- und Zeitbedarf**
>
> ▸ ein Block Haftnotizzettel für jeden Teilnehmenden
>
> ▸ ein Stift für jeden Teilnehmenden
>
> ▸ ein bis zwei Blätter Flipchart-Papier pro Gruppe
>
> ▸ mindestens 30 Minuten (20 Minuten Brainstorming + zehn Minuten Umkehrung und Nachbearbeitung)

Anwendung im Workshop

Im Workshop mit Martin nimmt sich das Team die WKW-Frage »Wie könnten wir Stefan helfen, seine Vorbereitungszeit auf 30 Minuten pro Kundentermin zu verkürzen?« vor. Um die direkte Umkehrung »Wie könnten wir Stefan daran hindern, seine Vorbereitungszeit auf 30 Minuten pro Kundentermin zu verkürzen?« noch weiter zu überspitzen, ändert das Team in Rücksprache mit Martin die Formulierung zu: »Wie könnten wir dafür sorgen, dass Stefan erheblich mehr Vorbereitungszeit pro Kundentermin benötigt?« Dazu führt das Team ein Brainstorming mit einer Dauer von 20 Minuten durch. Das Ergebnis ist in Abbildung 6.6 dargestellt.

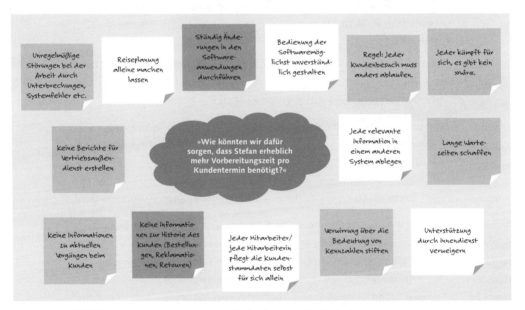

Abbildung 6.6 Brainstorming zur Methode »Anti-Problem«

Im nächsten Schritt teilt das Team die Haftnotizzettel untereinander auf. Dann schreibt jeder für die Haftnotizzettel auf seinem Stapel das Gegenteil auf und hängt den Haftnotizzettel auf ein neues Blatt Flipchart-Papier, auf dem die wieder umgekehrte WKW-Frage im Mittelpunkt steht. Das Ergebnis ist in Abbildung 6.7 dargestellt.

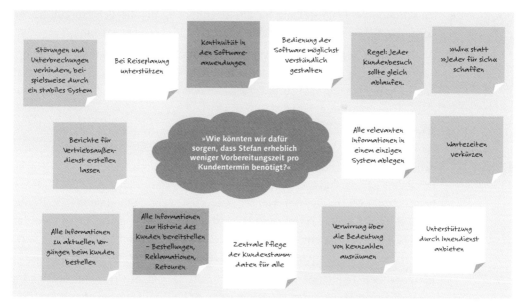

Abbildung 6.7 Das Ergebnis der Methode »Anti-Problem«

Zuletzt prüft das Team die Formulierungen auf ihre Sinnhaftigkeit und diskutiert kurz, ob die Ergebnisse gruppiert werden sollen. Das Team entscheidet sich aufgrund der geringen Anzahl an Ideen dagegen, sodass diese Session nun abgeschlossen ist.

6.2.7 Brainwriting

Brainwriting ist eine Methode, die auch den eher stillen und zurückhaltenden Teilnehmerinnen und Teilnehmern eine Möglichkeit gibt, ihre Ideen einzubringen.

Beschreibung der Methode

Beim Brainwriting arbeitet zum einen jeder für sich im Stillen. Zum anderen baut jeder auf den Ideen der anderen auf. Durch die Arbeit im Stillen kann auch die Angst vor Bewertung beim Brainwriting gemildert werden. Auf diese Weise ist das, was die Teilnehmenden aufschreiben, nicht unmittelbar »öffentlicher« Bewertung ausgesetzt. Die Methode wurde von Horst Geschka entwickelt und ist auch als »6-3-5«-Methode bekannt. Diese Bezeichnung steht für sechs Personen, drei Wechsel und fünf Minuten Zeit. Ich verwende sie gerne wie folgt:

1. Die Teilnehmenden werden in Gruppen von etwa sechs Personen eingeteilt.
2. Sie bekommen vorgefertigte Zettel ausgehändigt. Auf jedem Blatt sind so viele Felder wie Teilnehmende pro Gruppe vorgesehen. Am besten klebt auf jedem Feld ein Haftnotizzettel, sodass die Ideen später leicht zusammengetragen und gruppiert werden können.

3. Ich schreibe die Fragestellung für die Ideenfindung für alle sichtbar auf. In der Regel handelt es sich um eine »Wie-könnten-wir …?«-Fragestellung.

4. Die Teilnehmenden bekommen ein paar Minuten Zeit, ihre Ideen zur Beantwortung der Frage aufzuschreiben. Jeder füllt dabei nur ein Feld auf seinem Zettel und formuliert seine Idee so präzise wie möglich, sodass sie schnell und ohne zusätzliche Erläuterungen verständlich ist.

5. Nach Ablauf der Zeit tauschen die Teilnehmenden die Zettel untereinander. Wenn du genauso viele Durchgänge machen willst, wie Teilnehmende in der Gruppe sind, dann sollten die Zettel reihum weitergereicht werden. Der Nachteil dabei ist, dass die Reihenfolge der Ergänzungen immer gleich ist. Daher finde ich die Methode interessanter, wenn bei sechs Teilnehmenden z. B. nur vier Felder auf jedem Zettel sind. Dies ist auch in der ursprünglichen Idee der Methode (sechs Teilnehmende – drei Wechsel) so vorgesehen. Bei dieser Variante tauschen die Teilnehmenden ihre Zettel beliebig untereinander aus.

6. Ich gebe den Teilnehmenden pro Durchgang jeweils etwas mehr Zeit als im vorangegangenen Durchgang, damit sie in Ruhe die Ideen der Vorgänger und Vorgängerinnen auf ihrem Zettel lesen und verstehen können, bevor sie eigene Ergänzungen formulieren.

7. Nach Ablauf der Zeit für die Methode sammle die Zettel aller Teilnehmenden ein. Hänge sie gut sichtbar an einer Wand als Galerie auf. Nun sollen sich die Teilnehmenden alle Zettel ansehen, bevor es mit dem Sortieren, Gruppieren und Bewerten der Ideen weitergehen kann.

Diese Beschreibung ist von Florian Rustler (siehe Florian Rustler: Denkwerkzeuge der Kreativität und Innovation, 2016, S. 152–153) und Ingrid Gerstbach inspiriert (siehe Ingrid Gerstbach: 77 Tools für Design Thinker, 2017, S. 194 ff.).

Brainwriting: Material- und Zeitbedarf

▶ vorbereitete DIN-A4- und DIN-A3-Zettel mit Haftnotizzetteln oder Kästchen

▶ ein Stift pro Teilnehmer(in)

▶ Klebeband für den Coach zur Erstellung der Galerie am Ende

▶ abhängig von der Anzahl der Wechsel: gut 10 bis 15 Minuten sind in der Regel auch für ungeübte Gruppen genug

Anwendung im Workshop

Beim Brainwriting im Workshop steht am Anfang die Frage: »Wie könnten wir Stefan helfen, schnell und komfortabel Notizen zu den Kundenbesuchen zu erfassen und diese organisiert abzulegen?« Coach Martin hat für diese Session für jeden Teilnehmenden ein DIN-A4-Blatt vorbereitet, auf dem sich die Fragestellung und vier leere Haftnotizzettel befinden. Ebenso hat er durch Pfeile kenntlich gemacht, in welcher Reihenfolge die Haftnotizzettel von der Gruppe beschrieben werden sollen, wenn der Zettel weitergereicht wird.

Das Team beginnt mit dem Ausfüllen der Zettel unter Zeitdruck. Ein Ergebnispapier nach dreimaligem Weitergeben ist in Abbildung 6.8 dargestellt. Dabei hat Daniel angefangen, dann den Zettel an Constantin weitergegeben. Dieser reicht den Zettel nach seiner Ergänzung an Kirsten und diese ihn schließlich an Thomas weiter. So kam die Idee zustande, dass Stefan einen Tablet-Computer mit einer Software nutzen könnte, die die handschriftlichen Notizen erkennt, aufbereitet und anschließend in strukturierter Form zum Kunden und dem Kundenbesuch in einem System ablegt.

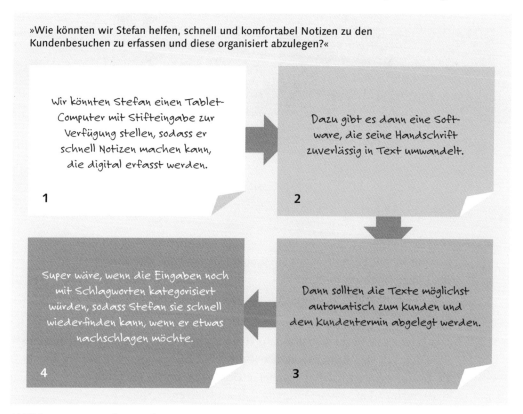

»Wie könnten wir Stefan helfen, schnell und komfortabel Notizen zu den Kundenbesuchen zu erfassen und diese organisiert abzulegen?«

1 Wir könnten Stefan einen Tablet-Computer mit Stifteingabe zur Verfügung stellen, sodass er schnell Notizen machen kann, die digital erfasst werden.

2 Dazu gibt es dann eine Software, die seine Handschrift zuverlässig in Text umwandelt.

4 Super wäre, wenn die Eingaben noch mit Schlagworten kategorisiert würden, sodass Stefan sie schnell wiederfinden kann, wenn er etwas nachschlagen möchte.

3 Dann sollten die Texte möglichst automatisch zum Kunden und dem Kundentermin abgelegt werden.

Abbildung 6.8 Eine Idee aus der Brainwriting-Session

Die zweite Gruppe aus Marion, Julia, Angelina und Eren entwickelte zu derselben Fragestellung eine andere Idee, basierend auf dem ersten Impuls, den Marion beim Brainwriting aufgeschrieben hat. Diese Idee ist in Abbildung 6.9 dargestellt.

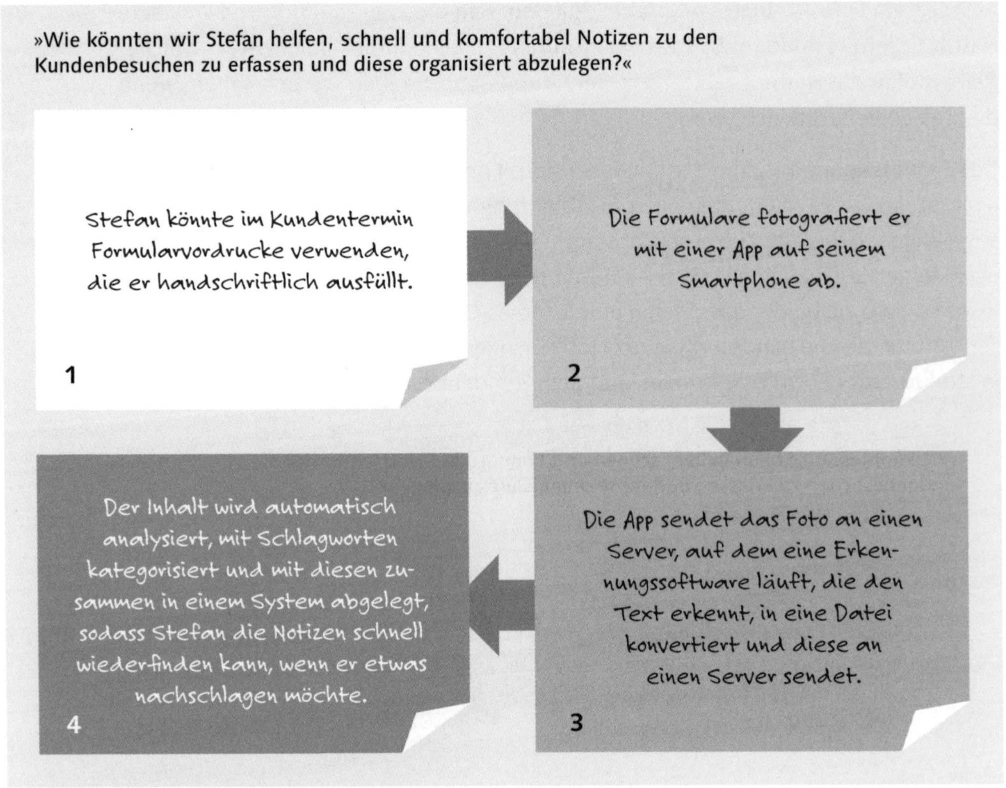

»Wie könnten wir Stefan helfen, schnell und komfortabel Notizen zu den
Kundenbesuchen zu erfassen und diese organisiert abzulegen?«

Stefan könnte im Kundentermin
Formularvordrucke verwenden,
die er handschriftlich ausfüllt.

1

Die Formulare fotografiert er
mit einer App auf seinem
Smartphone ab.

2

Der Inhalt wird automatisch
analysiert, mit Schlagworten
kategorisiert und mit diesen zusammen in einem System abgelegt,
sodass Stefan die Notizen schnell
wiederfinden kann, wenn er etwas
nachschlagen möchte.

4

Die App sendet das Foto an einen
Server, auf dem eine Erken-
nungssoftware läuft, die den
Text erkennt, in eine Datei
konvertiert und diese an
einen Server sendet.

3

Abbildung 6.9 Eine zweite Idee aus der Brainwriting-Session

Hier ist die Idee entstanden, dass Stefan in einen speziellen Vordruck handschriftlich mit einem gewöhnlichen Stift seine Notizen zum Kundenbesuch erfasst, das
Blatt über eine App fotografiert und dann eine Software die Handschrift erkennt,
den Inhalt identifiziert und die Informationen in einer Datenbank zum Kunden
ablegt.

Das Ergebnis ist bei beiden Ideen durchaus vergleichbar, aber der Weg dahin unter-
scheidet sich deutlich. Die zweite Gruppe ist überzeugt, dass Stefan ihre Idee
bevorzugen würde, weil er sich keine Gedanken um Technik, Akkus etc. machen
muss, während er sich beim Kundenbesuch Notizen macht.

6.2.8 Entwirf die Schachtel

Bei der Methode »Entwirf die Schachtel« erstellt jede Gruppe eine Verkaufsver-
packung für ihre Lösungsideen (siehe Dave Gray/Sunni Brown/James Macanufo:
Gamestorming, 2011, S. 168). Die Methode eignet sich für echte Produkte, aber

auch für Dienstleistungen. Auch abstrakte Lösungen für die Problemstellung werden durch die Erstellung einer fiktiven Verpackung greifbarer.

Diese Methode fördert die Kreativität. Die Teams konzentrieren sich auf bestimmte Eigenschaften der Produkte, ihren Nutzen für Kundinnen und Kunden sowie die Kommunikation ebendieser positiven Eigenschaften. Auch wenn Produktverpackungen sich in den letzten Jahren durch Firmen wie Apple vor allem durch schlichtes Design und absichtlich wenige Informationen auf den Verpackungen auszeichnen, sind den meisten von uns wohl die marktschreierischen Verpackungen der 90er-Jahre als Inspiration für diese Aufgabe noch bestens in Erinnerung.

Beschreibung der Methode

In der einfachsten Variante erstellen die Gruppen ihre Verpackungen lediglich auf Papier oder am Whiteboard. In der aufwendigeren Variante kannst du mit reichlich Bastelmaterial punkten und die Kreativität der Gruppen noch mehr anregen.

Alternativ kann die Aufgabenstellung auch sein, anstelle einer Verpackung eine Werbeanzeige für das Produkt zum Abdruck in einer Zeitschrift zu entwerfen, vor allem, wenn nur wenig Bastelmaterial oder Zeit zur Verfügung steht.

Die Methode eignet sich meiner Meinung nach auch gut dazu, Ideen als Prototypen aus Pappe zu realisieren und begreifbar zu machen.

Entwirf die Schachtel: Material- und Zeitbedarf

- ▶ Flipchart-Papier oder Whiteboard pro Gruppe
- ▶ mehrere Stifte in verschiedenen Farben pro Gruppe
- ▶ Bastelmaterial wie Pappe, Klebstoff, Folie und Filz (optional)
- ▶ echte Produktverpackungen z. B. von Cornflakes oder anderen Alltagsprodukten (optional)
- ▶ 20 bis 30 Minuten für die Erstellung der Verkaufsverpackungen

Anwendung im Workshop

Im Workshop entwickelt die Gruppe Ideen zur Unterstützung des Außendienstes. Als Startpunkt für die Ideensammlung entwirft sie eine Schachtel für das Angebot an Werkzeugen und internen Dienstleistungen, das intern zur Unterstützung angeboten werden könnte. Verwendet werden Bastelmaterial, Papier und Stifte. Das Ergebnis ist eine Pappschachtel (ehemals eine Packung Filtertüten), mit deren Hilfe es dem Team viel leichter fällt, weitere Ideen zu sammeln, was das Wertangebot umfassen könnte. Abbildung 6.10 zeigt die Vorderseite dieser Schachtel, Abbildung 6.11 zeigt die Rückseite.

Das Team hat in der kurzen Session eine Sammlung von standardisierten Berichten, eine vereinfachte Erfassung von Notizen und die Unterstützung durch Spezialisten bei der Reiseplanung als wesentliche Elemente der Lösung identifiziert. Auf Basis der Pappschachtel könnte das Team nun diese Ideen weiter ausarbeiten. Die Erstellung der Schachtel half dem Team, sich auf die wesentlichen Punkte zu konzentrieren. Bei einem physischen Produkt würde man die Eigenschaften auf die Verpackung schreiben, die die Idee am besten und überzeugendsten beschreiben.

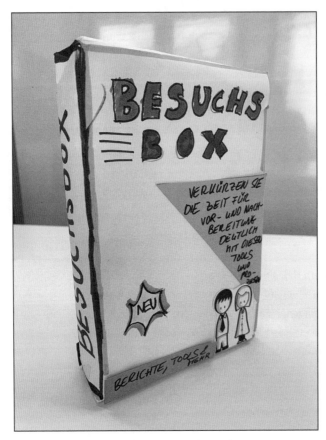

Abbildung 6.10 Die Vorderseite der Schachtel

Die Rückseite verrät ein paar Bestandteile des Lösungspakets zur Unterstützung der Außendienstmitarbeiter(innen):

▶ vordefinierte Berichte (da heute alle Berichte gezielt und einzeln angefordert werden müssen)

▶ Unterstützung bei der Reiseplanung (durch erfahrene Kolleginnen und Kollegen im Travel Management)

- alle Infos an einer Stelle (statt wie bisher über mehrere Systeme verteilt)

- Support-Hotline (wer Hilfe braucht, ruft dort an)

- Notizenschnellerfassungstool (um schnell und komfortabel Notizen zu den Besuchen zu erfassen)

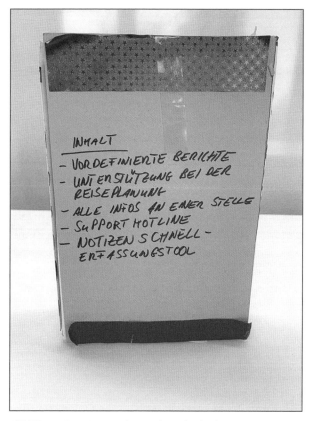

Abbildung 6.11 Die Rückseite der Schachtel

Schachteln für Jobs?

Eine kleine Anekdote aus der Praxis: Ich habe mal einen Workshop durchgeführt, bei dem mein Auftraggeber neue Erkenntnisse für ein zukünftiges *Employer Branding* gewinnen wollte, also dafür, wie er sich als Arbeitgeber potenziellen neuen Mitarbeitern und Mitarbeiterinnen gegenüber präsentieren könnte.

In dem Workshop brachte ich die Methode »Entwirf die Schachtel« in der Prototypen-Phase (siehe Abschnitt 6.4 »Prototyp bauen«) zum Einsatz. Die Teilnehmerinnen und Teilnehmer hatten die Aufgabe, für den Job in diesem Unternehmen eine Schachtel zu entwerfen, als wenn es sich dabei um ein Produkt handelte, das man anfassen und ins Verkaufsregal stellen kann.

Ich fand sehr spannend, was dabei herauskam: Alle Teilnehmenden waren Mitarbeitende des Unternehmens und machten sich im Rahmen der Aufgabe bewusst, mit welchen »Verkaufsargumenten« sie zukünftige Kolleginnen und Kollegen für das Unternehmen gewinnen könnten. Es lohnt sich also, auch mal Verpackungen für Dinge zu entwerfen, die an sich gar keine haben.

6.2.9   Titelgeschichte

Manchmal bleiben die Teams bei der Ideenfindung sehr nah an dem, was sie bereits aus ihrer Praxis kennen. Das ist die richtige Gelegenheit, um die Kreativität mit einer besonders spielerischen Methode anzuregen. Neben »Entwirf die Schachtel« gehört auch die Methode »Titelgeschichte« dazu (siehe Dave Gray/Sunni Brown/James Macanufo: Gamestorming, 2011, S. 91–93).

Beschreibung der Methode

Bei der Methode »Titelgeschichte« bekommt jedes Team ein sehr großes Blatt Papier (mindestens zwei Blätter Flipchart-Papier) oder einen Bereich auf einem großen Whiteboard mit den Kategorien »Titelseite«, »Überschriften«, »Seitenleisten«, »Zitate«, »Einfälle« und »Bilder«. Diese am Aufbau einer Zeitungsseite orientierten Bereiche helfen dem Team, sich großartige Ideen einfallen zu lassen, diese zu strukturieren und nachher in einer kurzen Präsentation den anderen Gruppen vorzustellen. Die Bereiche sind wie folgt gedacht:

- **Titelseite**
  Der große Aufhänger, das Thema. Idealerweise ist dieses eine große Erfolgsgeschichte des eigenen Unternehmens.

- **Überschriften**
  Die Fakten zur Geschichte auf den Punkt gebracht. Was ist die Quintessenz der Erfolgsgeschichte?

- **Seitenleisten**
  Welche Teile der Geschichte sind es wert, hervorgehoben zu werden?

- **Zitate**
  Passende Zitate von außenstehenden oder beteiligten Personen zur Titelgeschichte. Hier könnten z. B. Mitarbeitende, Wettbewerber oder Kundinnen und Kunden zu Wort kommen.

- **Einfälle**
  Welche Ideen stecken hinter der Titelgeschichte? Welche sind die wesentlichen Errungenschaften?

▸ **Bilder**

  Zu jeder guten Geschichte gehören Bilder – Fotos, Skizzen oder Grafiken. Hier ist alles erlaubt, was die Geschichte unterstreicht und begreifbar macht.

Wichtig ist bei diesem Spiel, die Phantasie anzuregen und möglichst offen für Ideen zu sein, d. h., limitierende Faktoren wie Realismusanspruch, Budget, Produktionskapazitäten oder verfügbares Personal spielen keine Rolle. Mit diesem Spiel wollen wir herausfinden, welche großen Ideen das Team verfolgt, welche Wünsche und Bedürfnisse erfüllt werden sollen.

Zum Abschluss der Einheit stellt jedes Team in einer Präsentation die eigenen Ergebnisse vor. Dabei geht es vor allem um Optimismus, Ziele und Wünsche, die das Team mit der Titelgeschichte ausdrückt. Aus diesen können wertvolle Ideen für das weitere Vorgehen gewonnen werden. Die Methode eignet sich meiner Meinung nach auch besonders gut dazu, Ideen als Geschichte zu erzählen und sie Nutzerinnen und Nutzern als Prototyp begreiflich zu machen.

Titelgeschichte: Material- und Zeitbedarf

▸ Vorlagen pro Gruppe, die du als Coach vorab erstellst, mit den Bereichen Titelseite, Überschriften, Seitenleisten, Zitate, Einfälle und Bilder

▸ Stifte in verschiedenen Farben pro Gruppe

▸ Zeitschriften (oder einen PC mit Internetzugang und Drucker) zur Beschaffung passenden Bildmaterials

▸ Klebstoff und Scheren für jede Gruppe

▸ 30 bis 45 Minuten für die Gruppenarbeit + anschließende Präsentationen (fünf bis zehn Minuten pro Gruppe)

Anwendung im Workshop

Das Team gestaltet die Titelseite des internen Mitarbeitermagazins mit der Titelgeschichte »Endlich da: die Datenplattform für alle Aktivitäten im Außendienst!« als Lösung für die Problemstellung, wie man Stefan helfen könnte, seine Vorbereitungszeit für die Kundenbesuche deutlich zu reduzieren, Kundenbesuche komfortabel durchzuführen, sie zu dokumentieren und schnell nachzubereiten. Neben der Titelseite entwickelt das Team auch Überschriften, Punkte für die Seitenleiste und Zitate, die im Zusammenhang mit der erfolgreichen Einführung der neuen Datenplattform stünden (siehe Abbildung 6.12).

Coach Martin stellte dem Team reichlich Bastelmaterial, große Haftnotizzettel in mehreren Farben, Stifte, Klebeband und eine Rolle Flipchart-Papier zur Verfügung. Das Team fokussierte sich bei der Lösungsidee auf die Datenintegration und darauf, Stefan über leicht verfügbare Berichte und die Standardisierung von Auswertungen eine Zeitersparnis zu verschaffen.

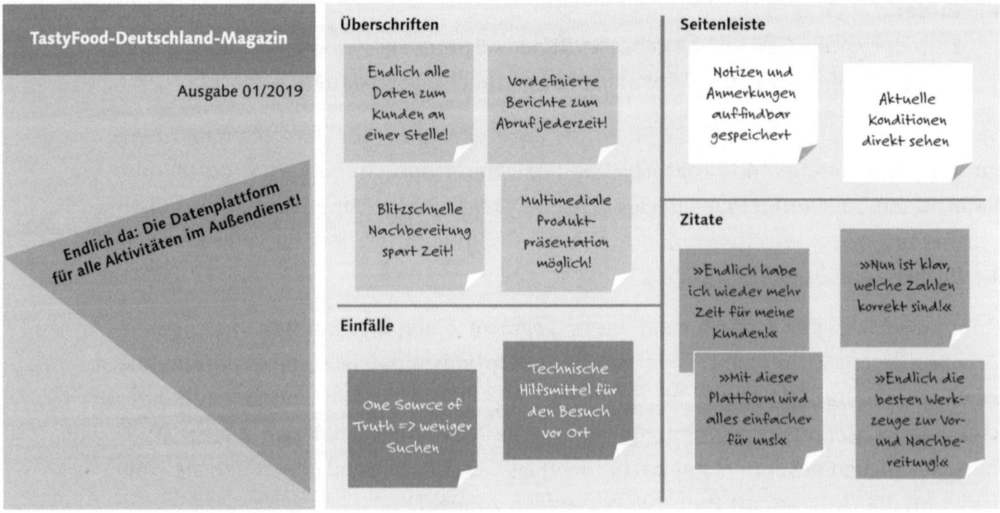

Abbildung 6.12 Beispiel für eine Titelgeschichte

6.2.10   Analogiebildung

Bei der Methode »Analogiebildung« schaut man in andere, aber ähnliche Situationen und Bereiche, um das aktuelle Problem zu lösen.

Beschreibung der Methode

Die Methode findest du z. B. bei Florian Rustler (siehe Florian Rustler: Denkwerkzeuge der Kreativität und Innovation, 2016, S. 174–175). Die folgende Beschreibung ist daran angelehnt: Ausgangspunkt für die Ideensammlung ist wieder eine WKW-Frage aus der Discover-Phase. Die Gruppe formuliert diese Frage nun gemeinsam in abstrakterer Form neu.

Dann sammelt die Gruppe mindestens vier Bereiche, auf die dieselbe Fragestellung auch zutrifft. Anschließend überlegt die Gruppe, wie in den jeweiligen Bereichen das Problem gelöst wurde. Diese Lösungsideen werden gesammelt und im nächsten Schritt daraufhin geprüft, ob sie sich auf das eigene Problem übertragen lassen. So ergeben sich durch die Übertragung in einen anderen Kontext neue Ideen zur Lösung der eigenen Fragestellung.

Chirurgen und Chirurginnen eines Londoner Krankenhauses haben sich z. B. von den Boxenstopps in der Formel 1 inspirieren lassen, um ihre Abläufe im Operationssaal zu verbessern (siehe Katrin Nürnberger: Boxenstopp im OP: Formel 1 hilft Ärzten. In: *http://s-prs.de/670337*).

Analogiebildung: Material- und Zeitbedarf

▶ Flipchart-Papier oder Whiteboard

▶ Haftnotizzettel für jeden Teilnehmenden

▶ Stifte pro Teilnehmer(in)

▶ ggf. PC mit Internetzugang für Recherchen

▶ 20 bis 60 Minuten

Anwendung im Workshop

Die Ausgangsfragestellung für die Gruppe lautet: »Wie könnten wir Stefan helfen, seine Kundenbesuche schneller und einfacher durchzuführen?« Dies formuliert die Gruppe um: »Wie sehen Kundenkontakte in verschiedenen Situationen und Branchen aus?« Die Gruppe sammelt die Kontexte, auf die diese Fragestellung auch zutrifft, und analysiert sie daraufhin genauer. Sie lauten:

1. **Arztvisite im Krankenhaus**
   Bei der Arztvisite im Krankenhaus kommt der Arzt oder die Ärztin zum Patienten, um sich einen Eindruck von dessen Gesundheitszustand zu machen und um ggf. weitere Maßnahmen zu besprechen. Dazu bekommt der Arzt bzw. die Ärztin auf einem Klemmbrett oder Tablet-Computer alle wichtigen Informationen an die Hand. Auch kann er/sie die begleitenden Assistenzärzte oder Pfleger nach Details zum Patienten fragen.

2. **Kunde fragt Mitarbeiter im Baumarkt**
   Der Kunde im Baumarkt fragt die Mitarbeiterin oder den Mitarbeiter um Rat: Er möchte wissen, wo er bestimmte Produkte findet, ob sie vorrätig sind oder wie er ein aktuelles Problem lösen kann. In der Regel dauert dieser Kundenkontakt, wie die Arztvisite, nur wenige Minuten. Die Gruppe findet heraus, dass ihrer Erfahrung nach der Baumarktmitarbeitende die meisten Fragen aus dem Kopf beantworten kann und dafür keine Hilfsmittel benötigt. Falls er doch mal nicht weiterweiß, fragt er eine Kollegin oder einen Kollegen, schaut auf der Produktverpackung nach oder geht an den Computer und sucht mit Stichwörtern ein passendes Produkt. Der Kunde empfindet es als sehr vorteilhaft, dass er die meisten Produkte direkt mitnehmen und sie sichten und anfassen kann.

3. **SAP-Unternehmensberater vor Ort beim Kunden**
   Der SAP-Berater oder die SAP-Beraterin kommt zum Kunden und berät ihn typischerweise bei fachlichen Fragen, nimmt an Workshops teil oder implementiert Lösungen mithilfe von SAP-Software. Viele Fragen der Kunden kann der Berater aus dem Kopf beantworten, bei allen anderen kann er sein fachliches Netzwerk per Mail oder Telefon um Rat fragen oder im Intranet und Internet nach einer Lösung suchen. Der SAP-Berater bzw. die SAP-Beraterin hat in der

Regel ein Notebook mit Internetzugriff dabei. Fragen und Aufgaben, die er/sie nicht sofort abhaken kann, werden aufgenommen und häufig später »remote«, d. h. im Büro, zu Hause oder im Hotel, bearbeitet.

4. **Staubsaugervertreter bei Privatkunden zu Hause**
   Der Staubsaugervertreter will seine Produkte verkaufen. Er kommt zum Kunden oder der Kundin nach Hause und demonstriert dort gerne seine Produkte. Bei Fragen kann er dem Klischee nach souverän antworten, solange es keine schwierigen Fragen sind. Er hat auch stets einen Stapel Broschüren und Handbücher im Gepäck, sodass er jederzeit nachschlagen könnte, wenn er mal nicht weiterweiß. Bestellungen des Kunden bzw. der Kundin nimmt er am liebsten sofort auf, bevor der- oder diejenige es sich anders überlegt.

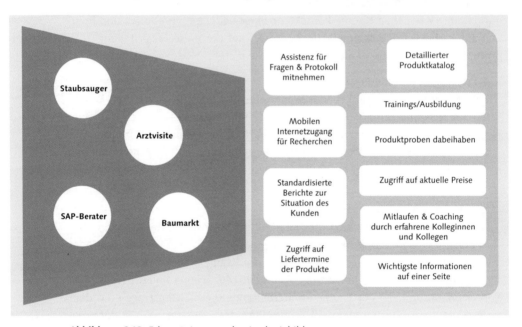

Abbildung 6.13 Erkenntnisse aus der Analogiebildung

Die Gruppe stellt (trotz aller Klischees) fest, dass die vier Beispiele weitere Impulse für die Verbesserung von Stefans Kundenbesuchen geben. Sie tragen die Erkenntnisse aus allen vier Bereichen zusammen. Sie sind in Abbildung 6.13 dargestellt und lauten wie folgt:

▶ Assistenz für Fragen und Protokoll mitnehmen

▶ mobiler Internetzugang für Recherchen

▶ standardisierte Berichte zur Situation der Kunden

▶ Zugriff auf Liefertermine der Produkte

- detaillierter Produktkatalog
- Trainings/Ausbildung
- Produktproben dabeihaben
- Zugriff auf aktuelle Preise
- Mitlaufen und Coaching durch erfahrene Kollegen und Kolleginnen
- die wichtigsten Informationen auf einer Seite

6.2.11 Kill the Company

Manchmal beflügelt das Aufheben von Beschränkungen, die heute im Unternehmen existieren, die Ideenfindung ganz massiv. Deshalb setze ich die Methode »Kill the Company« gerne in Workshops ein. Sie basiert auf der Grundidee der Methoden »Kill a stupid Rule« (siehe Ingrid Gerstbach: 77 Tools für Design Thinker, 2017, S. 219 f.) und »Kill your Company« (siehe Dark Horse Innovation: Digital Innovation Playbook, 2017, S. 193 ff.).

Beschreibung der Methode

Die Idee ist, Beschränkungen aufzuheben, um mehr und bessere Ideen zu finden und sich nicht durch Machbarkeit, Wirtschaftlichkeit oder andere Begrenzungen bei der Ideenfindung zu beschränken.

Bei der Methode »Kill a stupid Rule« geht man so vor, dass eine Regel des eigenen Unternehmens nach Besprechung der Teammitglieder untereinander für die Ideengenerierung ausgesetzt wird. Wenn es z. B. einen aufwendigen Genehmigungsprozess oder Budgetgrenzen gibt, werden im Folgenden Ideen so gesammelt und bewertet, als ob es diese Regel nicht gäbe.

Bei der Methode »Kill the Company« nimmt sich das Team viel Zeit, um sich in die Rolle eines kleinen, frischen Start-ups zu versetzen, das gezielt versucht, dem eigenen Unternehmen Marktanteile abzujagen. In meiner Variante von »Kill the Company« stelle ich dem Team die »Wie-könnten-wir …?«-Frage so, dass es annehmen soll, das »Wir« in der Frage sei ein kleines neues Start-up. Wie würde dieses die Problemstellung lösen (können)? Dann führt das Team zu ebendieser angepassten Fragestellung z. B. ein klassisches Brainstorming durch (siehe Abschnitt 6.2.5, »Brainstorming«). Grundsätzlich könnten alle Kreativitätstechniken aus diesem Kapitel zum Einsatz kommen, da für den wesentlichen Perspektivenwechsel lediglich die Fragestellung umformuliert wird.

Durch die Aufhebung der Restriktionen, die heute im Unternehmen bestehen, ergeben sich manchmal ganz neue Möglichkeiten, das Problem zu lösen. Auch wenn der Auftraggeber diese nicht direkt umsetzen kann, finde ich es wichtig, sich der Möglichkeiten bewusst zu werden und zu prüfen, welchen Teil davon man vielleicht doch schon umsetzen kann. Wer nie von einer Marslandung träumt, wird vielleicht nicht mal zum Mond fliegen.

Kill the Company: Material- und Zeitbedarf

▶ ein Blatt Flipchart-Papier oder ein Whiteboard pro Gruppe

▶ Stifte für jeden Teilnehmenden

▶ Haftnotizzettel für jeden Teilnehmenden

▶ 20 bis 30 Minuten

Anwendung im Workshop

Die Gruppe versetzt sich in die Lage eines Start-ups in derselben Branche und mit demselben Kundensegment. Dann sammeln die Teilnehmenden Ideen zur Frage, wie sie Kundenbesuche durchführen würden. Die Gruppe hat sich überlegt, dass ihr Start-up aus sehr talentierten Menschen mit frischem Geist und allen erforderlichen Fähigkeiten besteht, denn es geht hier ja darum, bestehende Beschränkungen aufzuheben. Dazu gehören auch der Zugang zu Wissen, Fähigkeiten und Mitarbeitenden. Da die Firma zudem mit reichlich Geld ausgestattet ist und sie über sehr gute Kontakte zu den Hochschulen verfügt, ist auch der Zugang zu den neuesten Technologien sichergestellt.

Nun sammelt die Gruppe in einem Brainstorming (siehe Abschnitt 6.2.5, »Brainstorming«) alles, was ihr zur Fragestellung einfällt. Immer daran denken: Quantität geht hier vor Qualität. Die Ergebnisse sind in Abbildung 6.14 dargestellt. Die Ideen der Gruppe sind wie folgt:

▶ Videoübertragungen statt Reisen zum Kunden nutzen für »persönliche« Gespräche

▶ automatischen Verkehrsmittelvergleich für die Reiseplanung inklusive automatischer Buchung anbieten

▶ Routenoptimierung mit Kalenderintegration durchführen lassen, sodass die Routen auch die Termine vorher und nachher berücksichtigen

▶ digitaler Assistent zur automatischen Durchführung der Folgeaktivitäten wie Vertragsweitergabe, Ablage der neuen Konditionen im System

▶ Notizenerfassung auf Papier mit Erkennung des Inhalts via App durchführen

▶ Notizen und Protokolle automatisch während des Gesprächs durch den Einsatz von künstlicher Intelligenz erstellen lassen

▶ Software ohne sichtbares User Interface – intelligente Sprachsteuerung nutzen

▶ 3-D-Hologramme aller Produkte live vorführen können

▸ Datenintegration in einer einzigen Plattform zusammenführen
  (möglichst wenige manuelle Schritte erforderlich)

▸ Geschmacksproben aller Produkte dabeihaben

Die Gruppe zieht ein positives Fazit: Es sind reichlich spannende und zum Teil natürlich auch sehr weit hergeholte Ideen dabei. Sie wird nun die einzelnen Ideen erneut sichten, besprechen und dann herausfiltern, was sich aus der Start-up-Situation in Stefans Welt übertragen lässt.

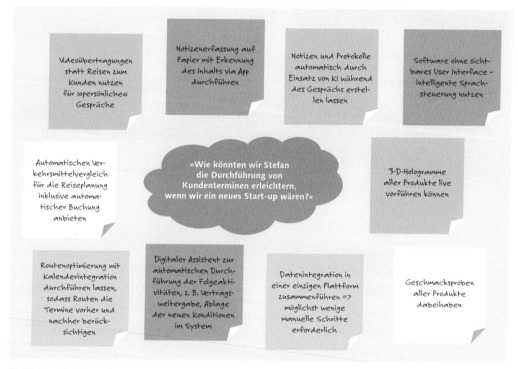

Abbildung 6.14 Ergebnisse aus der Ideenfindung als Start-up

6.2.12   Die verrückten 8

»Die verrückten 8« ist eine großartige Methode, um in wenigen Minuten gezielt über alternative Lösungsideen nachzudenken und diese schnell zu skizzieren.

Beschreibung der Methode

Jeder Teilnehmende bekommt ein DIN-A4-Blatt, das entweder bereits in acht gleich große Felder unterteilt ist, oder jeder unterteilt es durch dreimaliges Falzen selbst. Dann nimmt jeder Teilnehmende einen Fineliner, einen Kugelschreiber oder einen Bleistift zum Zeichnen. Sobald die Zeit läuft, beginnt jeder im Stillen für sich, eine Idee im ersten Kästchen zu skizzieren. Einer verrückt knappen Zeitvorgabe von nur sechzig Sekunden pro Kästchen verdankt die Methode ihren Namen. Sie findet sich z. B. bei Jake Knapp/John Zeratsky/Braden Kowitz (siehe Knapp/Zeratsky/ Kowitz: Sprint: Wie man in nur fünf Tagen neue Ideen testet und Probleme löst, 2017, S. 108–109).

Nach Ablauf der Zeit fürs erste Kästchen geht es genauso mit dem zweiten Kästchen und weiteren sechzig Sekunden weiter, so lange, bis alle acht Kästchen gefüllt sind. Dabei entscheidet jeder selbst, ob er Varianten derselben Idee oder verschiedene Lösungsideen skizziert. Perfektion ist in acht Minuten nicht zu erwarten, aber darum geht es dabei auch nicht. Durch die knappe Zeitvorgabe und die Begrenzung auf acht Ideen zwingt die Methode die Teilnehmenden dazu, schnell über mehrere Ideen nachzudenken.

Die verrückten 8: Material- und Zeitbedarf

▸ ein weißes DIN-A4-Blatt pro Teilnehmer(in)

▸ einen feinen Stift, z. B. einen schwarzen Fineliner, Kugelschreiber oder Bleistift pro Teilnehmer(in)

▸ acht Minuten + Erläuterung der Methode und ein paar Minuten zur Auswahl der besten Ideen nach dem Ablauf der Zeit

Anwendung im Workshop

Die Frage für die Gruppe lautet: »Wie könnten wir Stefan unterstützen, seine Kundenbesuche besser vorzubereiten, durchzuführen und nachzubereiten?« Abbildung 6.15 zeigt das Blatt eines Teilnehmers aus der Gruppe. Die auf dem Blatt skizzierten Ideen sind:

1. Unterstützung bei der Reiseplanung durch eine spezialisierte Abteilung

2. eine Anwendung als zentraler Zugangspunkt zu allen relevanten Informationen für den Kundenbesuch

3. ein Werkzeug, das automatisch Alternativen für die Reiseplanung ermittelt und darstellt

4. eine automatisiert erstellte Kundenmappe als PDF mit Berichten und Stammdaten, die die Vertriebsmitarbeiter(innen) vor dem Termin bekommen

5. eine App zum Scannen und Ablegen von handschriftlichen Notizen

6. Checklisten zur Unterstützung der Vorbereitung durch Standardisierung

7. Berichte, die sich Stefan selbst aktualisieren, anpassen und herunterladen kann

8. KI-Unterstützung zur automatischen Buchung von Hotelübernachtungen, Bahntickets und Flugtickets

Abbildung 6.15 Ein Workshop-Beispiel für die Methode »Die verrückten 8«

6.3 Übungen zur Ideenfindung

Nun ist es an der Zeit, das Gelesene zu üben und selbst auszuprobieren. Da ich dir hier einige Methoden vorgestellt habe, nimm dir die Zeit, deine spontanen Favoriten direkt auszuprobieren, bevor du mit dem nächsten Abschnitt über den Bau von Prototypen weitermachst.

197

⌜/⌟ **Übung: Warm werden**

Nimm dir ein DIN-A4-Blatt und einen Stift. Dann fülle das Blatt mit 30 handgemalten Kreisen, oder drucke dir die Vorlage aus dem Zusatzmaterial aus (Dateiname: *06_30_Circles_blanko.pdf*), das du auf der Webseite zum Buch unter *www.sap-press.de/4797* herunterladen kannst. Anschließend spiele das Warm-up-Spiel »30 Circles« durch (siehe Abschnitt 6.2.2, »Warm-up-Spiel ›30 Circles‹«). Damit kannst du einschätzen, wie offen du gerade für die Ideenfindung bist. Schau dir dein Ergebnis analytisch an: Wie viel Mühe hast du dir gegeben? Hast du Varianten einer Idee erdacht, oder hast du möglichst viele verschiedene Ideen umgesetzt? Ergibt dein Blatt Papier ein Gesamtwerk, oder steht jeder Kreis, jede Zeile, jede Spalte für sich?

⌜/⌟ **Übung: Ideenfindung durchführen**

Als Nächstes geht es wieder um deine Challenge aus den vorangegangenen Aufgaben: Wähle zwei Methoden aus diesem Kapitel aus, und wende sie nacheinander zu deiner Challenge an. Am besten geht das natürlich wieder mit einem Team von Leuten.

Ich wähle gerne Brainstorming oder Brainwriting als erste Methode und kombiniere diese mit einer ausgefalleneren Methode wie »Anti-Problem«, »Entwirf die Schachtel«, »Titelgeschichte«, »Kill the Company« oder »Die verrückten 8«, um weitere Ideen zu generieren, wenn der erste Ideensturm vorüber ist. Probier's doch auch mal aus!

6.4   Prototyp bauen

Im nächsten Schritt ist es wichtig, die besten und vielversprechendsten Ideen als niedrig aufgelöste Prototypen zu realisieren, um die Ideen dahinter weiterzuentwickeln und sie mit Nutzern und Nutzerinnen testen zu können. David Kelley sagte zum Thema Bauen: »Building is thinking with your hands.« (siehe Tim Brown: Tim Brown über Kreativität und Spiel. In: *https://youtu.be/RjwUn-aA0VY*. Ab ca. 16:45).

Der Test mit Prototypen ist heutzutage auch in vielen anderen Bereichen präsent, so testete etwa IKEA seinen vegetarischen Hot Dog in Form von Prototypen mit echten Kundinnen und Kunden im Einrichtungshaus in Malmö (siehe Nathalie Schmoll: Der vegetarische Hotdog. In: *http://s-prs.de/670338*).

Das Bauen in unseren Workshops ermöglicht den Nutzerinnen und Nutzern, die Ideen besser zu begreifen, und dem Team, sie besser zu durchdenken, als es in PowerPoint oder auf einem Flipchart möglich wäre. Etwas, das man anfassen kann, kann man besser begreifen – im wahrsten Sinne des Wortes. Auch wenn ein Prototyp nicht das Bedürfnis der Nutzer erfüllt, gewinnt das Team neue Erkenntnisse für die nächste Iteration. Getreu dem Motto *Fail early, fail often* geht es darum, schnellstmöglich Ideen mit Nutzern zu testen und schnellstmöglich zu erkennen, wenn das Team auf dem falschen Weg ist. Daher sind die niedrig aufgelösten und mit möglichst wenig Aufwand produzierten Prototypen ein ideales Mittel, um Nutzer-Feedback einzuholen.

Zum Bau von Prototypen ist in meinen Workshops alles erlaubt, was die Idee zur Lösung der Fragestellung begreifbar und verständlich macht. Das heißt, ob ein Prototyp mit Bastelmaterial oder mit digitalen Werkzeugen realisiert wird, überlasse ich den Arbeitsgruppen selbst. Abbildung 6.16 zeigt ein paar Beispiele für Prototypen.

Meine persönliche Präferenz sind allerdings physische Prototypen etwa aus Papier, Pappe, gebaut aus LEGO oder zusammengestellt mit Scenes, weil wir sie anfassen und von allen Seiten begutachten können. Im Folgenden werde ich dir ein wenig mehr zu einigen Arten von Prototypen erzählen, sodass du dir selbst eine Meinung bilden und das entsprechende Material in deinen Workshops anbieten kannst.

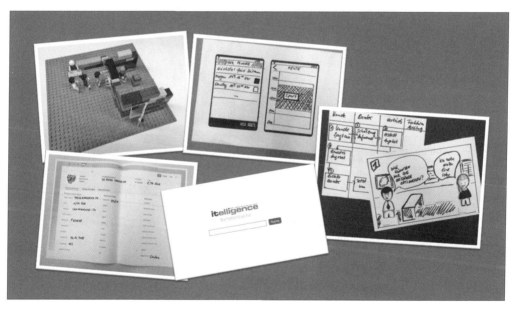

Abbildung 6.16 Beispiele für Prototypen

6.4.1   Scenes

Das Hilfsmittel Scenes von SAP habe ich dir ja bereits in Kapitel 2, »Was bietet SAP zum Thema Design Thinking an?«, vorgestellt. Nun geht es darum, Scenes für die Prototypen einzusetzen.

Mit den in Scenes enthaltenen Figuren, Hintergründen und Gegenständen kann das Team ganze Szenen und Abläufe visualisieren und seine Ideen als Geschichte erzählen. Die Anleitung und die Vordrucke für ein selbst gebasteltes Scenes-Kit werden von SAP Design kostenlos unter *http://s-prs.de/670323* als Download bereitgestellt. Es gibt auch eine digitale Variante für Präsentationen mit PowerPoint und ähnlichen Präsentationstools. Abbildung 6.17 zeigt ein Beispiel der digitalen Figuren.

Mit Scenes lassen sich einfache Abläufe ganz grob in Form von Geschichten aus wenigen Standbildern oder als live gespielte Szene darstellen, aber auch beliebig viele Details sind möglich. Das Kit enthält auch Karten für die Darstellung grafischer Oberflächen auf PCs, Smartphones und Tablet-Computern. Diese Karten sind im Original recht klein und daher eher für grobe Ideen verwendbar, aber du kannst die Vorlagen auch vergrößert verwenden, sodass die Gruppen damit sogar Details ihrer Anwendungen darstellen könnten. Alles ist möglich und das Scenes-Kit dafür eine großartige Starthilfe.

Abbildung 6.17 Digitale Scenes-Charaktere (Quelle: SAP)

Das Scenes-Kit ist in meinen Workshops sehr beliebt, sodass ich immer mindestens eines im Gepäck habe. Ich finde Scenes großartig, weil damit ein spielerischer Zugang möglich wird und die Teilnehmenden sich so eher trauen, etwas darzustellen, was sie nicht selbst malen oder basteln würden, weil sie es sich nicht zutrauen.

Neben der Verwendung für Prototypen kannst du das Team Scenes auch schon in den ersten Phasen zum Darstellen des Problems einsetzen lassen. Denn auch hier bringt eine Geschichte die Probleme oft schnell auf den Punkt, wie es vielleicht sonst nur ein Video oder ein Rollenspiel tun kann.

Scenes: Material- und Zeitbedarf

▸ pro Workshop mindestens ein komplettes Scenes-Kit (selbst gebastelt oder bei SAP bestellt)

▸ alternativ: Ausdrucke der SAP-Scenes-Figuren, -Hintergründe, -Sprechblasen und -Gegenstände auf 300g/m²-Papier zur einmaligen Verwendung

▸ alternativ: PCs mit dem digitalen Scenes-Foliensatz von SAP

Anwendung im Workshop

Im Workshop erstellt die Gruppe eine Geschichte mit Scenes, um ihre Ideen zur Unterstützung von Stefan darzustellen. Die Geschichte besteht aus vier Szenen, von denen die ersten beiden in Abbildung 6.18 und die letzten beiden in Abbildung 6.19 dargestellt sind. Alle Szenen sind dreidimensional auf jeweils einer magnetischen Bodenplatte arrangiert. Die einzelnen Bestandteile sind folienbeschichtet und werden teilweise mit einem abwischbaren Stift beschriftet und bemalt.

In der ersten Szene sitzt Stefan im Büro seines Arbeitgebers am Schreibtisch und denkt darüber nach, dass er den Kundentermin für morgen bei der MaBu AG noch vorbereiten muss. Die Szene besteht aus einem Hintergrund (Büro), einem Schreibtisch mit Monitor, einer Figur für Stefan (mit einem gemalten Lächeln), einer Gedankenblase für Stefan und dem Szenenaufsteller, der eine kurze Beschreibung der Szene enthält.

Die zweite Szene besteht aus demselben Hintergrund, der Figur für Stefan, einem überdimensionierten Notebook und dem Szenenaufsteller. Auf dem Bildschirm des Notebooks ist ein Menü der neuen Softwareanwendung skizziert. Sie bietet die Menüpunkte »Reiseplanung«, »Konditionen sehen«, »Berichte ausführen« und seinen Kalender. Nach der Vorstellung der Gruppe hat Stefan auf seinem PC alle erforderlichen Werkzeuge zur Vorbereitung des Termins in dieser Oberfläche im Zugriff.

Abbildung 6.18 Die erste und zweite Szene der Scenes-Geschichte (Made with Scenes)

201

In der dritten Szene sieht man, wie Stefan mit dem Auto zum Kunden fährt. Die Szene besteht aus einem Hintergrund, der aus drei einzelnen Firmengebäuden besteht, einem Wegweiser, einem Auto und dem Szenenaufsteller, auf dem eine grobe Beschreibung der Szene steht. Auf die Magnetplatte malt die Gruppe auch eine Straße, die zu den Gebäuden hinführt, und einen Parkplatz, um die Szene noch anschaulicher zu machen.

In der vierten und letzten Szene ist Stefan beim Kunden vor Ort. Die Szene besteht aus einem Besprechungsraum-Hintergrund, einem Szenenaufsteller, den Figuren für Stefan und Herrn Stanberger von der MaBu AG und einem großen Aufsteller für den Tablet-Computer, den Stefan mitgebracht hat. Darauf hat er Zugriff auf die neue Softwareanwendung, die ihn bei der Durchführung der Kundenbesuche unterstützt. Das Menü, das die Gruppe auf dem Aufsteller skizziert hat, hat die Menüpunkte »Preise«, »Protokoll KI«, »Bestellungen anlegen« und »Umsatzentwicklung«.

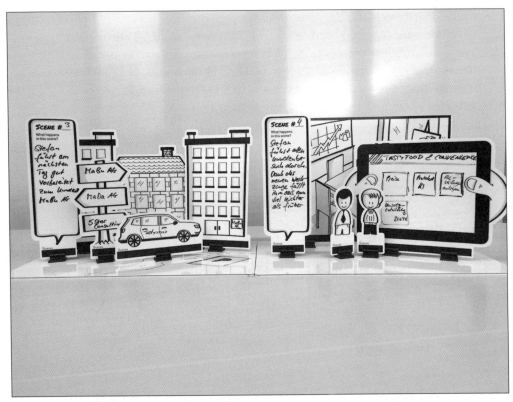

Abbildung 6.19 Die dritte und vierte Szene der Scenes-Geschichte (Made with Scenes)

Die Gruppe präsentiert diese Geschichte, indem sie sie mit Scenes live vorspielt, sodass die Geschichte lebendig wird und im Gedächtnis bleibt.

6.4.2 Bauen mit LEGO

Wenn ich morgens mit der LEGO-Kiste beim Workshop ankomme, ernte ich oft irritierte und ungläubige Blicke. LEGO gehört für viele in der Geschäftswelt nicht in eine ernsthafte Veranstaltung. Ich liebe es, das Gegenteil zu beweisen. Spätestens wenn für die Prototypen alles erlaubt ist, was die Ideen den anderen begreiflich macht, sehe ich viele Augenpaare leuchten, wenn die Teilnehmenden dann LEGO einsetzen. LEGO weckt den Spieltrieb und damit das kreative Kind in uns. Über den Zusammenhang von Spiel und Kreativität habe ich in diesem Buch ja schon zuvor ein paar Worte geschrieben.

Ich habe üblicherweise eine Kombination von LEGO-Basissteinen (also den Klassiker-Steinen) und einem Basis-Set LEGO-DUPLO-Steine dabei. Viele wissen gar nicht, dass die DUPLO-Steine ebenfalls perfekt auf die Grundplatten und Steine von LEGO passen, sodass man durch die Kombination von LEGO und DUPLO sehr viel mehr Möglichkeiten hat.

In der Regel bauen die Teilnehmenden relativ einfache Dinge mit den Steinen, um bestimmte Aspekte der Story darzustellen. Wesentlich sind dabei die verwendeten Figuren, denn bei Design-Thinking-Fragestellungen steht ja immer der Mensch im Mittelpunkt. Ich empfehle dir deshalb, stets einen Satz Figuren dabeizuhaben. Gute Erfahrungen habe ich mit dem Set »Berufe« gemacht, wobei neutrale Figuren noch besser sind, da sie noch weniger vom Inhalt oder der erzählten Story ablenken. Manchmal beflügelt es aber auch die Phantasie des Teams gewaltig, wenn der Nutzer z. B. durch eine Batman-Figur dargestellt wird.

LEGO und LEGO DUPLO: Material- und Zeitbedarf

Für Workshops empfehle ich mindestens:

- eine LEGO-Steine-Box (ca. 800 bis 1.000 Teile)
- eine LEGO-DUPLO-Steine-Box (ca. 60 Teile)
- vier LEGO-Grundplatten
- zehn Mini-Figuren

Anwendung im Workshop

In unserem Workshop schlägt das Team vor, dass Stefan durch den Einsatz einer Augmented-Reality-Brille beim Kundenbesuch unterstützt wird. Er bekommt im Display direkt aktuelle Daten zum Kunden eingeblendet, dazu Routeninformationen für die Reise, seine nächsten Kalendereinträge und die Konditionen für die Produkte, die er dem Kunden gewähren kann. Darüber hinaus ist die Software in der Lage, Artikel aus dem TastyFood-Sortiment bei der Begehung vor Ort zu erkennen, sodass leicht dokumentiert werden kann, welche Produkte sich im Verkaufsraum befinden und wie sie präsentiert werden. Dies sind nur ein paar der Ideen, die dem Team eingefallen sind. Abbildung 6.20 zeigt den Prototyp mit LEGO-Steinen. Durch das LEGO-Modell wird die Idee leicht verständlich und anschaulich dargestellt.

Abbildung 6.20 Die Unterstützung des Außendienstes mit einer Augmented-Reality-Brille

6.4.3   Bastelprototyp

Prototypen aus Papier, Pappe und anderen Bastelmaterialien eignen sich auf den ersten Blick vor allem, wenn es um die Entwicklung echter physischer Produkte geht. Sie sind aber auch hervorragend geeignet, um digitale Produkte begreifbar zu machen (wie auch die Methode »Entwirf die Schachtel«, siehe Abschnitt 6.2.8, »Entwirf die Schachtel«). Auch wenn Prototypen aus Bastelmaterial manchmal trivial erscheinen, tragen sie meiner Meinung nach eine Menge zum Verständnis der Ideen bei.

In einem Workshop haben die Teilnehmenden mit Papier und Draht Szenarien für den Einsatz einer Augmented-Reality-Brille (AR) gebaut. Durch die Prototypen auf und aus Papier wurden die Einsatzmöglichkeiten schlagartig begreifbarer. Dabei skizzierte die Gruppe mit Draht das Brillengestell. Auf Papier malten die Teilnehmenden das User Interface, das der Nutzer der AR-Brille sehen würde. Das Papier wurde dabei von einem Mitglied der Gruppe vor dem Brillenträger hochgehalten, sodass sich alle vorstellen konnten, was er wohl sehen würde. Abbildung 6.21 vermittelt dir einen Eindruck aus diesem Workshop.

Abbildung 6.21 Bastelprototyp für eine Augmented-Reality-Lösung

Prototypen aus Papier: Material- und Zeitbedarf

Für Workshops empfehle ich alles, womit sich prima basteln lässt:

- Bastelbox mit Pappe, buntem Papier, Pfeifenreinigern, Filz, Holzstäbchen etc.
- Pappkartons, z. B. aus dem Versandhandel
- eine Spindel Draht
- vier bis sechs Klebestifte
- Fineliner, Kugelschreiber und andere Stifte zum Bemalen und Beschriften
- Scheren

Anwendung im Workshop

Die Gruppe hat sich im Ideenfindungsprozess überlegt, dass eine mobile Anwendung für Stefan ein gutes Hilfsmittel sein könnte. Also bastelt sie einen Prototyp aus Papier für eine App. Die Gruppe plant, diesen Prototyp mit Vertriebsmitarbeiter(inne)n zu testen.

Die ersten beiden User Interfaces des Prototyps sind in Abbildung 6.22 zu sehen: Von einer Einstiegsmaske mit einem Menü kann der Nutzer vier Funktionen aufrufen. Diese vier Menüpunkte sind:

1. Berichte zum Kunden

2. Reiseplanung

3. Produkte – Proben bestellen

4. Produkte – Katalog und 3-D-Modelle

Das zweite Pappmodell zeigt die Reiseplanung. Hier bietet die App dem Nutzer zwei Alternativen für die Reise von Köln nach Bielefeld an: mit dem Auto oder dem Zug. Es wird auch jeweils die Reisedauer angezeigt, und durch Tippen auf die Schaltfläche BUCHEN könnte der Nutzer die Buchung des Bahntickets bzw. des Mietwagens veranlassen. Die Idee dieser App ist es, für Stefan alle Hilfsmittel für den Kundenbesuch in einer Anwendung zusammenzuführen, um den manuellen Wechsel zwischen verschiedenen Medien, Apps und Systemen überflüssig zu machen.

Ein Prototyp aus Pappe kann die Abläufe und den Aufbau der App verständlich machen. Das gezeigte Beispiel ist natürlich noch grob und bedarf weiterer Ausarbeitung. Aber genau das ist ja das Schöne an den einfachen Prototypen: Sie sind perfekt, um die Idee den Nutzerinnen und Nutzern oder den Auftraggeber(inne)n vorzustellen. Hier könnte der Prototyp mit menschlicher Unterstützung sogar auch durch einen Nutzer oder eine Nutzerin bedient werden, sodass er oder sie eine Vorstellung dafür bekommen könnte, wie die App tatsächlich funktioniert. Das wäre dann allerdings eher die Methode »Wizard of Oz« (mehr dazu erfährst du in Abschnitt 6.4.8, »Wizard of Oz«).

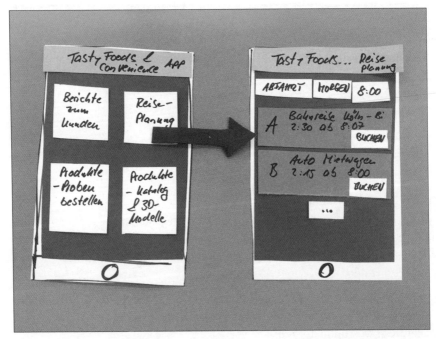

Abbildung 6.22 Prototyp aus Pappe zur Unterstützung der Außendienstmitarbeiter(innen)

6.4.4 Prototypen auf Papier

In meinen Workshops, die ja bisher aufgrund meiner Tätigkeit für ein IT-Beratungshaus fast ausschließlich zu IT-Themen stattgefunden haben, erstellen viele Gruppen Prototypen auf Papier. Sie visualisieren dabei Abläufe, Oberflächen von Softwareapplikationen auf Basis von SAP-Software oder mobilen Apps. Meine Praxis zeigt, dass jede Form der Visualisierung hilft, die Ideen des Teams zu verstehen, sie Nutzer(inne)n zu vermitteln und sie einer ersten Prüfung zu unterziehen. Durch die grafische Aufbereitung überdenkt die Gruppe die Lösungsidee von vorne bis hinten und findet im besten Fall schon dabei heraus, was funktionieren könnte, was vereinfacht werden könnte und wo Schwachstellen, Lücken und Denkfehler liegen – und auch wie wenig oft nur auf einen kleinen Bildschirm passen würde.

Da es bei SAP-Anwendern und -Anwenderinnen in der Regel um die Neu- oder Weiterentwicklung von Softwareanwendungen geht, spielt die Gestaltung von grafischen Oberflächen eine wichtige Rolle. Ich empfehle, für die Erstellung der Prototypen nach dem Workshop Fachleute für User Interface Design und User Experience (UX) dabeizuhaben, die helfen können, die Ideen in Oberflächen zu gießen. Es kann auch hilfreich sein, wenn die Experten das Team bereits im Workshop bei der Erstellung der Prototypen auf Papier oder mit SAP Build unterstützen.

Für die Gestaltung von User Interfaces basierend auf SAP-Software habe ich einen Stapel ausgedruckter Vorlagen dabei, die einen Rahmen für die Gestaltung von SAP-Fiori-Oberflächen darstellen. Ich empfehle mindestens DIN A3, besser noch DIN A2 für die Ausdrucke. Die Vorlagen geben dem Team Anhaltspunkte für den Aufbau von SAP-Oberflächen und unterstützen es dabei, sich auf die wesentlichen Inhalte beim Entwurf der Oberflächen zu konzentrieren.

Für meine Vorlagen zur Erstellung von SAP-Oberflächen habe ich Screenshots von SAP-Fiori-Oberflächen gemacht und diese in PowerPoint und mit Bildbearbeitungssoftware übermalt, um sie so leer wie möglich zu machen, sodass nur die Elemente bleiben, die den Inhalten einen Rahmen geben. Mit diesen Vorlagen hat es das Team zum einen leichter, schnell eine Oberfläche zu erstellen. Zum anderen können so Benutzeroberflächen erstellt werden, die tendenziell näher an den Möglichkeiten von SAP Fiori/SAP UI5 sind, als wenn das Team auf einem leeren Papier beginnt. In Abbildung 6.23 zeige ich dir ein paar Beispiele, die ich mit SAP Build erstellt habe. (Mehr darüber erfährst du in Abschnitt 6.4.5, »SAP Build«.)

Prototypen auf Papier: Material- und Zeitbedarf

Für Workshops empfehle ich:

- eine Rolle Flipchart-Papier (blanko)
- 10 bis 20 Ausdrucke SAP-Fiori-/SAP-UI5-Vorlagen
- Ausdrucke zur Gestaltung mobiler Oberflächen wie z. B. aus dem Scenes-Kit von SAP

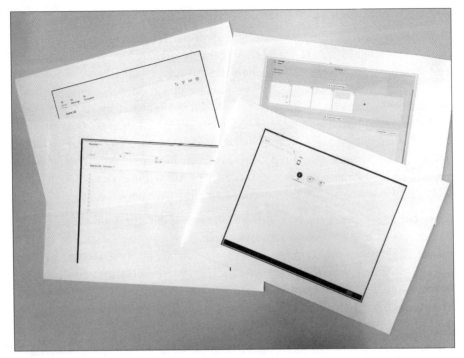

Abbildung 6.23 Mit SAP Fiori und SAP Build erstellte Vorlagen für Prototypen auf Papier

Anwendung im Workshop

Im Workshop erstellt die Gruppe einen einfachen Papierprototyp für eine App, die Stefan nutzen kann, um seine handschriftlichen Notizen zu digitalisieren. Dazu schreibt er seine Notizen auf einen speziellen Vordruck, der neben dem Feld für die Notizen auch ein Feld für den Namen des Kunden, Stefans ID in Form eines QR-Codes und ein Feld für das Datum enthält. Den Papierprototyp erstellte die Gruppe mit festem Papier, einem schwarzen Fineliner und einem Lineal. Also ganz einfach. Als Gimmick fügte die Gruppe einen QR-Code hinzu, der Stefan auf das Blatt gedruckt wird, sodass die Notizen Stefan zugeordnet werden können (siehe Abbildung 6.24).

Stefan verwendet dann eine neue App auf seinem Smartphone, um die Notizen zu fotografieren. Die App erkennt das Blatt Papier, die darauf enthaltenen Elemente, den QR-Code und den Inhalt des Textfeldes. Sie wandelt die handschriftlichen Notizen in digitalen Text um und legt diesen in einer Datenbank zur Kundennummer, dem Datum und unter Stefans ID ab.

Der Prototyp in Abbildung 6.25 ist aus Papier gebaut und verwendet gelbes Seidenpapier, um den Bereich anzudeuten, den die App als Notizzettel erkannt hat. Zusätzlich zum Scannen und der Texterkennung indiziert die App den Text. Damit kann Stefan seine Notizen nach Stichwörtern wiederfinden.

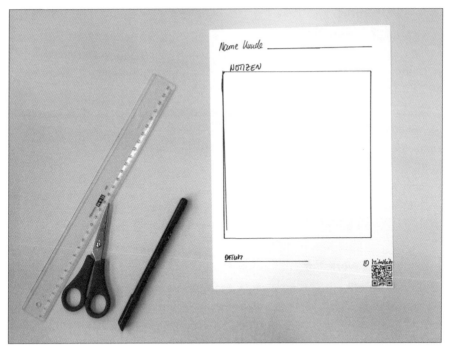

Abbildung 6.24 Papierprototyp für das Notizen-Formular

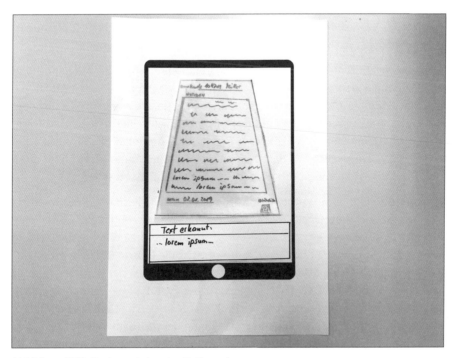

Abbildung 6.25 Papierprototyp der Notizen-App

6.4.5 SAP Build

Mit SAP Build kann das Team einen klickbaren Prototyp seiner Ideen skizzieren, erstellen, ihn testen und sich dazu Feedback von Nutzern und Nutzerinnen einholen. Mehr Informationen zu SAP Build habe ich dir bereits in Kapitel 2, »Was bietet SAP zum Thema Design Thinking an?«, gegeben.

> **SAP Build: Material- und Zeitbedarf**
>
> Für die Erstellung von Prototypen in SAP Build sind mindestens erforderlich:
>
> ► PC mit Internetbrowser und Internetzugang
>
> ► Benutzerkonto bei SAP Build
>
> ► Den Zeitbedarf kann ich hier nicht schätzen, da er je nach Aufgabenstellung und Erfahrungslevel der Teilnehmenden stark variiert.

Anwendung im Workshop

Die Gruppe erstellt mit SAP Build einen Prototyp für eine Softwareanwendung zur Unterstützung des Vertriebsaußendienstes. Im ersten Schritt legt die Gruppe die Persona zu Stefan in SAP Build unter PROJECTS • PERSONA an. Anschließend legt sie unter PROJECTS • PROTOTYPE den Prototypen für die Softwareanwendung an. Dabei wählt sie die Vorlage aus der Galerie aus.

Die Persona ist in Abbildung 6.26 dargestellt. Stefan ist der bereits aus Kapitel 5, »Ein Beispiel-Workshop – Phase ›Discover‹«, bekannte Außendienstmitarbeiter, der dem Team als Stellvertreter für die Nutzer dient.

Der Prototyp konzentriert sich darauf, für Stefan eine schlichte Integration von Notizen zum Kunden zu ermöglichen. Dabei geht es auch darum, dass Stefan die Notizen wiederfinden kann, und zwar dadurch, dass sie alle an einem Ort abgelegt werden. Die Anwendung besteht auf der linken Seite aus einer Liste aller Notizen, auf die zuzugreifen Stefan berechtigt ist. Rechts kann der Inhalt der jeweils ausgewählten Notiz eingesehen werden. Auch neue Notizen könnte Stefan über diese Anwendung erfassen. Dieser Prototyp ist in Abbildung 6.27 zu sehen.

Die Gruppe erstellt zum Prototyp eine Study und testet diese mit einer Handvoll Nutzerinnen und Nutzer aus dem Vertriebsaußendienst. Ein Beispiel für eine Anmerkung, die dabei gemacht wurde, zeigt Abbildung 6.28: Sie bezieht sich auf das Auswahlfeld für den Kunden und kritisiert, dass die Liste in der Dropdown-Box zu viele Kunden zeige. Dieses Feedback hilft der Gruppe bei der Verbesserung des Prototyps. Sie überlegt, für die nächste Version des Prototyps eine andere Möglichkeit zur Selektion der Kunden anzubieten. Doch für den ersten Test sind die Teammitglieder zufrieden, da die Teilnehmenden ihnen deutlich signalisiert haben, dass sich einige von ihnen eine IT-gestützte Erfassung von Notizen und die zentrale Ablage mit Datensicherung wünschen.

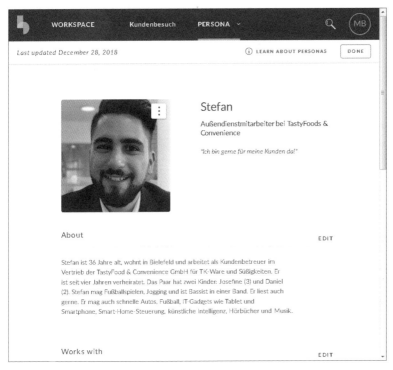

Abbildung 6.26 SAP Build – die Persona Stefan

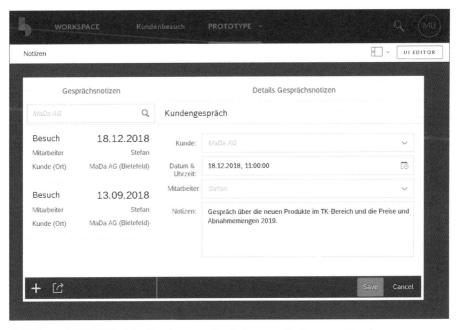

Abbildung 6.27 SAP Build – Einsehen und Bearbeiten von Notizen zum Kunden

211

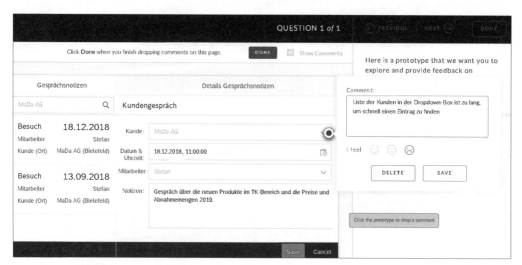

Abbildung 6.28 SAP Build – Study zum Prototyp

6.4.6   Rollenspiele

Rollenspiele eignen sich vor allem für die Darstellung von Abläufen und Prozessen. Dabei spielen die Mitglieder der Gruppe die Ideen in Form von Gesprächen und Handlungen durch, als wären sie echt. Durch die Interaktion mit einem Nutzer oder einer Nutzerin werden die Ideen klar und Lücken oder Irrtümer offenbar. Ja, das Durchspielen als Rollenspiel dauert mindestens so lange, wie die Interaktion im echten Leben dauern würde, aber der Aufwand kann sich lohnen: Die Darsteller(innen) oder die echten Nutzer(innen) helfen, die Lösungen zu testen. Dabei wären bei der Einbindung echter Nutzerinnen und Nutzer die beiden Schritte »Prototyp bauen« und »Validieren« direkt miteinander verbunden.

Um weitere Erkenntnisse zu bringen, könnten Rollenspiele mit echten Nutzern an den Orten durchgeführt werden, an denen auch die echte Interaktion stattfinden würde, z. B. in der Produktionshalle oder im Ladengeschäft. In der einfachen Variante genügt es, im Workshop-Raum eine Umgebung zu schaffen, die an die echte Umgebung erinnert.

Rollenspiele: Material- und Zeitbedarf

In der einfachsten Variante genügen oft ein paar Stühle, ein oder zwei Tische und ein paar Stellwände, um Kulissen darzustellen.

Anwendung im Workshop

Die Gruppe stellt in einer Szene dar, wie Stefan sich zukünftig auf einen Kundenbesuch bei der Firma Müller GmbH vorbereitet. Die Gruppe filmt dieses Rollenspiel mit dem Smartphone, um es den Auftraggebern zu zeigen und um die darin enthaltenen Ideen im Nachgang des Workshops mit echten Außendienstmitarbeiterinnen und -mitarbeitern zu validieren.

Stefan fährt sein Notebook hoch, startet den Browser und verbindet sich mit dem Intranet. Dort loggt er sich in die Anwendung VERTRIEBSAUSSENDIENST ein und kann nach Auswahl des Kunden, den er besuchen wird, auf alle Informationen zum Besuch zugreifen. Darunter finden sich Berichte zur Umsatzentwicklung, Berichte zu den Retouren und den Reklamationen des Kunden, die letzten Bestellungen und eine Liste aller Produkte, die der Kunde in den letzten Monaten bestellt hat. Die Anwendung bietet auch die Möglichkeit, per Knopfdruck eine verschlüsselte Datei zu erstellen, auf die Stefan auch ohne Internetzugang zugreifen könnte, wenn er z. B. beim Kunden vor Ort offline ist. Mit dieser »Mappe« hat Stefan alles in strukturierter Form parat, was er für den Besuch beim Kunden Müller GmbH braucht. Er hat die Mappe nach 20 Minuten durchgearbeitet, seine Reise gebucht und ist sehr zufrieden mit der neuen schnellen Vorbereitung.

6.4.7 Storyboards und Comics

Wenn Rollenspiele nicht möglich oder nicht gewünscht sind, dann können Storyboards wie in der Filmbranche oder Comic-Zeichnungen eine große Hilfe sein. Dabei gilt es, die Abläufe aufs Wesentliche reduziert als Geschichte grafisch darzustellen. Jedes Bild stellt einen Schritt in der Szene dar. Es gilt wie so oft im Leben: »So wenig wie möglich, so viel wie nötig«. Die Bilder sollten mit Text in Sprech- oder Denkblasen versehen werden und müssen nicht kunstvoll ausgearbeitet sein. Wichtiger finde ich es, dass die Geschichte so gestaltet ist, dass die wesentlichen Ideen der Gruppe Außenstehenden (Nutzern und Sponsoren) klar und verständlich werden, wenn sie sich das Storyboard oder den Comic anschauen.

Im Internet gibt es Webseiten, die dem Team bei der Erstellung der Comics behilflich sein können, sodass das Zeichentalent der Gruppe keine Rolle spielt. Erste Anlaufstellen sind Stripgenerator (*http://stripgenerator.com*) und MakeBeliefsComix (*https://www.makebeliefscomix.com/Comix*). Darüber hinaus ist auch das digitale Set von Scenes (siehe Abschnitt 6.4.1, »Scenes«) mit PowerPoint eine sehr gute Hilfe beim Erstellen von Comics und Storyboards.

Storyboards und Comics: Material- und Zeitbedarf

Comics und Storyboards können auf Papier oder digital erstellt werden.

▶ Papier: Papier für jeden Teilnehmenden

▶ Papier: Fineliner für jeden Teilnehmenden (mindestens in Schwarz)

▶ Papier: Bleistifte, Anspitzer und Radiergummi für jeden Teilnehmenden

▸ Digital: mindestens ein PC oder Tablet pro Team

▸ Digital: Software zum Malen bzw. Zeichnen

▸ Digital: Software zum Zusammenfügen als Comic (z. B. PowerPoint)

▸ mindestens 30 Minuten

Anwendung im Workshop

Im Workshop gestaltet die Gruppe mit Scenes und Microsoft PowerPoint einen Prototyp, um ihre Idee zu visualisieren. Ihre Idee ist eine mobile Softwareanwendung, um Stefan und seinen Kollegen und Kolleginnen zu helfen. Sie soll künstliche Intelligenz (KI) nutzen, um automatisch Termine mit den Kunden zu vereinbaren, auf Wunsch ein Hotel zu buchen und die Routenplanung für Stefan zu übernehmen. Auch Berichte werden automatisch erstellt und Stefan zur Verfügung gestellt.

Zur Terminvereinbarung wird der Kunde per Sprachsynthese angerufen, um Stefan und die Vertriebsassistenz zu entlasten. Die Route plant die Software im Hintergrund automatisch und schlägt dann in der App zwei oder mehr Alternativen zur Auswahl vor. Nach der Auswahl kann die Software direkt automatisiert die Buchung der Bahntickets oder eines Mietwagens auslösen etc. Das Team war sehr phantasievoll, wie du dir vorstellen kannst. Am Ende erstellte es eine Story mit Scenes und PowerPoint. Die Kurzfassung davon zeige ich dir beispielhaft in Abbildung 6.29.

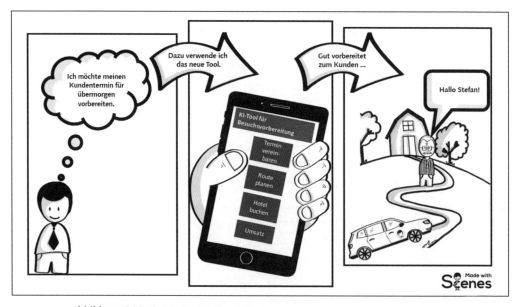

Abbildung 6.29 Comic-Prototyp mit Scenes

6.4.8   Wizard of Oz

Wer das Märchen vom Zauberer von Oz kennt, ahnt wahrscheinlich sofort, wie diese Art von Prototyp funktioniert: Beim »Wizard-of-Oz«-Prototyp wird die Lösung so realisiert, dass ein für den Nutzer oder die Nutzerin versteckter Mensch im Hintergrund die Schritte manuell durchführt, die später bei der echten Lösung automatisiert werden sollen. Da der Mensch für den Nutzer/die Nutzerin unsichtbar ist, kann ein gut gemachter Prototyp den Eindruck echter Funktionsweise erwecken. Dadurch kann der Prototyp mit geringem Realisierungsaufwand auch mit Nutzerinnen und Nutzern getestet werden, um brauchbares Feedback zu erhalten. Die Methode wird z. B. von Ingrid Gerstbach in ihrem Buch ausführlich beschrieben (siehe Ingrid Gerstbach: 77 Tools für Design Thinker, 2017, S. 267–269).

Anwendung im Workshop

Die Gruppe hat die Idee entwickelt, dass ein Chatbot einen Außendienstmitarbeiter bei der Planung von Kundenbesuchen unterstützt. Dazu verwenden die Außendienstmitarbeiter(innen) die Messaging-App auf ihrem Smartphone und senden mit dieser an eine dafür eingerichtete Telefonnummer ihre Anfragen. Am anderen Ende soll später eine Software die Anfragen automatisiert bearbeiten und die Ergebnisse ebenfalls per Chat zurücksenden. Die Gruppe ist von der Idee begeistert und möchte sie direkt mit echten Nutzerinnen und Nutzern testen. Da die Software nur als Idee existiert, will die Gruppe einen »Wizard-of-Oz«-Prototyp erstellen. Das Teammitglied Constantin stellt sein Smartphone und seine Rufnummer für den Prototyp zur Verfügung. Als Nutzer hat die Gruppe den Außendienstmitarbeiter Hans eingeladen. Er bekommt von der Gruppe eine Liste der möglichen Anfragen und den Auftrag, live seinen nächsten Kundenbesuch mit Unterstützung des Chatbots vorzubereiten.

Im Nebenraum sitzt Constantin an einem Laptop mit Internetzugang. Er wird die Anfragen schnellstmöglich beantworten. Hans wurde von der Gruppe vorgewarnt, dass die Beantwortung seiner Anfragen aufgrund der Testphase jeweils ein bis zwei Minuten dauern könne. Hans fängt an und plant seinen nächsten Kundentermin.

Einen kleinen Ausschnitt aus dem Chatverlauf zwischen dem Bot (Constantin) und Hans zeigt dir Abbildung 6.30. In diesem Chatverlauf schreibt Hans den Bot an, daraufhin antwortet dieser in Klartext mit der Frage, wie er weiterhelfen könne. Hans fragt nun an, wie die Reisealternativen für Dienstag zum Besuch bei der Firma Müller GmbH in Bielefeld wären. Der Bot (also Teammitglied Constantin im Hintergrund) antwortet mit zwei Vorschlägen: Bahnfahrt oder Mietwagen mit den jeweiligen Uhrzeiten. Im weiteren Verlauf trifft Hans nun eine Entscheidung und kann den Bot beauftragen, die entsprechenden Buchungen durchzuführen.

Abbildung 6.30 Wizard-of-Oz-Chatverlauf mit einem Bot zur Reiseplanung

6.4.9   PowerPoint-Prototypen

Die meisten von uns kennen Microsoft PowerPoint, weil wir in vielen Besprechungen Konsument von damit erstellten Foliensätzen waren oder weil wir zu denen gehören, die Präsentationen mit PowerPoint erstellen, um anderen etwas zu vermitteln.

Ich selbst gehöre zu denen, die mit PowerPoint eher Bilder und Grafiken als lange Texte darstellen. Wenn man das noch einen Schritt weiterdenkt, dann ist PowerPoint (und vergleichbare Produkte wie z. B. Keynote von Apple) hervorragend geeignet, um klickbare Prototypen von Softwareanwendungen zu bauen, die man ganz einfach ohne Programmierkenntnisse zusammenklicken kann. Dabei spielt es keine Rolle, ob es sich bei der Idee hinter dem Prototyp um eine Webseite, eine App, eine Desktop-Applikation oder einen Prozess handelt. Meiner Meinung nach sind sehr viele Ideen als PowerPoint-Prototyp darstellbar. Die einzelnen Masken werden dabei über Hyperlinks verknüpft, sodass die »Anwendung« ausführbar ist, wenn man in den Präsentationsmodus wechselt. Solche Prototypen mit PowerPoint werden für Bildschirmansichten auch von Jake Knapp/John Zeratsky/Braden Kowitz in ihrem Buch empfohlen (Knapp/Zeratsky/Kowitz: Sprint: Wie man in nur fünf Tagen neue Ideen testet und Probleme löst, 2017, S. 171). Die drei arbeiten für Google Ventures. Jake Knapp entwickelte eine eigene Methode zum schnellen Design und Test von Prototypen für Google Ventures.

SAP bietet mit den *Design Stencils* auch eine Sammlung von SAP-Fiori-Designelementen in PowerPoint an, mit der du Mockups für Desktop- und Tablet-Anwendungen erstellen kannst. Mehr dazu erfährst du in Abschnitt 2.2, »Design Stencils für SAP-Fiori-Oberflächen«.

Ich habe für das Beispiel zum fiktiven Workshop bewusst eine noch simplere Variante erstellt, um zu zeigen, wie schlicht Prototypen in PowerPoint sein können, die dennoch einen guten Eindruck einer Idee geben.

PowerPoint-Prototyp: Material- und Zeitbedarf

▶ ein PC oder Mac pro Gruppe mit Microsoft PowerPoint, Apple Keynote, Adobe Photoshop oder ähnlichen Applikationen

Anwendung im Workshop

Im Workshop erstellt die Gruppe einen simplen PowerPoint-Prototyp für eine mobile Anwendung, die einige der vielen Ideen veranschaulicht. Das Hauptmenü der App enthält zwei Einstiegspunkte, um Kundenstammdaten und die Umsatzentwicklung eines Kunden einzusehen. Einen Pfad vom Hauptmenü über die Auswahl des Kunden zur Darstellung der Stammdaten zeigt Abbildung 6.31. Die PowerPoint-Datei dazu findest du im Zusatzmaterial, das du von der Buchwebseite unter *www.sap-press.de/4797* herunterladen kannst, unter dem Dateinamen *06_PowerPoint-Prototyp.pptx*.

Der Pfad beginnt für den Nutzer im Hauptmenü der App. Dort lassen sich zwei Absprünge aufrufen:

1. Kundenstammdaten sehen
2. Umsatzbericht anzeigen

In der PowerPoint-Datei des Prototyps sind beide Funktionen rudimentär implementiert. Beim Aufruf von Kundenstammdaten sehen gelangt der Nutzer in den nächsten Bildschirm. Dort ist die Auswahl eines seiner Kunden über eine Dropdown-Box möglich. Direkt nach der Auswahl eines Kunden werden dessen allgemeine Stammdaten (Name, Kundennummer, Adresse und Ansprechpartner) in einer dritten Maske angezeigt. Jeweils oben zeigt die Überschrift an, in welchem Bereich der Nutzer gerade unterwegs ist (Kundenstammdaten einsehen), und über einen Druck auf die spitze Klammer (<) links oben gelangt der Nutzer wieder zurück in den vorherigen Bildschirm.

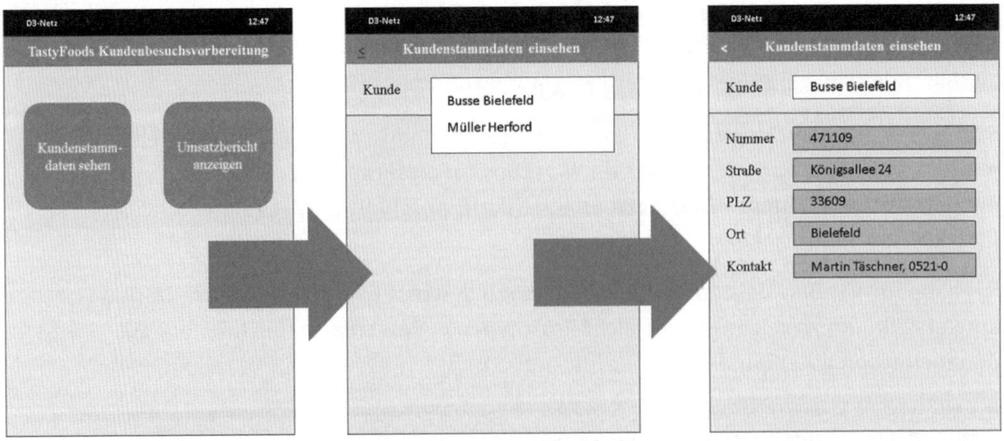

Abbildung 6.31 Ein einfacher Ablauf im PowerPoint-Prototyp für eine App

Übung: Prototyping

Nun habe ich dir eine Reihe von Methoden und Tipps zur Ideenfindung und zur Erstellung von Prototypen gegeben. Ich hoffe, du hast nun eine breite Vorstellung von dem, was möglich ist: Oft ist nur die Phantasie des Teams die Grenze, wenn es um Ideenfindung und den Bau von ersten Prototypen geht.

Damit du möglichst viel selbst ausprobiert hast, empfehle ich dir, dass du zu deiner Challenge und den Lösungsideen, die du in Abschnitt 6.3, »Übungen zur Ideenfindung«, entwickelt hast, nun Prototypen baust. Am besten schaust du dir deine Ideen an und bewertest sie. Schaue auch besonders auf die, die am Rande der Aufmerksamkeit liegen, also die nicht so offensichtlich sind. Ebenso finde ich die Ideen spannend, die riskant sind, oder die, die du als besonders vielversprechend einschätzt. Dann wähle ein paar Ideen aus, und schaue dir die Möglichkeiten zum Bau von Prototypen in Abschnitt 6.4.1, »Scenes«, bis Abschnitt 6.4.9, »Power-Point-Prototypen«, erneut daraufhin an, welche du für den Bau deines ersten Prototyps für besonders geeignet und spannend hältst. Und dann fang einfach mit der Erstellung an – probiere ruhig mehrere Arten von Prototypen zu deinen Ideen aus!

6.5   Validieren

Bei der Validierung geht es darum, die zuvor erstellten Prototypen nun endlich zu testen. Ideal wären umfangreiche Tests mit echten Nutzerinnen und Nutzern, da diese am aussagekräftigsten wären. In einem Workshop-Umfeld ist dies allerdings in der Regel nicht zu realisieren, sodass ich in Workshops zwei stark abgeschwächte Alternativen einsetze:

1. Die Arbeitsgruppen präsentieren in jeweils fünf bis zehn Minuten ihre Prototypen den anderen Arbeitsgruppen, um Feedback und Meinungen einzuholen. Diese Variante ist die in Workshops am häufigsten verwendete. Sie bietet sich vor allem an, wenn keine Möglichkeit besteht, schnell echte Nutzerinnen und Nutzer zu erreichen. Sie gibt allerdings auch nur ein erstes Feedback dazu, wie die Ideen auf andere wirken, die sich ebenfalls mit demselben Thema beschäftigt haben. Das gibt ein paar erste Impulse für die Weiterentwicklung, birgt aber auch das Risiko der Betriebsblindheit.

2. Echte Nutzerinnen und Nutzer werden zur Präsentation der Arbeitsgruppen eingeladen und geben danach direktes Feedback dazu. Diese Variante ist gut durchführbar und mit wenig Aufwand zu organisieren, wenn die Nutzer aus demselben Unternehmen stammen, es also um die Umgestaltung von internen Systemen, Anwendungen oder Prozessen geht.

Zu beiden Varianten empfehle ich, dass die Sponsoren des Design-Thinking-Workshops bzw. des Projekts auf jeden Fall an der Präsentation der Prototypen teilnehmen. Damit zeigen sie Unterstützung für das Thema und das Vorgehen und erhalten direkt ungefiltert die ersten Ergebnisse live und aus erster Hand.

Darüber hinaus solltest du die Präsentationen mit einem Smartphone oder einer Videokamera filmen und die Videos anschließend ebenfalls dem Auftraggeber/der Auftraggeberin übergeben. Zum Filmen benutze am besten ein kleines Tischstativ, oder befestige die Kamera an einer festen Stelle. Selbstverständlich musst du die Teilnehmerinnen und Teilnehmer des Workshops vor Beginn der Aufnahmen informieren und ihr Einverständnis einholen.

In den kurzen, fünf bis zehn Minuten langen Videos kann eine ganze Menge enthalten sein, was in Fotos der Prototypen, dem Protokoll und PowerPoint-Folien verloren geht, vor allem, wenn das Team mit der Prototypenpräsentation eine Geschichte darstellt und erzählt.

6.6   Fazit zum Beispiel-Workshop

Das Team hat in der Design-Phase sehr viele Ideen entwickelt und anschließend einige davon in Form von Prototypen mit Pappe, Bastelmaterial, SAP Build, Microsoft PowerPoint, als Comic und als Rollenspiel dargestellt. Diese Darstellungen haben dem Team und den Nutzern geholfen, die Lösungsideen zu verstehen und zu überprüfen.

Der Geschäftsführer der TastyFood & Convenience GmbH, Alex Milso, hat an der Präsentation der Prototypen teilgenommen und ist sehr zufrieden mit den Ergebnissen des Workshops. Er vergleicht dabei die Ergebnisse auch mit dem, was in früheren Besprechungen herausgekommen ist. Er ist von Design Thinking sehr begeistert: Alex möchte die Methode und die zugehörige Haltung im Unternehmen etablieren und wird direkt in den Wochen nach dem Workshop einen geeigneten Raum dauerhaft umgestalten lassen.

6.7   Zusammenfassung

In der Design-Phase geht es darum, möglichst viele gute Ideen zur Beantwortung der WKW-Fragen aus der Discover-Phase zu finden, die vielversprechendsten davon als Prototypen zu bauen und sie mit Nutzern und Nutzerinnen zu validieren. Zur Ideenfindung kannst du viele verschiedene Methoden einsetzen. Ich habe dir in diesem Buch einige vorgestellt, die ich in meinen eigenen Workshops gerne einsetze:

▶ Beim *Brainstorming* geht es darum, möglichst viele Ideen in möglichst kurzer Zeit zu entwickeln. Hier steht ganz klar Quantität vor Qualität, weshalb das Team während des Prozesses nicht bewerten, filtern oder diskutieren soll. Beim Brainstorming werden die Ideen in der Regel offen an einem Flipchart oder Whiteboard aufgehängt und einander vorgelesen, sodass man auf den Ideen der anderen aufbauen kann. Brainstorming ist großartig, um eine Menge an Impulsen zu sammeln. Leider kann es dazu kommen, dass ein paar Mitglieder der Gruppe den Prozess dominieren.

▶ Beim *Brainwriting* ist das Ziel, in kurzer Zeit viele Ideen zu entwickeln und auf den Ideen der anderen aufzubauen. Da diese Methode im Stillen durchgeführt wird, können sich auch Teilnehmerinnen und Teilnehmer einbringen, die sich in Diskussionen und Gesprächen eher zurückhalten würden.

▶ Das *Anti-Problem* ist eine Spielart des Brainstormings, die durch die Umkehrung der Fragestellung neue Impulse bringen kann. Ich setze sie auch gerne als zweite Methode in einem Workshop ein, um das Team dazu zu bringen, nach den ersten Ideen (z. B. mit einem »normalen« Brainstorming) weitere Ideen zu entwickeln.

▶ Bei den Methoden *Entwirf die Schachtel* und *Titelgeschichte* geht es darum, die Ideen in Form einer Produktverpackung (Entwirf die Schachtel) bzw. als Titelgeschichte einer Zeitschrift, Zeitung oder einer News-Seite mit allem, was dazugehört, aufzubereiten. Diese beiden Methoden helfen, die Vorteile der Lösungen hervorzuheben und die Ideen auf wenige prägnante Punkte zu reduzieren.

▶ Bei *Kill the Company* geht es darum, alle Hindernisse der eigenen Organisation über Bord zu werfen und sich zu überlegen, wie man das Problem lösen würde, wenn man völlig frei agieren könnte. Manchmal hilft dieser Kunstgriff enorm, die Blockaden in den Köpfen des Teams zu lösen und neue Ideen zu entwickeln. Die Methode eignet sich besonders als zweite Methode, um noch mal mit einem neuen Blickwinkel Schwung in die Ideenfindung zu bringen.

▶ *Die verrückten 8* ist eine Methode, um in acht Minuten schnell acht Varianten einer Lösungsidee zu entwickeln und zu Papier zu bringen, diese dann zu bewerten und die beste Idee anschließend in Reinform zu bringen.

▶ Bei der *Analogiebildung* schaut die Gruppe gezielt danach, wie in anderen Bereichen, Branchen oder Situationen dasselbe oder ein vergleichbares Problem gelöst wurde, um Inspiration für die eigene Lösung zu bekommen.

▶ Wenn du mindestens zwei Methoden zur Ideenfindung pro Workshop einplanst, kannst du dabei eine bereits erprobte mit einer für dich neuen kombinieren, um neue Methoden auszuprobieren.

▶ Nach der Ideenfindung baut das Team Prototypen der vielversprechendsten Ideen. Ähnlich wie bei der Ideenfindung führen auch hier viele Möglichkeiten zum Ziel. Ich erlaube alles, was die Ideen begreifbar macht: LEGO-Modelle, SAP-Build-Prototypen, Rollenspiele, Prozessdiagramme auf Papier, Prototypen aus Pappe und Bastelmaterial, Geschichten erzählen mit Scenes und vieles mehr. Wichtig finde ich, dass du als Coach viele Möglichkeiten bereithältst und dem Team eine kleine Einleitung mit Bildern von Praxisbeispielen gibst, um sie auf ihre eigenen Ideen zu bringen.

▶ Niedrig aufgelöste Prototypen kosten wenig Geld und Erstellungsaufwand, machen die Ideen aber dennoch sehr gut begreiflich. Damit das Team sich leicht von nicht zielführenden Ideen verabschieden und eine neue Iteration probieren kann, ist es wichtig, dass die Prototypen wenig Aufwand und wenig Liebe zum Detail erfordert haben.

▶ In den Workshops lässt du am besten die Gruppen ihre Prototypen den anderen Gruppen präsentieren. Dann bitte die Zuschauerinnen und Zuschauer um Feedback zu den Prototypen, vor allem, wenn sich echte Nutzerinnen und Nutzer darunter befinden (so sollte es sein). Das Team sollte das Feedback aufnehmen und es bei der nächsten Iteration berücksichtigen. Wenn das Management nicht selbst am Workshop teilnimmt, sollte es zumindest bei der Präsentation der Prototypen zuschauen.

7   Ein Beispiel-Workshop – Abschluss

Der Workshop geht zu Ende – noch ein Blick auf die offenen Themen und in diesem Kapitel ein paar Tipps für dich als Coach zum Ende des Workshops, um das Beste für später zu konservieren.

Dieses Kapitel widmet sich dem Abschluss des Design-Thinking-Workshops. Nun gilt es, den Verlauf des Workshops zusammenzufassen, die durch die Teilnehmerinnen und Teilnehmer gesammelten Punkte zu besprechen und schnell konstruktives Feedback der Teilnehmenden zum Workshop einzuholen, um als Coach dazuzulernen und zu erfahren, was sich die Teilnehmenden anders wünschen.

7.1   Nächste Schritte

Sind alle Punkte angesprochen, geht es nun darum, wie es mit den Prototypen und den Lösungsideen weitergeht. Die Prototypen sind auf jeden Fall gut. Ich empfehle, sie im Nachgang mit (weiteren) echten Nutzerinnen und Nutzern zu testen, um wertvolles Feedback für die Weiterentwicklung zu bekommen und ggf. weitere Prototypen zu erstellen.

Darüber hinaus hat das Team in der Regel noch eine ganze Reihe von erforderlichen nächsten Schritten im Kopf. Ich empfehle dir, mindestens einen kleinen Block am Ende des Workshops dafür vorzusehen, diese nächsten Schritte für alle sichtbar zu sammeln, idealerweise auch Verantwortlichkeiten und Termine festzulegen (also »Wer macht was bis wann?«). In manchen Fällen geht das Projekt oder die Zusammenarbeit mit dem Team ja noch über den Workshop hinaus (siehe auch Kapitel 9, »Phase ›Deliver‹ – wie geht's nach dem Workshop weiter?«), sodass es ganz wesentlich ist, zu besprechen, wie es weitergeht.

In unserem fiktiven Workshop hat der Coach Martin mit dem Team gemeinsam die nächsten Schritte am Whiteboard aufgenommen. Ein Ausschnitt daraus ist in Tabelle 7.1 dargestellt: Es sollen nun im Nachgang des Workshops Standardberichte definiert werden, damit diese zukünftig automatisch bereitgestellt oder bei Bedarf generiert werden können. Darüber hinaus hat das Team den Wunsch, die Anforderungen der Vertriebsmitarbeiterinnen und Vertriebsmitarbeiter an ein zentrales Tool noch genauer zu sammeln und aufzubereiten. Thomas übernimmt die Gestaltung der zur Umsetzung erforderlichen Systemlandschaft aus IT-Sicht, und Alex kümmert sich um die Bereitstellung von Budgets für die nächsten Schritte. Das

Team ist sich übrigens sicher, dass weitere vertiefende Workshops zielführend sein werden.

Wer	Was	Bis wann
Daniel, Angelina	Definition Standardberichte	1.05.
Julia, Constantin	Detaillierung Anforderungen für Außendienst-Tool außer Berichten	5.05.
Constantin	Prototyp Notizen-Feature entwickeln	10.06.
Thomas	Design erforderliche Landschaft	15.05.
Alex	Bereitstellung Budget für Fortsetzung	10.04.

Tabelle 7.1 Die nächsten Schritte zum Workshop-Beispiel

7.2   Besprechung des Lean Coffee Boards

Nun ist es an der Zeit, die Punkte auf dem Lean Coffee Board zu thematisieren. Zum Ende des Workshops sollten alle Fragen, Ideen, Wünsche und Pluspunkte angesprochen werden, die während des Workshops von den Teilnehmenden am Lean Coffee Board (siehe Abbildung 7.1) angeklebt wurden und noch offengeblieben sind.

Vieles wird im Rahmen der kleinen Nachbesprechung nicht abschließend diskutiert werden können, aber es ist wichtig, dass die Punkte angesprochen werden. Hier geht es oft darum, dass es den Teilnehmenden wichtig ist, ihre Themen zur Sprache zu bringen. Manchmal sind auch Themen dabei, die bereits seit Jahren ungelöst sind, und dennoch sollten sie ernst genommen werden. Dabei kannst du als außenstehender Coach manchmal genau der oder die Richtige sein, um die Themen aufzunehmen.

In meinen Workshops wird das Lean Coffee Board von den Teilnehmerinnen und Teilnehmern bisher tatsächlich wenig genutzt. In der Regel haben sich auch einzelne Punkte, die am Lean Coffee Board angeheftet wurden, im Verlauf des Workshops erledigt, sodass hier am Ende meistens weniger als zehn Minuten für die Besprechung ausreichen. Ideal finde ich es, noch einmal alle in einer gemütlichen Runde, z. B. auf Sitzwürfeln, zusammenzuholen und den Workshop nachwirken zu lassen. Und weil das so bequem ist, passt eine Tasse Kaffee oder Ähnliches gut dazu, es geht ja schließlich um das Coffee Board. Durch die Besprechung der Themen in lockerer Runde gehen in der Regel auch alle mit dem Gefühl nach Hause, sich umfassend eingebracht zu haben und gehört worden zu sein.

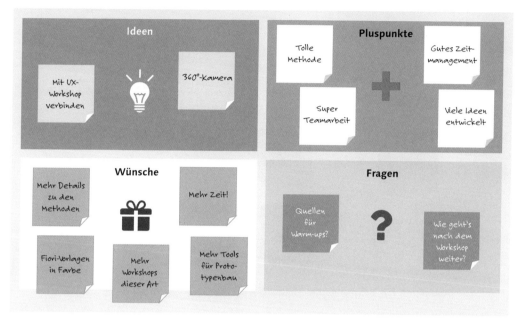

Abbildung 7.1 Beispiel für ein Lean Coffee Board mit Feedback

7.3 Feedback mit »I like, I wish«

Ich verwende gerne die Methode »I like, I wish« am Ende eines Workshops, um sehr schnell strukturiertes Feedback der Teilnehmer einzuholen. Die Methode ist sehr simpel, denn es gibt nur zwei Kategorien, in denen Feedback gewünscht ist: »I like« und »I wish«. Ersteres sind die Punkte, die einem gefallen haben, und Letzteres sind die Punkte, bei denen man sich eine Veränderung (beim nächsten Mal) wünscht.

Die Teilnehmenden schreiben in wenigen Minuten in Stillarbeit ihre Punkte zu den Kategorien jeweils auf einzelne Haftnotizzettel. Wie immer gilt: ein Haftnotizzettel pro Punkt. Anschließend geht einer nach dem anderen nach vorne, liest seine Punkte vor und klebt sie an. So wird jeder gehört, und es besteht auch die Möglichkeit, die einzelnen Punkte zu erläutern. Dies ist oft wichtig, weil die Teilnehmerinnen und Teilnehmer häufig nur einzelne Wörter oder sehr knappe (und manchmal missverständliche) Formulierungen aufschreiben. Erinnere dich an Abschnitt 4.5, »Von der Liebe zu Post-its«, in dem ich die Bedeutung von Adjektiven und Verben für das bessere Verständnis erläutert habe. Ergänzt ggf. die Punkte auf den Haftnotizzetteln, damit sie später im Fotoprotokoll für andere verständlich sind bzw. du dich auch später noch daran erinnern kannst, was gemeint war. Wie die Ergebnisse der Methode aussehen könnten, siehst du in Abbildung 7.2.

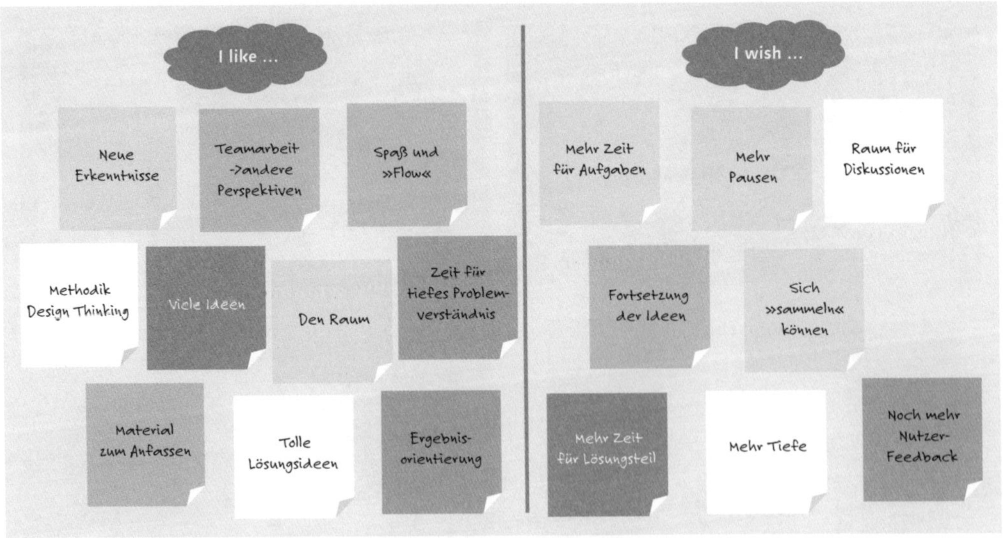

Abbildung 7.2 Beispiel für die Methode »I like, I wish«

Wichtig ist mir dabei, dass bei »I wish« tatsächlich positive Formulierungen verwendet werden, also nicht das Problem beschrieben wird, sondern was fürs nächste Mal anders gewünscht wird. Daraus kannst du als Coach dann direkt ableiten, was du vielleicht am nächsten Workshop-Tag oder beim nächsten Workshop anders machst. Durch die positive Formulierung fällt es dir vermutlich auch leichter, für diese Kritik offen zu sein und sie als Verbesserungsvorschlag anzunehmen.

Im Folgenden habe ich ein paar echte Beispiele für Rückmeldungen aus meinen Workshops herausgesucht, um dir einen Eindruck davon zu geben, was die Teilnehmer aufschreiben. Für »I like« wurde z. B. notiert:

▶ Ziele erreicht

▶ Ideen visualisieren

▶ Inspiration

▶ Persona-Konzept

▶ Prototypen machen es greifbar

▶ man wird kreativ, ohne es zu merken

▶ detaillierte Diskussion

▶ neue Sicht auf Themen/Probleme der Anwender

▶ Zeitmanagement

▶ Gruppenzusammensetzung & Team

▶ Vielfalt-Anmerkungen

226

- ehrliche Diskussion
- verschiedene Sichtweisen kennengelernt
- Vorgehensweise Design Thinking
- viele Ideen/Anknüpfungspunkte
- der Flow
- die Atmosphäre
- tolle und abwechslungsreiche Zusammenarbeit der Teamgruppen
- Ergebnisoffenheit
- Umgang miteinander
- Warm-up-Übungen
- kein »Gefasel«
- spielerisches Erarbeiten von Problem + Lösungsansätzen

Die Teilnehmenden geben meiner Erfahrung nach in der Regel positives Feedback zu den Ergebnissen, den Methoden, dem spielerischen Ansatz und für den Orts- bzw. Raumwechsel. Beispiele aus echten Workshops für »I wish« sind:

- Phase Observe intensiver gestalten
- kürzere Einleitung, bis Understand beginnt
- direkt starten, ohne zu viel über Phasen etc. zu reden (oder dabei)
- Zeit für Diskussionen
- mehr Zeit für Lösungen
- mehr Pausen zum Verarbeiten/Sich-Sammeln
- mehr Zeit für die Iterationen
- Gewichtung des Lösungsanteils erhöhen

Klassiker bei den Verbesserungswünschen nach meinen Workshops sind in der Regel der Wunsch nach mehr Zeit für die Aufgaben, mehr Gelegenheiten zum Austauschen und Diskutieren abseits der Aufgaben, mehr Pausen und weniger Erläuterungen zum Design-Thinking-Ansatz. Besonders bei eintägigen Design-Thinking-Workshops ist der Wunsch der Teilnehmerinnen und Teilnehmer nach mehr Zeit nahezu immer zu finden. Daher bevorzuge ich in der Regel zweitägige Workshops. Auftraggeber, die noch keine Erfahrung mit der Design-Thinking-Methode haben, versuchen gerne, mit einem Tag oder weniger hinzukommen. Ich versuche dann auf Basis meiner Erfahrungen, den Auftraggeber oder die Auftraggeberin davon zu überzeugen, sich doch für einen zweitägigen Workshop zu entscheiden. Wenn das nicht fruchtet, kannst du fast sicher sein, dass der Wunsch nach mehr Zeit auf den »I-wish«-Haftnotizzetteln zu finden ist. In einem zweitägigen Workshop wird das Team entweder weitere Iterationen durchführen oder etwas mehr Zeit für die Bearbeitung der Aufgaben bekommen, und so hat es die Möglichkeit, mehr Details herauszuarbeiten und tiefer liegende Erkenntnisse zutage zu fördern.

Übrigens verwendet SAP die Methode auch bei ihrer Onlineplattform openSAP am Ende eines Kurses, um Feedback von den Nutzerinnen und Nutzern einzuholen.

7.4   Teamfoto und Verabschiedung

Mach vor dem Ende der Veranstaltung ein Foto vom Team. Diese Fotos sind im Fotoprotokoll immer ein Blickfang und auch eine schöne Erinnerung an einen erfolgreichen Workshop. Bedenke, dass Workshops wie diese in den meisten Unternehmen (noch) eine Seltenheit sein dürften. Daher gehört das Foto für mich zum Workshop und zur Dokumentation dazu. Stellt euch am besten vor Wände mit sichtbaren Arbeitsergebnissen (damit auch die Methode in Erinnerung bleibt), und du gehörst natürlich auch auf das Foto. Wie so etwas aussehen kann, zeige ich dir in Abbildung 7.3.

Abbildung 7.3 Zum Abschluss ein Foto vom Workshop-Team

Anschließend ist es an der Zeit für ein paar abschließende Worte, die üblicherweise dem Coach überlassen werden. Ich danke dabei dem Team für seine interessierte und aktive Mitarbeit und für die tollen Ergebnisse. Dann wünsche ich einen schönen Abend und verabschiede sie damit alle in den Feierabend.

7.5 Aufräumen und Fotodokumentation

Sammle das Material ein, und verstaue es ordentlich für den Transport oder für den nächsten Workshop-Tag. Dann gehe mit einer Kamera (heutige Smartphones reichen häufig qualitativ auch vollkommen aus) durch den Raum, und mache Fotos von allen Ausarbeitungen auf Flipcharts, den Inhalten auf den Whiteboards und natürlich reichlich Fotos von den Prototypen.

Tipps zur Aufnahme der Fotos nach dem Workshop

Damit du auch später noch Nutzen aus den Fotos ziehen kannst, habe ich hier noch ein paar Tipps für die Aufnahmen:

1. **Papier aufhängen oder flach auf den Boden legen**
   Am besten hängst du Flipchart-Papiere an einer Wand auf oder legst sie nebeneinander auf den Boden, stellst dich bei jedem Foto direkt vor das Motiv und bewegst dich dann seitlich weiter für die nächste Aufnahme.

2. **Fotos von Flipcharts und Whiteboards frontal aufnehmen**
   Achte darauf, dass du die Fotos möglichst exakt frontal aufnimmst, sodass die Inhalte nicht verzerrt und somit gut lesbar sind.

3. **Sind die Inhalte der Haftnotizzettel gut lesbar?**
   Sieh dir kritisch alle Haftnotizzettel an. Kannst du alle gut erkennen? Sind alle Haftnotizzettel sichtbar, d. h., sind keine durch andere verdeckt? Falls doch, hänge sie entsprechend um, sodass alle Punkte lesbar sind.

4. **Den passenden Bildausschnitt wählen**
   Wähle den Bildausschnitt so, dass alle Inhalte möglichst groß abgebildet werden und gut zu erkennen sind. Das Drumherum des Raumes brauchst du nicht.

5. **Detailaufnahmen der Ergebnisse**
   Bei den Ergebnissen zur Ideengenerierung mache ich in der Regel auch einige Nahaufnahmen von allen Inhalten des Flipcharts, um sicherzugehen, dass nichts verloren geht. Diese Detailaufnahmen finden auch oft ihren Weg ins Fotoprotokoll.

6. **Reflexionen und andere Bildstörungen vermeiden**
   Ich fotografiere in der Regel ohne Blitz, um störende Reflexionen (insbesondere von Hochglanz-Whiteboards oder Fensterscheiben) zu vermeiden.

Im Anschluss an die Aufnahmen muss der Raum aufgeräumt werden, die Blätter vom Flipchart müssen aufgerollt und sicher bis zur Erstellung der Fotodokumentation aufbewahrt werden. In der Regel bitte ich jemanden vor Ort, die Papierunterlagen für eine Woche aufzubewahren, damit im Fall der Fälle fehlende, zerstörte oder schlechte Fotos korrigiert werden können. Für das Dokumentieren und Aufräumen plane ich in der Regel eine Stunde ein. Es geht schneller, wenn du immer denselben Satz an Material dabeihast und ein System verwendest, nach dem du die Sachen wieder in die Kisten einsortierst.

Achte darauf, den Raum wieder in den vorherigen Zustand zu versetzen: Möbel und andere Gegenstände sollten wieder an ihrem ursprünglichen Platz stehen. Falls du Flipchart-Papiere von Vorgängern abgenommen und aufbewahrt hast, sprich mit deiner Auftraggeberin oder deinem Auftraggeber ab, ob du sie nach dem Workshop wieder dort aufhängen sollst, wo sie vorher waren.

Nach Workshops in unseren eigenen (Design-Thinking-) Räumen und beim Einräumen der Transportkisten, die ich zu Auswärtsterminen mitnehme, entsorge ich alle verbrauchten Stifte (denn die bleiben auf wundersame Weise sonst für immer im Bestand). Außerdem achte ich darauf, fehlendes Material wieder aufzufüllen, damit nachfolgende Workshops immer auf die Standardausstattung zurückgreifen können. Erstelle dir am besten eine Checkliste dazu, damit du schnell prüfen kannst, was da ist und was du rechtzeitig nachbestellen musst.

Whiteboard-Marker reichen meist aus

Ich entferne am Ende eines Workshops in unseren Räumen alle Flipchart- und Permanent-Stifte aus dem Raum. Diese sind meist wasserfest, und es kam in der Vergangenheit häufiger dazu, dass jemand mit ihnen an die Whiteboards geschrieben hat. Das ist ein Ärgernis, das du einfach vermeiden kannst. Da du mit Whiteboard-Markern auch sehr gut auf Flipchart-Papier schreiben kannst, ist es am einfachsten, nur diese eine Sorte Stifte für den Workshop zu verwenden und gar keine Flipchart- und Permanentstifte greifbar zu haben.

7.6 Zusammenfassung

Nach dem Ende des Workshops warten noch ein paar Aufgaben auf dich. Im Folgenden fasse ich die Tipps und Empfehlungen aus meiner Praxis noch einmal zusammen:

▶ Lass das Team die erforderlichen nächsten Schritte nach dem Workshop benennen, und halte sie gut sichtbar auf einem Flipchart oder Whiteboard fest. Am besten benennt das Team auch Zuständigkeiten und Termine zur Fertigstellung, damit allen klar ist, was als Nächstes zu tun ist.

▶ Ich empfehle dir ein Gespräch in lockerer Runde mit dem Team, um alle Fragen, Probleme und Ideen zu besprechen, die am Lean Coffee Board gesammelt wurden. Vieles wird im Rahmen der kleinen Nachbesprechung nicht abgeschlossen werden können, aber es ist wichtig, dass alle Punkte, die hervorgebracht werden, auch gehört werden.

▶ Mit der Methode »I like, I wish« sammelst du schnell, einfach und strukturiert das Feedback der Teilnehmerinnen und Teilnehmer ein. So hat jeder die Möglichkeit, Lob oder Kritik in Form von Wünschen einzubringen.

▶ Ein Foto des Teams ist eine schöne Erinnerung an einen außergewöhnlichen Tag. Und ja, es kann auch gute Werbung für die Methode sein.

▶ Die letzten Worte bei der Verabschiedung des Teams sollten einen positiven Eindruck hinterlassen, sodass alle mit einem guten Gefühl nach Hause gehen. Jeder wurde gehört, jeder hat sein Wissen und seine Erfahrungen zur Lösung der Fragestellung einbringen können.

▶ Sobald der Workshop vorbei ist, ist es an der Zeit, zu dokumentieren. Dokumentiere alle Flipcharts, Whiteboards und Prototypen durch reichlich Fotos. Mache lieber eines zu viel als eines zu wenig. Die Dokumentation erfordert besondere Sorgfalt, denn diese ist wahrscheinlich das einzige Prototoll des Workshops und seiner Ergebnisse.

▶ Achte bei den Fotos darauf, dass du direkt vor den Objekten stehst, die du fotografierst, damit keine Verzerrungen entstehen.

▶ Verstaue dein Material und stelle sicher, dass die Flipchart-Aushänge für ein paar Tage sicher aufbewahrt werden, bis du das Protokoll erstellt und übergeben hast.

▶ Sortiere verbrauchte Stifte aus, und prüfe, welches Material verbraucht ist und fürs nächste Mal beschafft werden muss.

▶ Hinterlasse den Raum so, wie du ihn vorgefunden hast, oder in einem besseren Zustand.

▶ Ich empfehle dir, nur Whiteboard-Marker einzusetzen und Flipchart- und Permanentstifte aus dem Workshop zu verbannen.

8 War's das? Nachbereitung und Dokumentation

Nach dem Workshop gilt es, den Weg und die Ergebnisse aufzubereiten und die nächsten Schritte anzustoßen, damit die besten Ideen Realität werden.

In diesem Kapitel möchte ich dir Tipps zur Dokumentation des Workshops geben. Wichtig ist, dass die erarbeiteten Lösungsideen und der Fokus auf die Bedürfnisse der Nutzerinnen und Nutzer auch nach dem Workshop im Kopf bleiben. Besser noch, sie finden sich später in der Dokumentation wieder.

Die Dokumentation beginnt spätestens in der Minute nach dem Ende des Workshops: Ich fotografiere alle Ergebnisse, während ich den Raum aufräume. Ich empfehle dir, die Originalpapiere bis zur Abgabe des Fotoprotokolls aufzuheben bzw. aufheben zu lassen.

Ich erstelle in der Regel innerhalb einer Woche nach dem Workshop ein Fotoprotokoll, das alle Ergebnisse und die wesentlichen Entscheidungen des Workshops enthält. Manchmal wünschen sich Auftraggeber, dass ich ihre Vorlage verwende, damit die Ergebnisse im eigenen Corporate Design daherkommen. Auch wenn die Erstellung des Fotoprotokolls damit länger als mit meiner eigenen Vorlage dauert, lohnt es sich: Es gibt bestimmt etwas in der Vorlage, das dich für deine eigenen Foliensätze inspiriert.

Zusätzlich zum Fotoprotokoll bekommt der Auftraggeber die Videos von den Präsentationen der Prototypen. So können sie aufbewahrt und intern ggf. weiteren Nutzern und Sponsoren gezeigt werden.

8.1 Das Fotoprotokoll

Ich erstelle zu einem Workshop ein überwiegend visuelles Protokoll. Es soll primär eine Dokumentation der Ergebnisse sein. Es geht mir also nicht darum, die Ideen zu bewerten oder das Ganze als Entscheidungsgrundlage aufzubereiten. Mir geht es darum, die Erkenntnisse des Workshops festzuhalten. Da im Laufe des Workshops einige Entscheidungen getroffen werden und das Team sich aufgrund der knappen Zeit – und um ein Ergebnis zu erzielen – immer wieder auf wenige Aspekte konzentrieren muss, möchte ich auch sicherstellen, dass nichts verloren geht.

Ich erstelle ein Protokoll, das ich als Fotoprotokoll bezeichne. Dazu verwende ich Microsoft PowerPoint und erstelle damit einen simplen Foliensatz mit vielen Fotos, allerdings ohne Animationen und Übergänge. Ich habe dafür eine Vorlage auf Basis unserer firmeninternen Vorlage erstellt, die unser typisches Corporate Design berücksichtigt. In diese Vorlage füge ich nun alle Fotos ein, die ich während des Workshops und danach gemacht habe.

Um das zu beschleunigen, verwende ich die PowerPoint-Funktion FOTOALBUM, die du auf der Registerkarte EINFÜGEN findest. Bei Aufruf dieser Funktion erscheint ein Dialogfenster, das in Abbildung 8.1 dargestellt ist. In diesem Dialogfenster wählst du die Fotos aus, die du zum Foliensatz hinzufügen möchtest, und bestimmst, wie sie hinzugefügt werden sollen. Mein Ausgangspunkt sind in der Regel zwei Bilder nebeneinander ohne Beschriftung der Fotos auf einer Folie. Du kannst hier auch direkt kleinere Korrekturen an den Fotos vornehmen. So kannst du z. B. die Fotos drehen oder die Einstellungen für Helligkeit und Kontrast ändern. Mithilfe des Punkts DESIGN kannst du auch einen eigenen Foliensatz mit deinem Design als Vorlage verwenden. Dazu ist es zuvor erforderlich, den Foliensatz in PowerPoint zu erstellen und ihn als *Office-Design* (Dateiformat *.thmx*) zu speichern und die Datei dann hier auszuwählen.

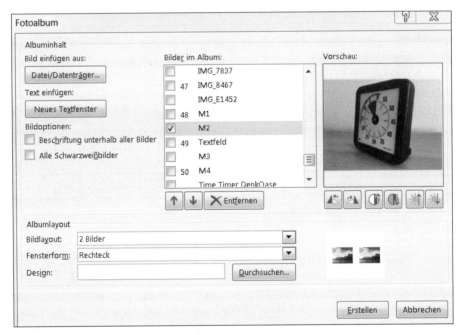

Abbildung 8.1 Die Fotoalbum-Funktion in Microsoft PowerPoint

Das Ergebnis der Funktion FOTOALBUM ist ein Foliensatz mit den ausgewählten Fotos und dem gewünschten Layout. In meinem Fall sind das zwei Bilder in einer

Form mit abgerundeten Ecken pro Folie und ohne eine Beschriftung unterhalb der Bilder.

Im nächsten Schritt übernehme ich die Folien aus dem Fotoalbum-Foliensatz in meinen Foliensatz für das Fotoprotokoll ans Ende der Folienliste. Von dort füge ich sie nun oben den einzelnen Bereichen hinzu. Dabei vergebe ich Überschriften, skaliere die Fotos und ordne sie an. Währenddessen entferne ich die Fotos, die ich nicht brauche: Dies sind vor allem Großaufnahmen, wenn die anderen Fotos ausreichen, weil die Inhalte darauf sehr gut lesbar sind.

Die ersten Folien im Fotoprotokoll zeigen ein paar Eindrücke aus dem Workshop. Sie zeigen, dass es ein Design-Thinking-Workshop war und dass dort anders gearbeitet wird als in den meisten Besprechungen. Dazu verwende ich bevorzugt Fotos von den Warm-up-Spielen, den Präsentationen der Prototypen, der Gruppenarbeit am Whiteboard sowie Fotos, die die Flexibilität des Raums zeigen. Abbildung 8.2 zeigt, wie das aussehen kann.

Abbildung 8.2 Foto mit Eindrücken des Workshops

Ich gebe den Design-Thinking-Prozess als einzelne Kapitel mit Abschnittsfolien wieder und füge vor den Ergebnissen der Methoden jeweils eine Folie mit der Beschreibung ebendieser Methode ein. Ein Beispiel dafür zur Methode Personas siehst du in Abbildung 8.3: Neben einem Screenshot von Stefans Persona aus SAP Build habe ich dort auch eine kurze Beschreibung der Methode hinzugefügt.

Beim Arrangieren der Fotos auf den Folien achte ich darauf, den verfügbaren Platz möglichst vollständig zu nutzen. Fotos mache ich also so groß, wie es mir die Vorlage erlaubt, weshalb ich auch Fotos von Whiteboards und Papier im Querformat gegenüber dem Hochformat bevorzuge.

Personas

► Die Gruppen erfinden jeweils eine Persona,
   d. h. einen fiktiven Stellvertreter für die Nutzer(innen).

► Die Persona basiert auf echten Nutzerinnen/Nutzern,
   sodass das Team diese Menschen, ihre Aufgaben,
   Bedürfnisse und Probleme besser verstehen kann.

► Anhaltspunkte zum Start der Persona-Erfindung:

   – Name, Alter, Geschlecht, Wohnort

   – Jobbezeichnung, tägliche Aufgaben

   – Maß der Frustrationstoleranz

   – Interessen und Hobbys

   – Typische Gegenstände

Prozessschritt:
Synthetisieren

Abbildung 8.3 Erläuterung der Methode im Fotoprotokoll

Bei Fotos, auf denen sehr viele Haftnotizzettel und kleine Details abgebildet sind, funktioniert es meiner Erfahrung nach gut, wenn du ein Foto als Übersichtsfoto verwendest und darauf Markierungen mit Nummern oder Buchstaben platzierst (sogenannte *Callouts*). Dies ist in Abbildung 8.4 dargestellt. Auf den folgenden Folien verwendest du jeweils Großaufnahmen zu den entsprechenden Nummern. Falls du keine Detailaufnahmen hast, vergrößere den Bildausschnitt des Übersichtsfotos entsprechend. Abbildung 8.5 zeigt eine solche Detailseite. Durch dieses Vorgehen sind die Details bestmöglich lesbar, und der Leser oder die Leserin kann den Zusammenhang gut erkennen und die Details gedanklich entsprechend einordnen. Wenn du sogar noch einen draufsetzen möchtest, kannst du auch in der Übersichtsfolie die Rahmen der folgenden Folien einzeichnen und verkleinerte Versionen des Übersichtsfotos jeweils neben den Details als Orientierung darstellen. Ich finde, es funktioniert auch ohne diese Gimmicks sehr gut, deshalb lasse ich sie zugunsten eines schlichten Foliensatzes weg.

Sobald du das Fotoprotokoll erstellt und geprüft hast, kannst du die Rollen mit dem Flipchart-Papier entsorgen (lassen), da sie für das Protokoll nicht mehr gebraucht werden. Die Prototypen sollten in jedem Fall für weitere Validierungen mit Nutzerinnen und Nutzern aufbewahrt werden. Darüber hinaus sind sie schöne Souvenirs an den Workshop, vor allem wenn Design Thinking für die Kunden bzw. die Teilnehmenden neu ist.

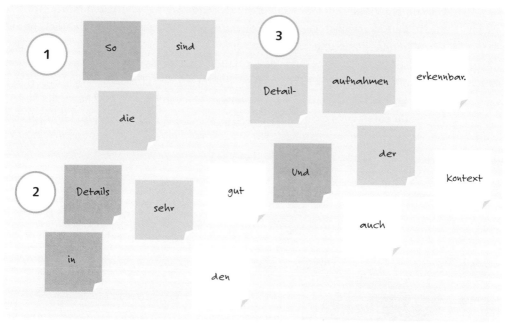

Abbildung 8.4 Folie mit Übersichtsfoto

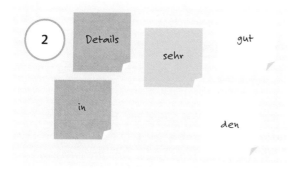

Abbildung 8.5 Folie mit Detailaufnahme

8.2 Die Videos

Während des Workshops habe ich die Präsentationen der Prototypen in voller Länge gefilmt. Meist dauern diese Videos in ein- bis zweitägigen Workshops jeweils nur fünf bis zehn Minuten. Ich denke, diese Länge ist für jeden Interessierten absolut zumutbar. Deshalb kürze und bearbeite ich die Videos nicht. Ich stelle sie genauso bereit, wie ich sie gefilmt habe, da es mir wichtig ist, dass alle die Präsentation der Prototypen möglichst originalgetreu nachvollziehen können.

Falls du die Videos kürzen, schneiden oder anderweitig bearbeiten möchtest oder musst, gibt es reichlich geeignete Software dafür am Markt. Apple ermöglicht auf den iPhones, iPads und Macs Bearbeitungen mit kostenlosen Bordmitteln wie iMovie oder dem QuickTime Player. Für einen Windows-PC gab es früher von Microsoft den Windows Movie Maker, der für kleine Schnitte und den Export des Videos vollkommen ausreicht. Daher verwende ich ihn auch heute noch. Bei Bedarf kannst du damit auch eine neue Audiospur unter das Video legen, falls du z. B. den Ton separat aufgenommen hast. Ein Beispiel für ein Workshop-Video im Windows Movie Maker ist in Abbildung 8.6 dargestellt.

Abbildung 8.6 Ein Workshop-Video im Windows Movie Maker

Die Kameras oder Smartphones, die ich zum Filmen verwende, kodieren die Videos im MPEG-4-Format, das relativ kleine Videodateien erzeugt. In der Regel sind diese trotzdem für den Versand per E-Mail zu groß. Kläre also, wie du die Videos an die Auftraggeber weitergeben kannst. Meist ist die Weitergabe auf einem USB-Stick oder der Austausch über firmeneigene Server über das Internet möglich. Sofern es zulässig ist, verwende ich ein itelligence-Tool, das Dropbox ähnlich ist und den Austausch von Dateien ermöglicht, die als E-Mail-Anhang zu groß sind. Dabei wird dann nur der Link auf die Datei an den Empfänger gesendet, der sich die Datei dann bei Bedarf herunterladen kann.

In jedem Fall solltest du mit dem Auftraggeber darüber sprechen, wie er die Ergebnisse bekommen möchte und über welchen Weg der Austausch stattfindet, da in vielen Firmen restriktive Regeln und/oder Größenbeschränkungen für den Versand von E-Mails und den Austausch von Dateien gelten.

8.3 Nachfassen und Feedback einholen

Bitte deinen Auftraggeber bzw. deine Auftraggeberin um Feedback zum Workshop, und frage danach, wie er/sie die Ergebnisse bewertet. Wenn Design Thinking für ihn/sie neu ist, wird er/sie dir wahrscheinlich sagen, dass etwas anderes beim Workshop herausgekommen ist als erwartet. Ich finde, dass das etwas Gutes ist. Ein Design-Thinking-Workshop sollte nicht die Erwartungen in Hinblick auf ein bestimmtes Ergebnis bestätigen, sondern vielmehr neue Impulse hervorbringen. Andernfalls hast du das Team vielleicht nicht ausreichend dazu bewegen können, sich über das bereits Bekannte hinauszuwagen.

Ich empfehle, die Prototypen aus dem Design-Thinking-Workshop schnellstmöglich nach dem Workshop mit (weiteren) echten Nutzerinnen und Nutzern zu testen oder testen zu lassen. Damit gewinnt das Team weitere Erkenntnisse über die Prototypen, die Nutzerinnen und Nutzer und ihre Bedürfnisse. Anschließend sollten weitere Iterationen erfolgen, bis der Prototyp die Nutzerbedürfnisse bestmöglich erfüllt.

Drei bis vier Wochen nach dem Workshop ist ein guter Zeitpunkt, um beim Auftraggeber/bei der Auftraggeberin nachzufragen, was in der Zwischenzeit passiert und was aus den Ideen des Teams geworden ist. Meist gehen die Ideen aus dem Workshop allerdings im Tagesgeschäft der Teilnehmenden oder des Managements unter, weil andere Themen gerade als dringender angesehen werden. Manchmal fehlen auch die erforderlichen Ressourcen, um die Ergebnisse weiterzuverfolgen und um aus den Ideen handfeste Maßnahmen abzuleiten und diese umzusetzen.

Gerade deshalb empfehle ich dir, beim Auftraggeber nachzuhaken und an die Ergebnisse des Workshops zu erinnern. Das gilt insbesondere dann, wenn keine Deliver-Phase durchgeführt wird. In diesem Fall kannst du auch deine Unterstützung anbieten, um den Auftraggeber vom Prototyp zur Implementierung zu begleiten.

8.4 Zusammenfassung

Im Nachgang des Workshops ist es wichtig, die Ergebnisse schnell aufzubereiten und an den Auftraggeber weiterzugeben, damit die Ideen in die Umsetzung kommen. Folgende Tipps möchte ich dir zur Nachbereitung geben:

► Erstelle mit den Fotos aus dem Workshop ein Fotoprotokoll, das die Ergebnisse aller Arbeitsschritte enthält. Gestalte das Protokoll so visuell wie möglich – reduziere Text auf ein Mindestmaß, denn die grafischen Ergebnisse sollen für sich sprechen.

▶ Ich verwende Microsoft PowerPoint zur Erstellung des Fotoprotokolls, weil es damit einfach ist, die Fotos einzufügen, sie zu arrangieren und kleinere grafische Hinweise hinzuzufügen. Ich mache die Fotos so groß, wie es das Folienlayout zulässt, damit die Leser nachher alles möglichst gut erkennen können. Das gilt vor allem für Fotos mit vielen kleinen Details.

▶ Meine Fotoprotokolle enthalten neben den Ergebnissen auch kurze Beschreibungen über Design Thinking, über die eingesetzten Methoden und die wesentlichen Entscheidungen, wenn das Team über das weitere Vorgehen abgestimmt hat. So ist auch anhand des Protokolls nachvollziehbar, welche Methoden zu den Ergebnissen geführt haben.

▶ Natürlich gehört auch das Abschlussfoto des Teams ins Fotoprotokoll.

▶ Die Videos der Prototypenpräsentationen gebe ich möglichst ungekürzt und unbearbeitet weiter, damit die Präsentationen originalgetreu erhalten bleiben und so wiedergegeben werden können. So geht auch nichts verloren.

▶ Frage ein paar Wochen nach dem Workshop bei deinem Auftraggeber/deiner Auftraggeberin nach, was aus den Ergebnissen und Ideen geworden ist. Meist vergehen ein paar Wochen, um ein Projekt aufzusetzen und weiter an der Umsetzung der Prototypen zu arbeiten. Wichtig ist, das Thema in Erinnerung zu bringen, damit es weitergeht.

▶ Ich empfehle ebenfalls die Validierung der Prototypen mit weiteren Nutzern, um mehr Feedback für das Team einzuholen. Damit kann das Team dann die Prototypen in weiteren Iterationen verbessern.

Ich habe dir – sozusagen gemäß meinem eigenen Ratschlag, möglichst visuell zu gestalten – eine kleine Checkliste erstellt. Du findest sie in Abbildung 8.7.

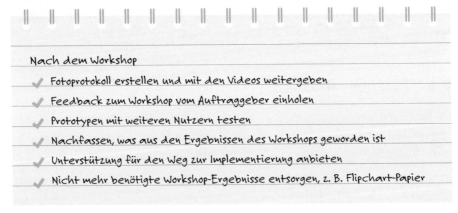

Abbildung 8.7 Checkliste für die Nachbereitung

9 Phase »Deliver« – wie geht's nach dem Workshop weiter?

Das Team hat die Herausforderungen auf den Punkt gebracht, zahlreiche Lösungsideen generiert und einige davon als niedrig aufgelöste Prototypen realisiert. Nun geht es darum, diese Prototypen für den echten Betrieb weiterzuentwickeln und sie zu implementieren.

In diesem Kapitel steht die »Deliver«-Phase aus dem SAP-Schema im Vordergrund. In dieser letzten Phase geht es darum, wie es nach dem Workshop weitergeht. Sie besteht aus drei Schritten, die ich im Folgenden genauer darstellen werde:

1. Implementieren
2. Testen
3. Einsetzen

Abbildung 9.1 zeigt die bereits bekannte Darstellung des Prozesses zur Orientierung.

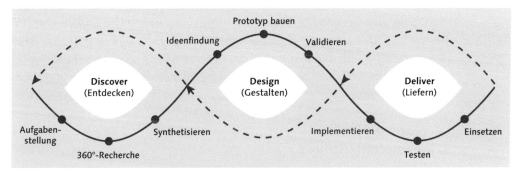

Abbildung 9.1 Der Design-Thinking-Prozess in der Darstellung von SAP (Quelle: SAP)

Die Ideen, die das Team entwickelt hat, sollten nun gesichtet, bewertet und daraufhin geprüft werden, welche tatsächlich in die weitere Umsetzung gehen sollen. Eine besondere Bedeutung kommt dabei den Ideen zu, die bereits durch die Prototypen erprobt und mit Nutzerinnen und Nutzern validiert wurden, da sie das Team als besonders wichtig bewertet hat. Haben die Validierungen die Ideen des Teams bestärkt, dann sollten sie in die echte Realisierung gehen. Dabei werden aus den Prototypen nun richtige Lösungen, Prozesse oder Produkte.

Bei Produkten und Dienstleistungen lässt sich die Resonanz in der Regel sehr gut testen. Zum Beispiel könntest du ein Projekt auf einer Crowdfunding-Webseite anlegen, um die Nachfrage zu prüfen und Reaktionen von potenziellen Nutzerinnen und Nutzern zu bekommen. Auch eine Umfrage wäre möglich. Ebenso geeignet sind Werbeanzeigen in sozialen Netzwerken oder bei Google AdWords, um die Resonanz einschätzen zu können, noch bevor es ein Produkt oder die Dienstleistung tatsächlich gibt. Du kannst auch eine eigene Webseite schalten, auf der ein paar Informationen zum Namen und zur Funktionsweise, garniert mit ein paar Grafiken und Fotos, vorhanden sind. Wichtig ist, dass sich Interessierte zumindest für einen Newsletter anmelden können. So kannst du direkt die Resonanz durch Zählen der Anmeldungen messen.

Im weiteren Verlauf dieses Kapitels liegt das Augenmerk auf Softwarelösungen in Zusammenhang mit SAP-Software. Das heißt, ich gehe hier nicht weiter auf andere Lösungsideen zu Produkten, Dienstleistungen oder Geschäftsmodellen ein, da sie nicht der Schwerpunkt des Buches sind. Wenn dich diese Themen interessieren, findest du weiterführende Literatur dazu im Internet.

Der Design-Thinking-Coach spielt in der Deliver-Phase eine kleinere Rolle als in den vorangegangenen Phasen. Er achtet darauf, dass die Nutzerbedürfnisse nicht aus dem Blickfeld geraten. Damit trägt er wesentlich dazu bei, dass am Ende eine Lösung entstanden ist, die die besten Chancen hat, von den Nutzern und Nutzerinnen angenommen zu werden. Das ist wichtig, denn 70 % der Projekte scheitern, weil die Nutzer und Nutzerinnen die Lösungen nicht akzeptieren (Alex Avissar Tim: The visible and hidden ROI of user experience. In: *http://s-prs.de/670339*). Im Kontext von SAP Leonardo stellt der *Customer Design Engagement Lead* (CDEL) auch die Lösung und den Nutzen für das Unternehmen gegenüber den Stakeholdern dar (siehe SAP: SAP Leonardo Project – All you need to know! In: *http://s-prs.de/670340*).

9.1   Implementieren

Im Rahmen der Implementierung werden die Ideen des Workshops und insbesondere die der Prototypen mithilfe von SAP-Software (damit sind von SAP sowohl On-Premise- als auch Cloud-Lösungen gemeint) realisiert oder an diese angebunden. Die Anbindung erfolgt z. B. bei mobilen Lösungen, die nativ für die jeweilige Plattform (etwa iOS oder Android) entwickelt werden, um die Möglichkeiten des jeweiligen Betriebssystems zu nutzen.

Eine besondere Rolle sollte in diesem Schritt auch der Erstellung einer hilfreichen, nutzerorientierten und ausführlichen Dokumentation zukommen. Klar, am besten wäre eine Softwarelösung, die gar keine Handbücher oder Anleitungen braucht.

Aber ich will offen sein: Diesen Fall habe ich bisher sehr selten erlebt. Viele Webseiten und Apps für mobile Geräte sind so gestaltet, dass sie keiner besonders ausführlichen Anleitung oder Einarbeitung bedürfen. Das Ziel sollten Anwendungen sein, die für die Nutzer entsprechend leicht verständlich und leicht bedienbar sind, aber so ganz wird man auf Anleitungen sicher nicht verzichten können.

Selbst Smartphones und Tablets verfügen in ihren Betriebssystemen heute über so viele Kniffe, dass sich viele Funktionen auch nur denen erschließen, die alles ausprobieren, im Internet suchen oder sich erzählen lassen, wie es geht. Denke nur mal an die zahlreichen Wischgesten über den Bildschirmrand hinaus und was sie je nach Kontext auslösen.

Im Folgenden möchte ich sowohl den Ansatz meines Arbeitgebers itelligence als auch den von SAP im SAP-Leonardo-Umfeld darstellen. Da die Vorgehensweisen ein wenig voneinander abweichen, stelle ich sie in unterschiedlichen Abschnitten nacheinander dar.

9.1.1 Implementieren mit itelligence

Dieser Schritt ist ein Entwicklungsprojekt mit dem Ziel, die Workshop-Ergebnisse in eine konkrete Softwareimplementierung zu überführen. Dieser Teil ist je Projekt und Kunde sehr individuell und wird daher hier nicht so detailliert besprochen wie die vorangegangenen Phasen.

In unseren Projekten wird häufig zuerst ein Teilbereich der Lösung auf der Kundenlandschaft entwickelt, der dann frühzeitig getestet und validiert werden kann. Bei UX-Projekten (User Experience) werden auf Basis der niedrig aufgelösten Prototypen hoch aufgelöste Prototypen erstellt. Beide bilden die Grundlage für die weitere Entwicklung. Sie ermöglichen dem Projektteam die Prüfung des Prototyps mit Nutzerinnen und Nutzern bereits vor der eigentlichen Umsetzung. Der niedrig aufgelöste Prototyp (*Low Fidelity* oder *Lo-Fi*) ist in der Regel ein Papierprototyp, der die Lösung abstrakt darstellt.

Der hoch aufgelöste Prototyp (*High Fidelity* oder *Hi-Fi*) ist ein techniknaher interaktiver Prototyp, der klickbar und somit relativ nah an der fertigen Lösung ist. Oft sind diese Prototypen für die Nutzer so überzeugend erstellt, dass sie den Eindruck bekommen, die Lösung sei bereits vollständig implementiert. Allerdings wurden diese Prototypen in der Regel ohne Programmierung erstellt und liefern damit lediglich einen sehr guten Eindruck der Funktionsweise und Bedienbarkeit ohne die dahinterliegenden Programmierungen. Durch diesen frühen Test mit Nutzerinnen und Nutzern können Überraschungen und große Aufwände für Fehlentwicklungen weitgehend vermieden werden. Dieser Ansatz wird auch *Design-Led Development* genannt. Mehr dazu findest du z. B. unter: *http://s-prs.de/670341*.

Im Rahmen der Umsetzung können agile Vorgehensmodelle wie *Scrum* zum Einsatz kommen (zum Scrum-Vorgehensmodell siehe Abbildung 9.2), denn sie führen die »Denke« und die iterative Arbeitsweise aus dem Workshop fort. Auch hier gehen in jeder Entwicklungsphase (jedem sogenannten *Sprint*) Entwicklungen und Tests Hand in Hand. Im Sprint-Review am Ende eines Sprints wird dem *Product Owner* (sinngemäß der Produktverantwortliche) der aktuelle Stand der Entwicklungen (das *Softwareinkrement*) vorgestellt. (Mehr darüber erfährst du im Kasten »Scrum – ein agiles Vorgehensmodell«.)

Durch die Sprints kann das Softwareinkrement regelmäßig und zeitnah mit den Nutzerinnen und Nutzern und ihren Bedürfnissen abgeglichen werden. Sie sind direkt in die Entwicklung der Lösung eingebunden und können so Einfluss auf die weitere Entwicklung nehmen, während die Lösung entsteht. Der Product Owner hat zu jedem Sprint die Möglichkeit, die Richtung durch Anpassungen am *Product Backlog* (einer priorisierten Aufgabenliste zur Entwicklung des Produkts) zu korrigieren, sofern dies erforderlich ist.

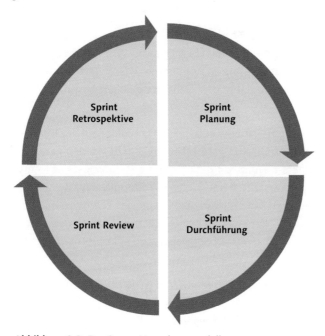

Abbildung 9.2 Das Scrum-Vorgehensmodell

Egal, welches Projektvorgehen gewählt wird: Wichtig ist, die Nutzerbedürfnisse nicht aus den Augen zu verlieren. In der Folge eines meiner Design-Thinking-Workshops wurde eine Lösung ohne Einbindung der Nutzerinnen und Nutzer in die Softwareentwicklung durchgeführt, sodass man die Nutzerbedürfnisse aus den Augen verloren hat. Dadurch stand am Ende des Projekts eine Lösung, die an den Bedürfnissen der Zielgruppe vorbeiging. Als man dies erkannt hatte, nahm man erneut Kontakt zur Zielgruppe auf, um herauszufinden, welche Anforderungen nicht erfüllt waren, um diese bei der Weiterentwicklung der Lösung zu berücksichtigen. Die zusätzlichen Entwicklungsaufwände hätten vermieden werden können, wenn man die Nutzer, für die die Lösung gedacht war, von Anfang bis Ende eingebunden hätte.

Scrum – ein agiles Vorgehensmodell

Scrum ist ein Vorgehensmodell zur Durchführung von agilen Softwareprojekten. Scrum setzt voll und ganz darauf, dass ein Team gemeinsam das Projektziel verfolgt, das Entwicklungsteam sich selbst organisiert und dabei alles daransetzt, das Projektziel zu erreichen.

Bei Scrum wird das Projekt in kleinere Einheiten zerlegt, die jeweils gleich aufgebaut sind. Sie heißen *Sprints*. Ein Sprint hat dabei üblicherweise eine Dauer von vier bis sechs Wochen. Jedes Scrum-Projekt hat immer einen *Product Owner*, der für die Umsetzung verantwortlich ist. Er sammelt und verwaltet auch die Anforderungen und Änderungswünsche im sogenannten *Product Backlog*. Darin sind die Inhalte nach Priorität absteigend einsortiert, sodass die für das Produkt wichtigsten Punkte stets oben stehen und die weniger wichtigen unten.

Ein Sprint beginnt mit der *Sprint-Planung*, in der Product Owner und Entwicklungsteam die Inhalte für den folgenden Sprint festlegen. Dazu übernehmen sie Aufgaben aus dem Product Backlog der Reihe nach in das *Sprint Backlog*, maximal bis die Kapazität des Sprints ausgereizt ist. Das Team übernimmt die Verantwortung für die Erfüllung der Aufgaben im Sprint Backlog. In einem Sprint sind die Inhalte fixiert, d. h., das Team realisiert nur die für diesen Sprint vorgesehenen Inhalte. Dadurch hat das Team während eines Sprints immer stabile Bedingungen für die Entwicklungsarbeit. Gleichzeitig ist durch die kurze Sprint-Dauer und die Priorisierung des Product Backlogs immer sichergestellt, dass wichtige und dringende Änderungen im nächsten Sprint direkt einfließen und so zeitnah realisiert werden können.

Sollen Änderungen durchgeführt oder neue Funktionen entwickelt werden, nimmt der Product Owner diese gemäß ihrer Priorisierung ins Product Backlog auf.

Jeder Arbeitstag im Sprint beginnt mit einem kurzen *Daily-Scrum-Meeting*. Darin erzählt jedes Teammitglied kurz den anderen, was es am Vortag gemacht hat, was es an diesem Tag tun wird und welche Hindernisse bei der Umsetzung bestehen, die auszuräumen sind.

Am Ende eines Sprints muss das Team immer ein lauffähiges Produkt (das *Softwareinkrement*) liefern, d. h., das Team stellt durch Tests im Laufe des Sprints sicher, dass das Produkt immer funktionsfähig ist und am Ende des Sprints ausgeliefert werden könnte. Bei den Tests bietet sich auch die Gelegenheit, Nutzer-Feedback einzuholen und erforderliche Änderungen oder Erweiterungen aufzunehmen. Sie werden mit in das Product Backlog aufgenommen.

Das *Sprint Review* ist ein Meeting, das am Ende des Sprints durchgeführt wird. Darin stellt das Entwicklungsteam die Ergebnisse des Sprints zur Abnahme vor. Anschließend wird besprochen, wie es weitergeht.

In der *Sprint-Retrospektive* schaut das Team auf den letzten Sprint zurück: Was ist gut gelaufen, was hätte besser laufen können, und wie könnte es besser laufen? Dieses Meeting zielt auf Maßnahmen zur Verbesserung der Arbeit des Teams ab. Es gilt, strukturiert aus den Fehlern des letzten Sprints für die Zukunft zu lernen.

Der *Scrum Master* wacht über die Einhaltung der Regeln und moderiert die Meetings. Er ist selbst nicht in die Implementierung involviert.

Für weitere Informationen zu Scrum empfehle ich dir das Buch »Der ultimative Scrum Guide« von Malte Foegen.

9.1.2   Implementieren mit SAP Leonardo

Im Umfeld von SAP Leonardo ist das Ziel der »Deliver«-Phase ein *Proof of Concept* (PoC), also eine Machbarkeitsstudie, mit Kundendaten auf der zur Lösung passenden Referenzarchitektur von SAP.

Auch hier ist sowohl die Entwicklung von Frontend- als auch Backend-Bestandteilen erforderlich. Die Implementierung der Lösung geht also weit über die reine Benutzeroberfläche hinaus (siehe SAP: SAP Leonardo Design-Led Engagements Basics. In: *http://s-prs.de/670342*). Je nachdem, welche Technologiebestandteile (Blockchain, Internet of Things, Machine Learning, Data Intelligence, Big Data, Analytics) eingesetzt werden, sind im Rahmen der Implementierung umfangreiche Aktivitäten bzw. Datenbestände erforderlich, um z. B. neuronale Netze zu trainieren. UX-Entwickler stellen in dieser Phase sicher, dass die Design Guidelines eingehalten werden und dass die beste User Experience erzielt wird, die technisch mit vertretbarem Aufwand möglich ist.

Der Proof of Concept dient auch dazu, den zeitlichen Aufwand und die zu erwartenden Kosten für die vollumfängliche Realisierung für die Stakeholder zu ermitteln.

9.2   Testen

Die Lösung ist entwickelt und ausführbar. Es ist also an der Zeit, sie auf Funktionsumfang und Bedienbarkeit zu überprüfen.

9.2.1   Testen mit itelligence

Bei meinem Arbeitgeber haben wir fast 30 Jahre Erfahrung mit SAP-Projekten, der Einführung und Weiterentwicklung von SAP-Software. Dementsprechend haben wir auch viel Erfahrung mit dem Testen von Implementierungen gesammelt. In den letzten Jahren haben wir zudem die reinen funktionalen Tests der früheren Zeiten um Know-how über Tests von Bedienbarkeit und User Experience erweitern können.

Beim Testen von Code durch die Entwickler ist es wichtig, den Code in kleine Häppchen zu zerlegen, sodass diese jeweils mit sogenannten *Unit Tests* getestet werden können.

Meiner Meinung nach sollten sich die Tests der Lösung nicht darauf beschränken, Nutzerinnen und Nutzern eine Excel-Liste von Punkten vorzulegen, die sie testen sollen. Vielmehr sollten diese funktionalen Tests auch Fragebögen zur User Experience und die Beobachtung von Nutzerinnen und Nutzern beim Testen der Lösung umfassen. Entweder kann die Nutzerin oder der Nutzer begleitet und direkt beim Testen beobachtet werden, oder die Nutzerinnen und Nutzer werden beim Testen der Lösung gefilmt, bzw. ihre Aktionen auf dem Bildschirm und/oder der Ton werden mitgeschnitten. Nutzern und Nutzerinnen zuzuschauen oder ihnen zuzuhören fördert oft die spannendsten und aufschlussreichsten Erkenntnisse zutage. Ein gutes Beispiel ist etwas, das wir sicher alle kennen: unsere (teils lautstarken) Unmutsäußerungen, wenn wir nicht wissen, wie etwas zu bedienen ist, oder wenn Software nicht oder nicht wie erwartet funktioniert.

In jedem Fall ist eine sorgsame Vorbereitung der Nutzerinnen und Nutzer nötig, um etwaige Widerstände zu verhindern oder zu vermeiden, dass das Verhalten aufgrund der besonderen Testsituation verändert wird. Nur so kann man tatsächlich neue Erkenntnisse über die Qualität der Lösung gewinnen.

Während dieses Buch entsteht, systematisieren wir bei itelligence gerade weitere Dienstleistungen zur Unterstützung unserer Kunden in den Bereichen User Experience und Usability Tests. Wir wollen unser umfassendes Praxis-Know-how und unsere Methodenkompetenz in diesen Bereichen gerne in weiteren Projekten einbringen. Weil es noch nicht spruchreif ist, kann ich hier zu diesem Zeitpunkt leider noch nicht mehr verraten, aber wenn du dieses Buch in Händen hältst, findest du ausführlichere Informationen auf unseren Webseiten *http://s-prs.de/670343* und *http://itelligence.addstore.de/*.

9.2.2   Testen bei SAP Leonardo

Im Kontext von SAP Leonardo werden im Teilschritt »Testen« der Deliver-Phase Tests durchgeführt, um sicherzustellen, dass die Lösung wie geplant funktioniert, die Nutzerbedürfnisse erfüllt sind und die Lösung performant funktioniert. Darüber hinaus muss auch die Wirtschaftlichkeit (*viability*) der Lösung überprüft werden (siehe Kapitel 1, »Eine kurze Einführung in Design Thinking«). Aufgrund des Einsatzes neuer Technologien wie Machine Learning sind spezielle neue Testverfahren erforderlich: Wie kann z. B. überprüft werden, dass eine Mustererkennung richtig funktioniert, die prüfen soll, ob Getreide von einer Krankheit befallen ist?

Wenn die Tests nicht erfolgreich ausgehen, geht es zurück in die Implementierung – so lange, bis die Tests erfolgreich sind. Am Ende führt dieser Schritt zum letzten

Design-Gate, dem *D-Gate 2*. Dafür sind die Applikation und passende Daten erforderlich (siehe Sagar Gaikwad: SAP Leonardo Project – All you need to know! In: *http://s-prs.de/670340*).

9.3 Einsetzen

Bevor die Lösung tatsächlich eingesetzt werden kann, müssen Schulungen für Nutzerinnen und Nutzer konzipiert und durchgeführt werden. Ideal wäre es natürlich, wenn die Lösung so gestaltet und so einfach bedienbar wäre, dass die Anwenderinnen und Anwender gar keine ausführliche Schulung brauchen. In dem Fall würden ein kleines Faltblatt (ggf. als PDF) und die Information über die Livesetzung ausreichen.

In der Praxis müssen Nutzerinnen und Nutzer jedoch meistens in der Anwendung der neuen Lösung ausgebildet werden. Dies ist, je nach Anzahl und Kenntnisstand der Nutzer, z. B. mit 1:1-Coaching-Maßnahmen, Vor-Ort-Schulungen, Anleitungen als PowerPoint-Präsentation, Word-Dokument oder Video-Tutorials oder einem Wiki möglich. Bei Video-Tutorials empfehle ich eine Dauer von maximal fünf Minuten für die einzelnen Videos. Biete lieber mehrere kurze Videos anstelle eines langen an.

Zum Abschluss der Deliver-Phase erblickt die Lösung endlich das Licht der produktiven Welt. Nun setzen Nutzerinnen und Nutzer die Lösung in ihrem Arbeitsalltag ein. Die Arbeit endet hier nicht, denn nun sollte ein Team die Nutzer betreuen und mit ihrem Feedback in einen Prozess der Verbesserung und der Weiterentwicklung der Lösung eintreten.

9.4 Zusammenfassung

Der Design-Thinking-Workshop ist der Startschuss zur Lösung der Problemstellung. Direkt im Anschluss daran sollte die »Deliver«-Phase beginnen, in der es darum geht, die Ideen aus dem Workshop in die Praxis zu überführen.

▶ Im Kontext von SAP Leonardo überführt diese Phase die Ideen von der Design-Phase in die Realisierung eines Proof of Concept mit Daten des Kunden auf der SAP-Referenzarchitektur. Dieser bildet die Grundlage für die weitere Abschätzung des Realisierungsaufwands der vollständigen Lösung in der IT-Landschaft des Kunden.

▶ In unseren Projekten implementieren wir in dieser Phase einen wichtigen Teil der Funktionen oder die gesamte Lösung in der Regel bereits in der Landschaft des Kunden.

▶ Niedrig aufgelöste (Low-Fidelity-) Prototypen in der UX-Entwicklung ermöglichen dem Projektteam die Prüfung des Prototyps mit Nutzerinnen und Nutzern bereits vor der eigentlichen Umsetzung. In der Regel handelt es sich um Papierprototypen, die die Lösung abstrakt darstellen.

▶ Hoch aufgelöste (High-Fidelity-) Prototypen sind in der UX-Entwicklung interaktive Prototypen, die nah am fertigen Produkt sind. Oft sind diese Prototypen für Nutzerinnen und Nutzer so überzeugend erstellt, dass sie den Eindruck bekommen, die Lösung sei bereits vollständig implementiert, auch wenn sie ohne Programmierung entwickelt wurden.

▶ In jedem Fall gilt es, die Lösung in Hinblick auf die Abbildung des erforderlichen Funktionsumfangs und einer guten User Experience zu testen. Bei der Implementierung in der Kundenlandschaft sollten hier auch integrative Tests mit den angrenzenden Prozessen und Implementierungen des Unternehmens erfolgen. Sind die Tests nicht erfolgreich, geht es wieder zurück in die Implementierung. In diesem Stadium des Projekts können nun die Kosten und Aufwände für die vollumfängliche Realisierung abgeschätzt werden. Die Stakeholder können sich ein Bild von der Lösung, dem Nutzen und den erforderlichen Aufwänden machen, um zu entscheiden, wie es weitergeht.

▶ Sind die Tests erfolgreich abgeschlossen, kann die Lösung produktiv zum Einsatz gebracht werden.

▶ In einem kleinen Exkurs habe ich dir Scrum als Vorgehensmodell für die agile Softwareentwicklung vorgestellt. Dabei wird das Projekt in kleinere Einheiten zerlegt, um den Wünschen nach Stabilität für das Entwicklungsteam und Offenheit für Ergänzungen und Änderungen gerecht zu werden.

▶ Auch nach dem Beginn der produktiven Nutzung empfehle ich, das Feedback von Nutzerinnen und Nutzern zu sammeln, um die Lösung weiterzuentwickeln.

10 Und jetzt bist du dran!

Dieses Kapitel ist das letzte dieses Buches und der erste Schritt auf deiner Reise zum Design-Thinking-Coach. Ich möchte dir ein paar weitere Türen zeigen – hindurchgehen musst du selbst.

Liebe Leserin, lieber Leser,

wir haben auf dem Weg hierher bereits einige Stationen hinter uns gebracht. Ich habe dir erklärt, was Design Thinking überhaupt ist, was SAP zu dem Thema anbietet, wie du Workshops vorbereiten und durchführen kannst, wie meine Lieblingsmethoden funktionieren und wie du sie in Workshops anwendest. Nun ist es an der Zeit, dir zu zeigen, wie es für dich nach dem Lesen dieses Buches weitergehen kann.

10.1 Was bringt dir das?

Du hast nun hoffentlich ein gutes Verständnis davon, wie Design Thinking funktioniert. Was aber kann dir Design Thinking persönlich bringen? Aus meiner eigenen Erfahrung heraus kann ich dazu Folgendes sagen:

1. **Design Thinking hilft dir, Nutzerinnen und Nutzer besser zu verstehen.**
   Oft werden diejenigen, die davon betroffen sind, in IT-Projekten kaum einbezogen. Häufig beschließen Stellvertreter für die tatsächlichen Nutzerinnen und Nutzer, was diese brauchen und wollen. Wenn sie ihre Nutzer gut kennen, kann das tatsächlich gut gehen. In der Regel wäre es aber besser, »reale« Nutzer zu fragen und sie mit einzubeziehen. Sie außen vor zu lassen wird möglicherweise zu Lösungen führen, die von diesen Nutzern nicht angenommen werden, weil ihre Bedürfnisse nicht ausreichend berücksichtigt werden.

   Die Methoden aus dem Design-Thinking-Werkzeugkasten helfen dir, mit diesen Nutzerinnen und Nutzern in Kontakt zu kommen, sie (besser) zu verstehen und die Aufgabenstellung mit ihren Augen zu sehen. Dies kann dir helfen, Lösungen besser auf die Bedürfnisse der Anwender abzustimmen bzw. diese von Anfang an bei der Entwicklung von Lösungen zu berücksichtigen. Und ganz davon abgesehen, sind Empathie und die Fähigkeit, sich in andere Menschen hineinversetzen zu können, auch im privaten Umfeld nützlich.

2. **Design Thinking ist der Ausdruck einer Haltung.**
   Zu dieser Haltung gehören der bereits erwähnte Fokus auf die Nutzer, ein gewisser Optimismus und das Zulassen, Durchdenken und Diskutieren von ausge-

fallenen und manchmal auch verrückten Ideen. Diese öffnen den Verstand für neue und alternative Lösungswege, und damit wirst du wahrscheinlich bessere Lösungen finden, als wenn du die vermeintlich verrückten Ideen direkt ausgeschlossen hättest.

3. **Anfangen, anstatt Perfektion zu suchen!**
Design Thinker suchen nicht im ersten Anlauf die perfekte Lösung. Eine gute Lösung genügt, um anzufangen. Loslegen und sich Schritt für Schritt zu einer besseren Lösung vorzuarbeiten ist unser Weg. Mit dieser Denkweise kommst du also schneller zu einem Ergebnis. Und wenn erst mal ein Ergebnis da ist, kannst du es prüfen und entscheiden, ob du es weiterentwickelst oder ob du bereits am Ziel angekommen bist. Also: schneller zum Ergebnis kommen!

4. **Diversität und Verständnis für andere Standpunkte**
Keiner von uns vereint die Vielseitigkeit eines gut zusammengestellten Design-Thinking-Teams in einer Person. Die Zusammenarbeit mit anderen kann dir andere Sichtweisen eröffnen und dir helfen, Probleme besser zu verstehen, deinen eigenen Standpunkt zu finden und Lösungsideen außerhalb deiner Denkmuster zu finden und in Betracht zu ziehen – der berühmt-berüchtigte Blick über den Tellerrand also.

5. **Die Methoden helfen.**
Die in diesem Buch vorgestellten Lösungen helfen, Probleme besser zu verstehen und Lösungen zu finden. Setze die Methoden außerhalb von Design-Thinking-Workshops ein, um unerwartete Ergebnisse zu erzielen.

Ich glaube auch, dass die Arbeitsweise, die der »Double Diamond« darstellt, in vielen Bereichen sehr hilfreich ist: öffnen und sammeln, dann fokussieren und selektieren, um schließlich wieder zu öffnen und erneut zu selektieren.

Auch bei meiner täglichen Arbeit hilft es mir, mich erst zu öffnen, Eindrücke und Informationen erst einmal unvoreingenommen zu sammeln und sie erst im nächsten Schritt zu bewerten. Meiner Meinung nach beschleunigt dieses Vorgehen beide Phasen: sowohl das Sammeln als auch das Bewerten und Aussortieren.

Die Regel »Quantität vor Qualität« beflügelt die Lösungssuche, da Bewertung und Selektion hintangestellt werden und erst mal viele neue Ideen entstehen können. Ich bin mir sicher, auch du hattest schon Besprechungen, in denen die einfache Regel »Stelle Kritik zurück!« Wunder bewirkt hätte. Weil man dann auf den Ideen der anderen aufbaut, anstatt sie zu kritisieren und abzulehnen. Probier's mal aus, indem du in einer Besprechung die Regel »Keine Kritik an der Lösung« für alle Teilnehmer aufstellst.

Das könnte Design Thinking bewirken, wenn du es in deine Arbeit und dein Leben integrierst. Aber wie fängst du am besten damit an? Es geht darum, mit kleinen

Schritten und ein paar Veränderungen zu beginnen – ganz im Sinne der Prototypen und des iterativen Vorgehens. Probiere es also einfach aus! Im nächsten Abschnitt gebe ich dir ein paar Impulse für den Anfang.

10.2   Die ersten Schritte

Einen Schritt zum Design-Thinking-Coach hast du mit dem Lesen dieses Buches bereits gemacht. Ich empfehle dir, das Buch in einem zweiten Durchgang strukturiert erneut durchzugehen und dabei alle Übungen zu einem aktuellen Problem aus deinem Umfeld durchzuführen. Vielleicht findest du ein Team von Leuten, mit denen du dich dafür zusammentun kannst. Praktisch, wenn du selbst ein Team leitest.

Im Unternehmensumfeld ist es wichtig, einen Unterstützer oder eine Unterstützerin zu haben, idealerweise auch einen Sponsor, der deine Design-Thinking-Aktivitäten mit Zeit und Budgets unterstützt. Die Unterstützung deines oder deiner Vorgesetzten ist vor allem wichtig, wenn du beabsichtigst, mit Design Thinking in deinem Unternehmen etwas zu verändern, z. B. die Arbeitsweise oder (fachliche) Denkweisen deiner Kolleginnen und Kollegen.

10.2.1   Haltung und Denkweise

Überprüfe deine eigene Haltung und Denkweisen: Manchmal hilft es mir im Alltag, mir einfach bewusst zu machen, wie optimistisch wir beim Design Thinking denken und wie wir dort mit Scheitern umgehen (»Fail early, fail often«), um dazuzulernen und uns schrittweise der bestmöglichen Lösung zu nähern, anstatt immer gleich den großen Wurf zu suchen. Meine Denkweise dahingehend zu ändern, dass ich iterativ eine Lösung ausprobiere, sie prüfe und wieder anpasse, anstatt zu glauben, dass ich mich auf ewig festlege, ist in fast allen Themenbereichen hilfreich und nimmt eine Menge Druck von den Schultern, wenn es darum geht, dass ich eine Entscheidung treffen muss.

Denkst du bei dir selbst »nutzerzentriert«? Betrachte dich und deine Gedanken mal von außen, als würdest du dich selbst wie einen Nutzer bzw. eine Nutzerin beobachten oder ein Interview mit dir selbst führen. Mach dir deine Bedürfnisse klar, wenn es um das eigene Leben und das Treffen von Entscheidungen geht. Was möchtest du im Leben als Ganzes, im Beruf oder als nächsten Schritt erreichen? Was brauchst du, um zufrieden zu sein? Wenn es dir nicht gut geht, frage dich, welche deiner Bedürfnisse nicht erfüllt sind. Wenn du eine Persona wärst, welche Bedürfnisse und welche ungelösten Herausforderungen würdest du dir zuschreiben?

Schau dir die Welt ganz gezielt als Nutzerin oder Nutzer von Produkten und Dienstleistungen an – beobachte, und mach dir bewusst, welche Produkte deine Bedürfnisse gut erfüllen und welche nicht. Dann überlege, was der Hersteller ändern müsste, um die Nutzerbedürfnisse besser zu erfüllen. Mir macht dieses Spiel seit Jahren viel Spaß, und ich bin sicher, du findest in deinem Haushalt viele Beispiele, die ähnlich gelagert sind wie mein Beispiel im Kasten.

Gehe dann aufmerksam durch die Welt, und beobachte andere Nutzerinnen und Nutzer. Frage Kunden, Freunde, Bekannte und Arbeitskollegen, wie sie mit Produkten umgehen und was sie dabei warum empfinden: Was stört sie? Was regt sie auf? Was macht sie zufrieden? Warum schätzen sie bestimmte Produkte? Was ist für sie aus welchem Grund unverzichtbar?

[zB]

Nutzersicht – der Festplattenrekorder

Ich war einmal stolzer Besitzer eines der ersten Festplattenrekorder, mit denen man Fernsehprogramme aufzeichnen konnte. Dieser Rekorder hatte eine Funktion, mit der man Abschnitte aus aufgezeichneten Sendungen herausschneiden konnte. Damit konnte man z. B. Teile einer anderen Sendung am Anfang und Ende oder auch Werbung (innerhalb der aufgenommenen Sendung) entfernen. Dieses Feature gefiel mir sehr gut.

Was mir nicht gefiel, war das User Interface für die Funktion: Es bestand aus einem Balken, der die Aufzeichnung darstellte, einem Vorschaubild und einer Reihe von virtuellen Buttons auf dem Fernsehbildschirm. Nun setzte man mithilfe der Fernbedienung jeweils eine Start- und Endmarkierung, um den zu löschenden Bereich zu markieren. Dazu spulte man vom Anfang der Sendung im Schnellvorlauf bis zu der Stelle, an der man die erste Startmarkierung setzen wollte. Dann setzte man sie, spulte weiter vor bis zu der Stelle, die das Ende des Abschnitts sein sollte, und setzte die Endmarkierung. Nun drückte man den Knopf zum Löschen des Abschnitts, und nach der Bestätigung wurde der Abschnitt tatsächlich entfernt. So weit, so gut.

Aber was daraufhin geschah, habe ich nie verstanden: Wohin wurde nach dem Entfernen der Cursor gesetzt, der anzeigt, an welcher Stelle in der Aufzeichnung man sich gerade befindet? An den Anfang der Aufzeichnung! Auf die Art musste man also den Anfang zigmal durchspulen – so lange, bis man alle unerwünschten Abschnitte entfernt hatte.

Hier kann man sich also fragen: Wie könnte man es besser machen? Ich hätte z. B. den Cursor nach dem Entfernen jeweils an die Stelle der vorherigen Startmarkierung gesetzt. Dadurch bliebe dem Nutzer das ständige Vorspulen erspart. Zusätzlich könnte man einen Button hinzufügen, mit dem die Nutzerin oder der Nutzer zum Anfang der Aufzeichnung springen kann, wenn nötig.

Ich habe mich oft über diesen Festplattenrekorder geärgert, weil er eines meiner Bedürfnisse, bequem und schnell die Werbung aus den Aufnahmen zu entfernen, nicht erfüllt hat. Technisch wäre das möglich gewesen, aber vermutlich haben die Softwareentwickler(innen) ihre zukünftigen Nutzer(innen) nicht gefragt und nicht beobachtet, wie Menschen mit dem Gerät umgehen und was sie sich wünschen.

10.2.2 Wie kreativ muss ich sein?

»Ich bin doch gar nicht kreativ!« Diese Selbsteinschätzung von Teilnehmenden habe ich bereits in Abschnitt 1.5.4, »Die Haltung«, und in Abschnitt 4.8, »Umgang mit Konflikten«, thematisiert und dir Möglichkeiten aufgezeigt, wie du Teilnehmerinnen und Teilnehmern dabei helfen kannst, sich selbst zu vertrauen und sich daraufhin auch zu trauen, sich mehr im Workshop einzubringen.

Wie sieht es für dich als Moderator bzw. Moderatorin aus? Wenn du unsicher bist, wie kreativ du sein musst, wirst du vielleicht als Teilnehmer(in) eines Design-Thinking-Workshops erleben, dass die Befürchtung, du müsstest übermäßig kreativ sein, unbegründet ist. Die Rolle des Moderators/der Moderatorin erfordert vor allem Handwerk, Moderationsfähigkeiten und Empathie. Es ist zudem sehr hilfreich, wenn du gut mit fremden Menschen umgehen kannst und Spaß daran hast, mit anderen zu kommunizieren.

Darüber hinaus sind kreative Fähigkeiten bei der Auswahl und der Durchführung der Methoden hilfreich, aber davor brauchst du keine Angst zu haben. Es gibt eine ganze Reihe Methoden, die du lernen und verwenden kannst, du brauchst ja keine neuen zu erfinden. Und dein Namensschild hast du beim Lesen dieses Buches zumindest gedanklich auch schon gebastelt, da bin ich mir sicher. Also ist auch das kein Stolperstein.

Alle Bestandteile der Workshops wählst du als Coach aus und bereitest sie vor. Damit hast du vor allen anderen einen kleinen, aber den entscheidenden Vorsprung. Bei der Begrüßungsrunde und den Warm-up-Spielen bist zu zudem zuerst dran, wenn du es möchtest, sodass dir niemand mit seiner Idee zuvorkommen kann.

Mach dir also keine Sorgen, probiere es einfach aus. Kreativität ist nicht der Punkt. Sich zu trauen ist es. Erinnere dich: Zu scheitern ist nicht das Ende, sondern der erste Schritt des Lernens. Bald kannst auch du spüren, wie viel Spaß es macht, als Coach ein Team von der Problemstellung bis zum Prototyp zu bringen.

10.2.3 Buchempfehlungen

Wenn du mehr über Design Thinking lesen willst, möchte ich dir noch ein paar Bücher empfehlen. Einige habe ich in diesem Buch zitiert, sodass du ihre Titel wahrscheinlich nicht zum ersten Mal liest. Ich stelle sie hier in keiner besonderen Reihenfolge vor. Es gibt auch noch viele weitere spannende Bücher zu Design Thinking und zu allen verbundenen Themen wie Moderation, Skizzieren, Kreativität, Warm-up-Spiele etc. Diese Liste soll nur der Anfang sein, ich will den Rahmen hier nicht sprengen.

▶ **»Design Thinking: Das Handbuch« von Uebernickel/Brenner/
Pukall/Naef/Schindlholzer**
Dieses Buch bietet einen sehr guten Einstieg in Design Thinking, und ich finde
es zum Nachlesen und Vertiefen sehr gut geeignet. Es ist gut verständlich geschrieben, enthält reichlich Abbildungen und behandelt den Prozess, die Methoden, Informationen zur Gestaltung von Räumen und viele weitere Themen
aus dem Design-Thinking-Kontext.

▶ **»Das Design Thinking Playbook« von Lewrick/Link/Leifer**
Ich mag dieses farbenfrohe Buch, weil es einen sehr spielerischen Charakter hat
und sich in bunter, unterhaltsamer und leicht verständlicher Form mit gezielten
Fragestellungen aus der Design-Thinking-Welt beschäftigt. Mit sehr vielen
schön gestalteten Abbildungen macht das Buch richtig Spaß, richtet sich aber
eher an Leserinnen und Leser, die schon ein wenig Erfahrung gesammelt haben.
Das Buch geht auch ein wenig über Design Thinking hinaus: Zum Beispiel geht
es auch um *Systems Thinking* (Gestaltung von Systemen zur Interaktion von
Menschen mit Maschinen oder von Maschinen untereinander), *Digitalisierung*
(Gestaltung z. B. von Produkten, Lösungen und Prozessen der digitalen Welt)
und *Strategic Foresight* (Planung und Gestaltung der erwünschten Zukunft).

▶ **»77 Tools für Design Thinker« von Ingrid Gerstbach**
Dieses Buch wird seinem Titel absolut gerecht und ist eine sehr gute Lektüre,
um deinen Methodenwerkzeugkasten aufzubauen bzw. zu erweitern. Es richtet
sich gezielt an Design Thinker, und jede Methode wird in das Phasenmodell ein-
geordnet und ausführlich beschrieben.

▶ **»66+1 Warm-up, die dich als Trainer unvergesslich machen« von
Pauline Tonhauser und einer ganzen Reihe Design Thinker**
Dieses Buch war mir schon für einige Workshops eine Inspirationsquelle. Kurze
Beschreibungen erklären dir schnell jedes Warm-up, und dazu zeigen dir schöne
Grafiken, wie es geht. Dank seines Aufbaus nach Kategorien (*Icebreaker*, *Teambuilding*, *Kreativität*, *Energie*, *Fokus* und *Empathie*) ist es auch als spontane Quelle
für Warm-up-Spiele bestens geeignet. Zum Download gibt es auch ein Poster
mit allen Warm-ups aus dem Buch. Dies empfehle ich für jeden Design-Thinking-Raum.

▶ **»Kreativität und Selbstvertrauen: Der Schlüssel zu Ihrem
Kreativbewusstsein« von David und Tom Kelley**
Dieses Buch vom IDEO-Gründer David Kelley und seinem Bruder gibt sehr hilfreiche Einblicke in ihre Denk- und Arbeitsweise und ist eine Anleitung, um das
eigene kreative Potenzial freizulegen, das in jedem von uns steckt.

▶ **»Change by Design« von Tim Brown**
Dieses Buch über Innovationen und den Nutzen von Design Thinking für die Veränderung von Unternehmen gilt auch als eines der wichtigsten Werke zum Thema.

Diese Bücher sind ideal, um mehr über Design Thinking zu erfahren, weitere Methoden und Warm-ups kennenzulernen, die eigenen Denkweisen zu überdenken und um die eigene Kreativität zu nutzen. Doch vielleicht reichen dir Bücher alleine nicht. Im folgenden Abschnitt gebe ich dir ein paar Empfehlungen zur weiteren Ausbildung.

10.2.4 Ausbildung

Im nächsten Schritt möchtest du deine Kenntnisse vielleicht über die Buchempfehlungen hinaus vertiefen und mehr Übung bekommen.

Online-Training

Für einen guten Startpunkt halte ich die *openSAP*-Kurse zum Thema. Dazu habe ich dir ja bereits in Kapitel 2, »Was bietet SAP zum Thema Design Thinking an?«, etwas erzählt. Sie eignen sich aufgrund ihrer kleinteiligen Struktur ideal dazu, mal zwischendurch eine Lektion durchzugehen. Derzeit gibt es im Katalog Kurse z. B. zu Design Thinking, SAP Leonardo, Skizzieren in Workshops und zu Design Research und Design Tests.

openHPI heißt die Onlineplattform des Hasso-Plattner-Instituts (HPI), die ebenfalls Kurse zu Design Thinking und nutzerzentriertem Design anbietet. Das Angebot ist kostenlos. Die technische Plattform ist dieselbe, die auch openSAP verwendet, und sie funktioniert ganz genauso.

Ein weiterer Anbieter von Online-Trainings und zugehörigen Unterlagen ist die *Interaction Design Foundation* (IDF). Sie ist eine Non-Profit-Organisation, die sich die Ausbildung von Unternehmen im Bereich UX Design zum Ziel gesetzt hat. Dazu gehören auch Kurse zu Design Thinking. Die Plattform funktioniert ähnlich, die Mitgliedschaft ist kostenpflichtig. Für den Jahresbeitrag erhältst du Zugriff auf einen riesigen Fundus Unterlagen zu den verschiedenen Themenbereichen und kannst so viele Onlinekurse mitmachen, wie du magst. Darüber hinaus gibt es eine große Community, die auch (unregelmäßige) Treffen veranstaltet, sodass du Kontakt zu anderen Mitgliedern aufnehmen kannst. Die IDF bietet darüber hinaus professionelle Coachings an. Unter den Mitgliedern sind viele bekannte Unternehmen zu finden, z. B. IBM, HP, Adobe, Philips, Deezer und auch SAP. Du findest das Angebot der IDF unter *https://www.interaction-design.org/*.

Auch die Designberatung IDEO, von der bereits die Rede war, hat eine eigene On-line-Ausbildungsplattform gegründet. Sie heißt IDEOU (*https://www.ideou.com*) und bietet zahlreiche kostenpflichtige Online-Trainings an. Selbstverständlich geht es auch dort um Design Thinking.

openIDEO (*https://www.openideo.com*) ist ebenfalls eine Tochter von IDEO. Es handelt sich dabei um eine Plattform, bei der sich jeder an der Lösung von Challenges beteiligen kann und die jedem offensteht, der mitmachen will. Während der Entstehung dieses Buches waren die folgenden drei Challenges offen für Beteiligung:

▶ »How might we design the next generation fiber cup to be recoverable on a global scale, while maintaining the performance standards we know and trust?«

▶ »How might we create a waste-free, circular future by designing everyday products using Nike Grind materials?«

▶ »How might we come together to address urgent global challenges at the intersections of peace, prosperity, and planet in radically new ways?«

Wie du siehst, geht es bei diesen offenen Challenges tatsächlich um große Fragen, die mit Design Thinking bearbeitet werden sollen. Zu jeder dieser Challenges gehört ein Kooperationspartner wie Starbucks, McDonald's, Coca-Cola, WWF oder Nike. Unter OUR WORK findest du auch Challenges, die in der Vergangenheit bearbeitet wurden.

Vor-Ort-Training

Im nächsten Schritt kannst du dann Vor-Ort-Kurse bei einem der vielen Anbieter belegen, um dir von erfahrenen Coaches noch mehr beibringen zu lassen. Auch die D-School bietet solche Kurse an. Derartige Ausbildungsprogramme sind kostenpflichtig, in der Regel sehr gut gemacht und meiner Einschätzung nach im Preis vergleichbar zu anderen Softskill-Trainings. Einige Anbieter bieten auch eigene Kurse zur Coach-Ausbildung an. Diese sind ein guter Weg, weil sie dich gezielt darauf vorbereiten, nicht nur Teilnehmer(in), sondern auch Moderator(in) zu sein. Neben Methoden bekommst du da auch eine Menge Tipps aus der Praxis. Ich habe ein solches Ausbildungsprogramm mitgemacht und fand es auch sehr spannend, bei diesen Kursen Menschen aus anderen Branchen kennenzulernen.

10.2.5   Lass dich inspirieren

Im Internet gibt es eine ganze Reihe spannender Quellen, um Inspiration zu Design Thinking, UX Design, nutzerzentriertem Design und verwandten Themen zu finden. Vielleicht sind die folgenden Angebote spannend für dich:

▶ TED-Talks sind kurze Vorträge zu einem Thema. Mittlerweile gibt es Vorträge zu fast allen Lebensbereichen, und du findest viele davon auf *www.ted.com* und auf YouTube. Empfehlenswert finde ich die Vorträge von Tim Brown, David Kelley und Tony Fadell, die ich in diesem Buch auch schon als Quellen referenziert habe. Schau mal hinein, die meisten Vorträge dauern weniger als 20 Minuten.

▶ Die Dokumentation »Design & Thinking« von Mu-ming Tsai aus dem Jahr 2012 (*http://designthinkingmovie.com/*) beschäftigt sich ausführlich mit der Methode und der zugehörigen Denkweise. Es kommen darin zahlreiche Experten zu Wort, z. B. David Kelley, Tim Brown und Alex Osterwalder. Letzterer ist bekannt als Erfinder der *Value Proposition Canvas*, die ein hilfreiches Werkzeug zur Gestaltung nutzerzentrierter Wertangebote darstellt.

▶ Ingrid Gerstbach ist ein namhafter Design-Thinking-Coach aus Österreich. Sie veröffentlicht neben Büchern auch einen Podcast, den du auf ihrer Webseite (*https://gerstbach-designthinking.com/podcast/*) und in iTunes findest.

▶ Die Rubrik BLOG auf *www.ideou.com* umfasst zahlreiche Artikel von Experten zu unterschiedlichen Design-Thinking-Themen.

▶ Auf der Webseite *https://stories.openideo.com* sind zahlreiche Challenges veröffentlicht, die die Community von openIDEO bearbeitet hat. Sie zeigen sehr gut die Bandbreite auf, die möglich ist.

▶ Frag deine Kinder, Freundinnen und Freunde, Bekannte und Familienmitglieder, die mit Kindern arbeiten, nach Ideen für Warm-up-Spiele. Sie kennen meist Spiele, die gut funktionieren und einfach zu verstehen sind.

Ich möchte damit erreichen, dass du die Welt um dich herum aufmerksamer beobachtest und dabei auch möglichst viele Ideen und Impulse für die Lösung deiner Fragestellungen bekommst. Im nächsten Abschnitt geht es darum, wie du Design Thinking in deinem Unternehmen einbringen kannst. Auch hier ist meine Empfehlung, mit kleinen Veränderungen anzufangen.

10.3   Design Thinking in deinem Unternehmen etablieren

Ich versuche, meine eigene Arbeitsweise und die Herangehensweisen bei meinem Arbeitgeber zu verbessern. Seit ich Design Thinking mache, habe ich einerseits noch mehr das Bedürfnis, dies zu tun. Andererseits habe ich nun auch mehr Möglichkeiten, es zu tun. Ich habe bei uns angefangen, Design Thinking als Vorgehensweise für Workshops ins Gespräch zu bringen und populär zu machen und entsprechende Methoden in verschiedenen anderen Meetings einzusetzen.

Ich habe in Deutschland bei meinem Arbeitgeber eine interne Community gegründet und ein Meetup eingeführt, das alle paar Monate stattfindet. Alle Coaches und interessierten Anwender von Design Thinking sind dazu eingeladen, Erfahrungen auszutauschen, aktuelle Fragen zu besprechen und den Einsatz von Design Thinking im Unternehmen und bei Kunden voranzubringen. Das Meetup ist auch die perfekte Gelegenheit, über Methoden zu sprechen und sie mit den anderen Befürworterinnen und Befürwortern gemeinsam in einer geschützten Umgebung auszuprobieren.

Ich nutze die Design-Thinking-Denkweise auch zur Vorbereitung von Schulungen oder Vorträgen. Hier hilft es mir oft dabei, dass ich mich nicht frage, was man vermitteln will, sondern was die Zuhörerin oder der Zuhörer erfahren möchte. Und da sind wir wieder bei nutzerzentriertem Denken.

Von Zeit zu Zeit lade ich die Mitglieder der Dortmunder itelligence-Geschäftsstelle ein, eine Challenge zu bearbeiten. Das ist eine ganz kleine Aufgabe, meist eine Fragestellung, die uns in der Geschäftsstelle oder unser Arbeitsumfeld betrifft. Die Challenge steht morgens an der Wand, und jeder ist eingeladen, seine Ideen dazu auf Haftnotizzetteln ans Whiteboard zu kleben. Nach dem Mittagessen kommen wir alle zu einer kurzen Besprechung der Punkte zusammen. Ich erstelle ein Fotoprotokoll und gebe es ans Management weiter.

Du siehst also, du kannst auch ganz klein anfangen. Noch kleiner als die Workshops, um die es in diesem Buch vorrangig ging. Zum Beispiel kannst du einfach anfangen, deine Gedanken mit Post-its zu strukturieren, und da diese auf vielen Oberflächen kleben, brauchst du keine Whiteboards oder Ähnliches. Die Fenster in deinem Büro sind perfekt dafür. Wenn du dann startklar für mehr bist, probiere ein paar Methoden aus, kaufe mehr Material, und fang einfach an. Für das Material gibt es im Internet auch Anbieter, die bereits fertig zusammengestellte Koffer verkaufen. Die sind teurer, als alles selbst zusammenzustellen, aber sie sind sicher ein guter Anfang. Ich habe mir damals die Mühe gemacht und reichlich Material bestellt und ausprobiert, auch weil ich es spannend fand, die Reaktionen meiner Kolleginnen und Kollegen zu sehen, wenn wieder ein Paket (von LEGO) angekommen ist.

Wenn du ein paar Methoden geübt und dein Material zusammengestellt hast und dich sicher genug fühlst, dann veranstalte einen Workshop zu einem aktuellen Problem aus deinem Arbeitsumfeld. Idealerweise lädst du direkt teamübergreifend Mitglieder fürs Team ein. Oder räume einfach mal die Tische aus dem Besprechungsraum, und hänge Flipchart-Papier an die Wand. Oder veranstalte ein Meeting an einem anderen Ort als üblich. Mal stehen statt sitzen. Mal fragen, was die Nutzer denken. Führe eine Nutzerbefragung durch etc. Es gibt tausend Möglichkeiten, damit anzufangen, Design Thinking in deinem Unternehmen einzubringen.

Vielleicht kannst du ja in deinem Unternehmen einen Besprechungsraum so umgestalten lassen, dass er sich für die Design-Thinking-Arbeitsweise eignet und idealerweise die Arbeitsweise auch für andere im Unternehmen sichtbar macht. Das weckt Interesse und ermöglicht dir vielleicht schon bald neue Gelegenheiten, die

Arbeitsweise mit Teams anzuwenden oder als Coach Workshops zu moderieren. Mehr zu den Anforderungen, die der Raum erfüllen sollte, findest du in Kapitel 3, »Auf in die Praxis: die Vorbereitungen«. In Kurzform: stehen statt sitzen, möglichst viele Wandflächen für Flipchart-Papier und Whiteboards, Kreativmaterial und Countdown-Uhren für das Timeboxing.

10.4 Design Thinking im Kleinen

Wenn du zukünftig zu Besprechungen einlädst, nimm den Time Timer mit in die Besprechung, stelle ihn gut sichtbar auf den Tisch, und erkläre kurz, warum du ihn mitbringst. Etabliere eine Timeboxing-Kultur, bei der Besprechungen pünktlich beginnen und enden. Viele Teilnehmerinnen und Teilnehmer werden dir dafür dankbar sein.

Setze innerhalb der Besprechung Kreativitätstechniken ein, um schnell Ergebnisse zu produzieren, die gut genug sind, um sie auszuprobieren und dann eventuell später eine nächste Iteration durchzuführen. Auch die Trennung in Problemverständnis und Lösungssuche bringt meiner Meinung nach viel, weil erst einmal alle Beteiligten das Problem wirklich verstehen sollten. Kennst du auch solche Besprechungen, bei denen eine Gruppe von Menschen zusammenkommt und der Gastgeber oder die Gastgeberin entweder nur kurz das Problem darstellt (weil er/sie z. B. davon ausgeht, dass jeder Bescheid weiß) oder direkt mit der Vorstellung einer Lösung beginnt?

Ich habe auf unseren Veranstaltungen mit Kunden bereits ein paar Mal die Gelegenheit gehabt, die Methode in kurzen Sessions vorzustellen. Wenn ich mehr als 45 Minuten Zeit habe, mache ich auch gerne eine meiner Lieblingsmethoden als praktische Übung zum Thema. Das ist immer eine schöne Möglichkeit, Menschen dafür zu begeistern.

Es gibt neben dem beruflichen Einsatz noch viele andere Möglichkeiten, Design Thinking einzusetzen. Arbeite auch im privaten Umfeld mit einer Challenge und Haftnotizzetteln, wenn die Lösung mal nicht klar ist. Ein Arbeitskollege von mir setzte Design-Thinking-Methoden kürzlich begeistert in seinem Sportverein zur Lösung interner Fragestellungen ein. Denkbare Beispiele sind die Planung der nächsten Vereinsfeier oder die Lösung taktischer Fragestellungen für den nächsten Spieltag.

Nutze die Kreativitätsmethoden, die du kennengelernt hast, um Ideen zu sammeln und auszubauen. Erst sammeln, dann bewerten. Mach dir bewusst, dass du die Grenzen oft selbst festlegst. Fragestellungen wie: »Wie könnte der nächste Urlaub aussehen, um für die Mitreisenden eine schöne Abwechslung zum Alltag mit hohem Erholungswert zu sein?« bieten nicht nur Unterhaltungswert, sondern sind auch eine Möglichkeit, die nächste Gruppenreise mit Freunden zu planen. Denn auch hier gilt: Erst sollten die Aufgabenstellung und die Bedürfnisse der Menschen verstanden werden. Der Erste möchte an den Strand, die Zweite zum Sightseeing in die Großstadt, der Dritte Kulturprogramm erleben, und für die Vierte sind Sport und Action das Wichtigste.

In dem Zeitraum, in dem dieses Buch entstanden ist, bin ich umgezogen. Ich habe mich bei der Wohnungssuche und bei der Einrichtung immer wieder daran erinnert, dass das Bewusstmachen von (in diesem Fall meinen) Bedürfnissen, Prototyping und Testen der richtige Weg sind, um zu sehr guten Lösungen zu kommen. Die Verwendung von Scenes und Prototypen aus Pappe ist auch ideal, um eine Wohnung zu planen.

Selbstverständlich habe ich Design-Thinking-Methoden auch bei der Planung und beim Schreiben dieses Buches eingesetzt. Mein Esszimmertisch, die Türen meiner Bücherregale und die Glasscheiben von Bilderrahmen dienten als Untergrund für Haftnotizzettel. Dutzende Haftnotizzettel klebten in der Wohnung verteilt, um das Projekt zu gestalten und in die Tat umzusetzen. Ich habe mich am Anfang gefragt, für wen ich dieses Buch schreibe und wie diese Leser und Leserinnen als Personas aussehen würden. Welche Wünsche haben die Personas in Bezug auf das Buch, und welche Fragen wollen sie beantwortet haben? Dazu habe ich auch ein paar kleine spontane Befragungen von Mitarbeitenden und befreundeten Menschen durchgeführt und die Erkenntnisse zusammengefasst, um dann die Gliederung zu entwickeln. Dann habe ich angefangen zu schreiben und nicht direkt versucht, die Abschnitte perfekt zu machen. Und plötzlich entwickelte sich die Idee, wie das Buch aussehen könnte, wo welche Grafik Platz findet, wo welcher Abschnitt hingehört und was darin zu finden sein sollte. Schritt für Schritt habe ich dann die Kapitel verfeinert. Das war wie Prototyping fürs Schreiben.

Führe Gespräche bewusster, indem du z. B. die Interviewtechniken aus diesem Buch oder die 5-Why-Technik einsetzt. Versuche, dein Gegenüber besser zu verstehen und dich in seine Rolle hineinzuversetzen.

Manchmal bin auch ich nicht optimistisch und nicht lösungsoffen. Auch ich bewerte und urteile manchmal zu früh. Und genau deshalb finde ich Design Thinking hilfreich, um meine eigene Haltung und Einstellung zur Welt zu verbessern und mehr für die Sichtweisen anderer und für unkonventionelle Ideen und Lösungen offen zu sein. Das ist einer der Gründe, warum ich das Buch geschrieben habe: um die Denkweise weiterzuentwickeln und sie auch selbst weiterzutrainieren.

Wenn du das Buch von seinem Anfang bis hier gelesen hast, würde ich mich freuen, wenn du mir eine E-Mail an die Adresse *designthinking@itelligence.de* sendest. In Anlehnung an eine meiner Lieblingsmethoden, »Postcard to Grandma«, würde ich mich besonders freuen, wenn du es im Stil einer (elektronischen) Postkarte machst.

Fasse deinen Weg zu Design Thinking durch dieses Buch so zusammen, dass er auf die Rückseite einer Postkarte passen würde. In jedem Fall wünsche ich dir alles Gute für deinen Weg mit Design Thinking!

10.5   Zusammenfassung

In diesem Kapitel ging es darum, wie du nach dem ersten Lesen dieses Buches weitermachen kannst, um mehr über Design Thinking zu erfahren, die Haltung zu verinnerlichen, die Methoden anzuwenden, die Begeisterung weiterzugeben, Design Thinking in deinem Unternehmen und im privaten Umfeld einzubringen.

- ▶ Das Wichtigste ist, einfach anzufangen!
- ▶ Kreativität ist als Coach hilfreich, aber nicht die wichtigste Eigenschaft. Wichtiger sind kommunikative Fähigkeiten, Spaß am Umgang mit Menschen und die Fähigkeit, Teams zu moderieren.
- ▶ Es gibt zahlreiche spannende Bücher zu Design Thinking auf dem Markt. Ein paar davon habe ich dir in diesem Kapitel vorgestellt. Sie helfen dir beim Vertiefen deiner Kenntnisse, beim Erlernen von neuen Methoden und Warm-up-Spielen.
- ▶ Darüber hinaus gibt es auch Online-Trainings und Vor-Ort-Kurse (Anbieter sind z. B. openSAP, openHPI, Interaction Design Foundation, IDEOU). Einige Anbieter bieten auch die Weiterbildung zum Coach. Bei openIDEO kannst du bei der Bearbeitung spannender Challenges mitmachen.
- ▶ Als Inspirationsquelle zu Design Thinking und User Experience empfehle ich TED-Talks, die Dokumentation »Design & Thinking«, den Podcast von Ingrid Gerstbach und die Webseiten von openIDEO und IDEOU.
- ▶ Ich möchte dich mit diesem Buch motivieren, Design Thinking auch in deinem Unternehmen zu etablieren. Etabliere z. B. strenges Timeboxing in Besprechungen, trenne Lösungssuche von Problemverständnis, führe Besprechungen mit Kreativitätstechniken durch, kaufe inspirierendes Material, und gestalte einen Besprechungsraum in eine Kreativwerkstatt um.
- ▶ Setze die Methoden auch privat ein, z. B. in deinem Sportverein oder zur Planung des nächsten Gruppenurlaubs. Wenn die Lösung unklar ist und Menschen im Mittelpunkt stehen, ist das immer einen Versuch wert.

Auch ich habe Methoden wie Personas und Prototyping beim Schreiben dieses Buch eingesetzt. Ich hoffe, es hat dir gefallen, und du hast etwas dazugelernt!

Anhang

In diesem Anhang stelle ich dir ein paar Checklisten und Vorlagen für die Vorbereitung, Durchführung und Nachbereitung der Workshops bereit. Im Glossar definiere ich außerdem die wichtigsten Begriffe kurz zum Nachschlagen.

A   Dein Werkzeugkasten

A.1   Checklisten

In diesem Abschnitt habe ich eine Reihe von Checklisten zusammengestellt. Ich möchte dir damit einen Startpunkt für deine eigenen Listen geben. Sieh sie daher nicht als vollständig an.

A.1.1   Checkliste zum Prüfen der Challenge

Die Challenge ist der Ausgangspunkt für den Design-Thinking-Workshop und daher von zentraler Bedeutung. Sie fasst die Aufgabenstellung für den Workshop in Form einer Frage zusammen. In Tabelle A.1 habe ich eine Liste der für mich wesentlichen Prüfschritte zusammengestellt. Du findest diese Checkliste auch als Datei im Zusatzmaterial zum Buch unter dem Dateinamen *Anhang_Challenge_formulieren.docx* (auf der Webseite *www.sap-press.de/4797*).

OK?	Prüfung
✔	Ist die Challenge als Frage formuliert?
✔	Beginnt die Challenge mit den Worten »Wie könnten wir …«?
✔	Ist das Ziel, etwas zu verbessern?
✔	Ist der Kontext des Problems klar formuliert?
✔	Ist klar, wer die Nutzerinnen und Nutzer sind?
✔	Ist die Frage im Konjunktiv formuliert?
✔	Ist die Frage lösungsoffen formuliert?
✔	Ist die Aufgabenstellung abstrakt genug formuliert?
✔	Enthält die Frage Einschränkungen, die den Lösungsraum unnötig begrenzen? (Nicht gemeint sind hier feste Vorgaben wie beispielsweise das Budget oder der Zeithorizont.)

Tabelle A.1 Checkliste zum Prüfen der Challenge

A.1.2   Materialliste für Workshops

Im Folgenden findest du eine Liste des Materials, das ich bei Workshops in der Regel dabeihabe. Die Größenordnungen sind geschätzt und sollten für einen zweitägigen Workshop mit sechs bis acht Teilnehmenden ausreichen. Du findest die

Checkliste auch als Datei im Zusatzmaterial zum Buch unter dem Dateinamen *Anhang_Workshopmaterial.docx* (unter *www.sap-press.de/4797*).

Menge	Bezeichnung	Dabei
50x	Whiteboard-Stift mit Keil- und Rundspitze in den Farben Schwarz, Rot, Blau, Grün. Optional Stifte in weiteren Farben wie Braun, Violett, Orange und Gelb	✓
40x	Blöcke Haftnotizzettel 76 × 76 mm in verschiedenen Farben (bevorzugt Gelb, Blau, Pink, Orange und Grün)	✓
10x	Blöcke Haftnotizzettel 76 × 127 mm in verschiedenen Farben (bevorzugt Gelb, Blau, Pink, Orange und Grün)	✓
1x	Flipchart-Papier blanko	✓
2x	Time-Timer-Countdown-Uhr	✓
4x	Batterie für Time Timer	✓
3x	Organizer, um das Material auf den Tischen zu platzieren (am besten mit Griff)	✓
1x	LEGO-Bausteine (800 Steine und mehr)	✓
1x	DUPLO (Basis-Set)	✓
4x	LEGO-Grundplatte	✓
20x	Fineliner (mindestens in Schwarz)	✓
–	Anleitungen für die geplanten Methoden (für dich und optional auch für die Teilnehmenden während der Gruppenarbeit)	✓
–	Material für die ausgewählten Warm-up-Spiele, z. B. Klebeband und Papier für die Turmbau-Challenge	✓
1x	Set Bastelmaterial mit buntem Papier, bunter Pappe, Pfeifen-reinigern, Klebeaugen, Schaumstoff, Filz, Glitter, Federn, Klammern, Holzstäbchen, Draht, Wattebäuschen etc.	✓
6x	Rolle Schnur (verschiedene Farben)	✓
3x	Dose Knete (verschiedene Farben)	✓
6x	Scheren (gerne 2–3 davon als Zickzack-Schere o. Ä.)	✓
6x	Klebestift	✓
5x	Zeitschriften mit möglichst vielen Abbildungen von Menschen, z. B. zur Erstellung von Personas	✓

Tabelle A.2 Materialliste für die Workshops

Menge	Bezeichnung	Dabei
6x	Kreppband (kleine Rolle), ca. 19 mm Breite	✓
3x	Rolle buntes Klebeband	✓
1x	Lautsprecher für Hintergrundmusik	✓
1x	Smartphone oder Kamera	✓
1x	CD-Player oder Smartphone	✓
–	Musik auf CDs, Speicherkarte oder auf dem Smartphone	✓
1x	Adapterkabel zum Anschluss des Abspielgeräts an den Lautsprecher	✓
1x	Stativ zum Aufstellen der Kamera zum Filmen	✓
2–3x	Buzzer	✓
6x	Batterie für Buzzer	✓
1x	Schraubendreher zum Wechseln der Buzzer-Batterie	✓
2x	Kiste (transparent) zum Verstauen des Materials	✓
30x	Vordrucke für die Erstellung von Prototypen zu SAP-Fiori-Oberflächen	✓
1x	Set Scenes von SAP	✓
5–10x	Zusätzliche Seite mit Scenes-Figuren. Nicht ausgeschnitten.	✓
–	Pappverpackungen z. B. Versandkartons, Pappe von Küchenpapier (so viel wie möglich)	✓
10x	Bogen Markierungspunkte in verschiedenen Farben (19 mm)	✓
10x	Bogen Markierungspunkte in verschiedenen Farben (10–12 mm)	✓
250	Blatt DIN-A4-Papier	✓
2x	Klebefilm (am besten mit Abroller)	✓
1x	Heftgerät mit Klammern	✓
1x	Locher	✓

Tabelle A.2 Materialliste für die Workshops (Forts.)

A.1.3 Workshop-/Kreativraum

Diese Checkliste dient im Vorgespräch oder bei der Ankunft zur schnellen Einschätzung, ob der Workshop-Raum ausreichend ausgestattet ist. Du findest sie im Zusatzmaterial unter *www.sap-press.de/4797* unter dem Dateinamen *Anhang_Kreativraum.docx*.

Menge	Bezeichnung	Vorhanden?
3–4x	Stehtische oder höhenverstellbare Tische, die leicht beiseitegeräumt werden können	✓
4–8x	Stehhocker	✓
1–2x	Whiteboard	✓
–	Freie Wandflächen, die auch frei zugänglich sind?	✓
1–2x	Stellwände zum Trennen der Teams	✓
1–3x	Beamer oder Bildschirm (einer ist in der Regel erforderlich, zwei bis drei reichen auch für alle Gruppenarbeiten, um z. B. in der Gruppe SAP-Build-Prototypen zu erstellen)	✓
1–3x	Laptops für die Teilnehmenden (wenn digitale Prototypen erstellt werden sollen)	✓
–	Internetzugang/WLAN	✓
–	Tageslichteinfall	✓
–	Freier Platz in der Mitte des Raums	✓
6–8x	Optional: Sitzwürfel oder andere bequeme Sitzgelegenheiten	✓

Tabelle A.3 Checkliste Workshop-/Kreativraum

A.1.4   Teamzusammenstellung

Die Zusammenstellung eines multidisziplinären Teams ist ein wesentlicher Erfolgs-faktor für den Workshop. Diese Checkliste gibt dir ein paar Anhaltspunkte, was dabei zu beachten ist. Du findest sie im Zusatzmaterial unter dem Namen *Anhang_Teamzusammenstellung.docx* auf der Webseite zum Buch: *www.sap-press.de/4797*.

Bezeichnung	Erfüllt
Mindestens drei Jobs und/oder Unternehmensbereiche vertreten?	✓
Alle Geschlechter berücksichtigt?	✓
Mehrere Altersgruppen berücksichtigt?	✓
Unterschiedlich lange Betriebszugehörigkeit berücksichtigt?	✓
Unterschiedliche Herkunft berücksichtigt?	✓

Tabelle A.4 Checkliste Teamzusammenstellung

Bezeichnung	Erfüllt
Maximal sechs bis acht Teilnehmer und Teilnehmerinnen pro Coach?	✓
Sind Nutzer Teil des Teams?	✓

Tabelle A.4 Checkliste Teamzusammenstellung (Forts.)

A.1.5 Workshop-Vorbereitung als Coach

Diese Checkliste ist für die Vorbereitung des Workshops als Coach gedacht. Du bist in der Verantwortung, den Auftraggeber oder die Auftraggeberin auf wichtige Punkte hinzuweisen, daher enthält sie auch Punkte, die er oder sie umsetzen muss. Du findest diese Checkliste auf der Webseite zum Buch (*www.sap-press.de/4797*) unter dem Namen *Anhang_Vorbereitung_als_Coach.docx* im Zusatzmaterial.

Aktivitätsbezeichnung	Durchgeführt?
Formulierung der Challenge unterstützen	✓
Zielsetzung des Workshops erfragen	✓
Sprache des Workshops festlegen (z. B. Englisch oder Deutsch)	✓
Discover-Aktivitäten vor dem Workshop besprechen (z. B. Nutzerbefragung, Recherchen)	✓
Vertragliche Details klären	✓
Auswahl des Orts und Raums unterstützen	✓
Festlegung Teamzusammensetzung unterstützen	✓
Workshop-Material prüfen	✓
Fehlendes Material beschaffen	✓
Methoden auswählen	✓
Rahmenbedingungen Mittagessen und die Versorgung mit Getränken und Süßigkeiten besprechen	✓
Uhrzeiten für Beginn und Ende des Workshops festlegen	✓
Zeitplan für den Workshop inklusive Puffern und Pausen aufstellen	✓
Hotel organisieren	✓
An-/Abreise organisieren	✓

Tabelle A.5 Checkliste Workshop-Vorbereitung

Aktivitätsbezeichnung	Durchgeführt?
Teameinladung unterstützen	✔
Vorlage für Fotoprotokoll besprechen	✔

Tabelle A.5 Checkliste Workshop-Vorbereitung (Forts.)

A.1.6   Vorbereitung des Workshops vor Ort

Diese Checkliste enthält die wesentlichen Aufgaben vor Ort, bevor der Workshop beginnt. Du findest sie auch zum Ausdrucken unter dem Namen *Anhang_Vorbereitung_vor_Ort.docx* im Zusatzmaterial auf der Buchwebseite *www.sap-press.de/4797*.

Aktivitätsbezeichnung	Durchgeführt?
Hindernisse vor Wänden und in der Raummitte beiseiteräumen	✔
Tische aufstellen	✔
Haftnotizzettel auspacken	✔
Organizer mit Material (zumindest Stifte und Haftnotizzettel) befüllen und auf die Tische stellen	✔
Bastelmaterial für die Namensschilder auslegen	✔
Getränke bereitstellen	✔
Countdown-Uhren mit Batterie versorgen und testen	✔
Countdown-Uhren auf die Tische stellen	✔
Entspannte Hintergrundmusik abspielen	✔
Lean Coffee Board erstellen	✔
Challenge gut sichtbar aufschreiben	✔
Anleitungen und Material für das Warm-up-Spiel bereitlegen	✔
Anleitungen und Material für die erste Aufgabe bereitlegen	✔
Regeln für die Zusammenarbeit bereitlegen	✔
Smartphone aufladen (für die Aufnahme von Fotos, das Abspielen von Musik und das Filmen der Präsentationen)	✔
Handy stummschalten	✔

Tabelle A.6 Checkliste Vorbereitung des Workshops vor Ort

A.1.7 Aktivitäten zum Workshop-Ende

Diese Checkliste soll dir bei den Aktivitäten am Ende des Workshop-Tages helfen. Die entsprechende Datei im Zusatzmaterial unter *www.sap-press.de/4797* heißt *Anhang_Workshop_Ende.docx*.

Aktivitätsbezeichnung	Durchgeführt?
Fotos von allen Ergebnissen machen	✓
Tische von Papiermüll etc. befreien	✓
Raum so wiederherstellen, wie er vor dem Workshop war	✓
Verbrauchte Stifte entsorgen	✓
Material sortieren und ggf. einräumen	✓
Ermitteln, welches Material nachzubestellen ist	✓
Ergebnisse mitnehmen (zur Aufbewahrung, bis das Fotoprotokoll fertig ist)	✓

Tabelle A.7 Checkliste Aktivitäten zum Workshop-Ende

A.1.8 Aktivitäten nach dem Workshop

Die folgende Checkliste soll dir bei den Aktivitäten nach dem Workshop helfen. Der Dateiname lautet *Aktivitäten_Nach_dem_Workshop.docx* (du findest die Datei bei den Zusatzmaterialien unter *www.sap-press.de/4797*).

Aktivitätsbezeichnung	Durchgeführt?
Fotoprotokoll erstellen	✓
Fotoprotokoll und Videos an Auftraggeber weitergeben	✓
Feedback zum Workshop vom Auftraggeber einholen	✓
Prototypen mit weiteren Nutzern testen (lassen)	✓
Nachfassen, was aus den Ergebnissen des Workshops wurde (ein paar Wochen nach dem Workshop)	✓
Unterstützung für den Weg zur Implementierung anbieten	✓
Entsorgung der nicht mehr benötigten Workshop-Ergebnisse (z. B. Flipchart-Papier)	✓

Tabelle A.8 Checkliste Aktivitäten nach dem Workshop

A.1.9 Das Fotoprotokoll

Diese Checkliste fasst die wesentlichen Schritte bei der Erstellung der Dokumentation zusammen. Der Dateiname im Zusatzmaterial unter *www.sap-press.de/4797* ist *Aktivitäten_Fotoprotokoll.docx*.

Aktivitätsbezeichnung	Durchgeführt?
PowerPoint-Vorlage auswählen	✔
Fotos vom Smartphone bzw. der Kamera übertragen	✔
Foliensatz nach DT-Prozess aufbauen	✔
Allgemeine Folien zu Design Thinking erstellen	✔
Folien zu den verwendeten Methoden erstellen	✔
Fotos einfügen (z. B. mit der Funktion FOTOALBUM ERSTELLEN)	✔
Fotos zu den Abschnitten arrangieren und Überschriften hinzufügen	✔
Entscheidungen des Teams hervorheben bzw. mit kurzem Text ergänzen (wenn z. B. anstelle der vier Nutzerrollen im Workshop nur zwei weiterbearbeitet werden)	✔
Eindrücke aus dem Workshop auf einer Folie zusammenstellen (z. B. Warm-up-Spiele, Teamfoto)	✔
Zahlen, Daten, Fakten zum Workshop (falls du welche hast, z. B. wie viele Teilnehmende, wie viele Haftnotizzettel wurden verwendet)	✔

Tabelle A.9 Checkliste zur Erstellung des Fotoprotokolls

A.2 Vorlagen und Hilfsmittel

In diesem Abschnitt möchte ich dir ein paar Vorlagen und Hilfsmittel an die Hand geben. Du kannst sie nach Belieben erweitern und z. B. mit Fotos und Grafiken ergänzen.

A.2.1 Workshop-Regeln

Für den Workshop empfehle ich dir, ein paar Regeln mit dem Team zur Arbeitsweise zu vereinbaren. Am besten gestaltest du die Regeln als Poster, sodass du sie im Workshop-Raum für alle gut sichtbar aufhängen kannst. Abbildung A.1 zeigt eine Vorlage, deren aktuelle Version du auch im Zusatzmaterial zum Buch unter *www.sap-press.de/4797* findest. Der Dateiname lautet *Anhang_Vorlage_Regeln.pptx*.

So arbeiten wir ...

Ideen visualisieren!

Wilde Ideen bestärken!

Nur einer spricht!

Nutzerzentriert denken!

Handy stummschalten!

Wir sind auf Augenhöhe!

Beim Thema bleiben!

Quantität vor Qualität!

Kritik zurückstellen!

Spaß haben!

Auf den Ideen der anderen aufbauen!

Nutzer

Abbildung A.1 Vorlage Workshop-Regeln

A.2.2 Methodenauswahl für Workshops

Die folgende Vorlage ist eine Auswahlmatrix für die Methoden aus diesem Buch zu den einzelnen Schritten des Workshops. Du kannst sie in der Vorbereitung verwenden, um schnell zu sehen, welche Methoden zu welchem Schritt passen. Die leeren Felder kannst du mit weiteren Methoden füllen, sobald du sie kennengelernt hast. Der Schritt *Validierung mit Nutzern* ist nicht abgedeckt, da er sich im Workshop in der Regel auf eine Präsentation der Workshop-Ergebnisse beschränkt. Du findest die Datei im Zusatzmaterial auf der Buchwebseite (*www.sap-press.de/4797*) unter dem Dateinamen *Anhang_Methodenauswahl.pptx*.

Aufgaben-stellung	360°-Recherche	Synthetisieren	Ideenfindung	Prototyp bauen
Challenge zerlegen	Nutzer beobachten	Personas	Brainstorming	Scenes
Postcard to Grandma	Nutzer werden	Jobs to be done	Anti-Problem	LEGO-Modell
	Interviews	Empathy Map	Brainwriting	Bastelprototyp
	Point of View	Customer Journey Map	Entwirf die Schachtel	Prototypen auf Papier
	5 Why		Titelgeschichte	SAP Build
			Analogiebildung	Rollenspiele
			Kill the Company	Storyboards und Comics
			Die verrückten 8	Wizard of Oz
				PowerPoint-Prototyp

Abbildung A.2 Vorlage zur Methodenauswahl je Prozessschritt

A.2.3 Zeitplanung

Zur Zeitplanung verwende ich üblicherweise eine Excel-Tabelle. In Kapitel 3, »Auf in die Praxis: die Vorbereitungen«, habe ich eine Tabelle verwendet, weil die Excel-Tabelle zu groß für den Abdruck in diesem Buch ist. Daher findest du die Excel-Tabelle im Zusatzmaterial auf der Buchwebseite *www.sap-press.de/4797* unter dem Dateinamen *03_Zeitplanhilfe.xlsx* und die Tabelle aus diesem Abschnitt unter dem Namen *Anhang_Zeitplanung.docx*.

Hier möchte ich dir noch eine einfache Variante als Tabelle zeigen, die du auch verwenden kannst. Denk daran, dass du auch die Pausen und zum Ende jedes Tages das Lean Coffee Board und eine Feedback-Runde einplanst.

Tag	Uhrzeit Beginn	Prozessschritt	Methode/ Spiel	Dauer in Minuten
		Begrüßung und Namensschilder		
		Warm-up-Spiel		

Tabelle A.10 Vorlage für die Zeitplanung

Tag	Uhrzeit Beginn	Prozessschritt	Methode/ Spiel	Dauer in Minuten
		Einleitung Design Thinking und Regeln		
		Aufgabenstellung		
		Aufgabenstellung		
		Puffer		
		360°-Recherche		
		360°-Recherche		
		Warm-up-Spiel		
		Synthetisieren		
		Synthetisieren		
		Synthetisieren		
		Puffer		
		Ideenfindung		
		Ideenfindung		
		Gruppierung und Bewertung der Lösungsideen		
		Puffer		
		Warm-up-Spiel zur Aktivierung		
		Auswahl der Lösungsideen für die Prototypen		
		Prototyp bauen		
		Puffer		
		Validieren		
		Festlegung der nächsten Schritte		
		Lockere Runde zur Besprechung des Lean Coffee Boards		
		Teilnehmenden-Feedback		

Tabelle A.10 Vorlage für die Zeitplanung (Forts.)

A.2.4   Anleitungskarte für die Methode »Interview«

Abbildung A.3 zeigt eine einfache Anleitungskarte für Interviews. Ich erstelle solche Karten für mich, um schnell eine Methode auswählen zu können und um sie im Workshop an die Teilnehmenden herauszugeben, damit jede Gruppe nachlesen kann, was zu tun ist.

Du findest dieses Beispiel als veränderbare PowerPoint-Datei unter *www.sap-press.de/4797* im Zusatzmaterial als *Anhang_Anleitung_Interviews.pptx*. In der Datei hat die Anleitung auch eine Vorderseite, falls du die Karten doppelseitig ausdrucken möchtest. Du kannst sie anpassen und im Format DIN A5 ausdrucken. So sind sie für die Teilnehmenden und dich schön handlich.

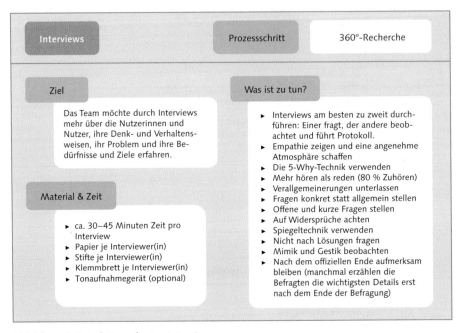

Abbildung A.3 Anleitungskarte »Interview«

A.2.5   Anleitungskarte für die Methode »Personas«

Abbildung A.4 zeigt eine einfache Anleitungskarte für die Methode Personas. Auch dieses Beispiel findest du als veränderbare PowerPoint-Datei unter *www.sap-press.de/4797* im Zusatzmaterial (als *Anhang_Anleitung_Personas.pptx*).

A.2.6   Anleitungskarte für die Methode »Empathy Map«

Abbildung A.5 zeigt eine Anleitungskarte für die Methode Empathy Map. Du findest die Vorlage als PowerPoint-Datei im Zusatzmaterial unter *www.sap-press.de/4797* (als *Anhang_Anleitung_Empathy-Map.pptx*).

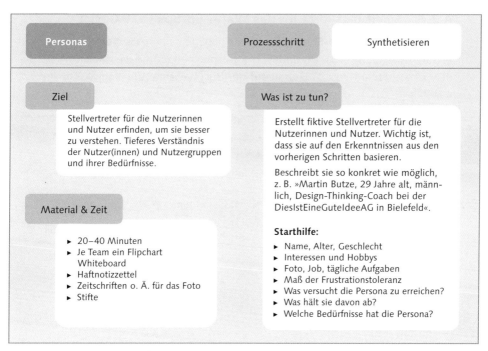

Abbildung A.4 Anleitungskarte »Personas«

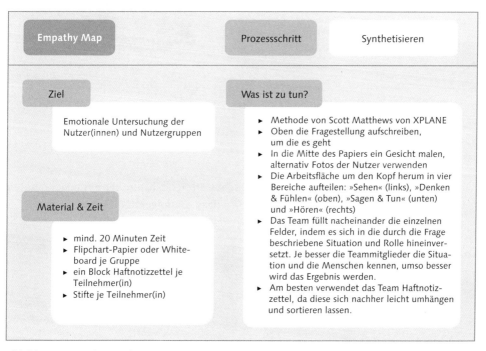

Abbildung A.5 Anleitungskarte »Empathy Map«

A.2.7   Anleitungskarte für das Warm-up-Spiel »30 Circles«

Auch für das Warm-up-Spiel »30 Circles« habe ich eine passende Anleitungskarte erstellt (Abbildung A.6). Du findest die entsprechende Vorlage *Anhang_Anleitung_ 30-Circles.pptx* im Zusatzmaterial auf der Buchwebseite unter *www.sap-press.de/ 4797*.

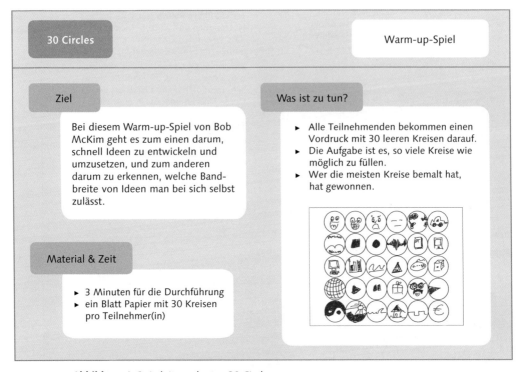

Abbildung A.6 Anleitungskarte »30 Circles«

A.3   Selbstreflexion

Glückwunsch, du hast das Ende des Buches erreicht! Nimm dir ein paar Minuten Zeit für eine kleine Reflexion. Beantworte dazu die folgenden Fragen für dich:

Was wusstest du vor dem Lesen des Buches über Design Thinking?

_____

_____

Wie hast du über Design Thinking gedacht?

_____

_____

Welche drei Erkenntnisse hast du durch dieses Buch hinzugewonnen?

_____

_____

Was zeichnet Design Thinking für dich aus?

_____

_____

Wie definierst du Empathie?

_____

_____

Wie möchtest du Design Thinking in Zukunft einsetzen?

_____

_____

Welche Methoden gefallen dir besonders gut?

_____

_____

Ist etwas unklar geblieben? Falls ja: Was möchtest du noch wissen?

_____

_____

Wie wirst du mit Design Thinking weitermachen?

_____

_____

Abbildung A.7 Fragebogen zur Selbstreflexion

B Glossar

Brainstorming Brainstorming bezeichnet eine Methode zur Sammlung von Ideen. Ein Schlüsselelement ist, dass die Ideen nicht bewertet oder gefiltert, sondern möglichst frei gesammelt werden. In der Phase der Ideenfindung zählt hier Quantität vor Qualität. Der Begriff Brainstorming wird in der Praxis oft synonym zu Ideensammlung verwendet, ohne genau diese Methode zu meinen.

Coach Der Coach (auch Design-Thinking-Coach) ist der Moderator des Workshops bzw. des Design-Thinking-Prozesses. Er oder sie bereitet die Workshops vor, erarbeitet mit dem Auftraggeber die Aufgabenstellung, moderiert die Workshops und leitet so das Team durch den Prozess und die Methoden.

Deliver Dritte Phase des Design-Thinking-Prozesses in der SAP-Darstellung: Sie beinhaltet die Schritte »Implementieren«, »Testen« und »Einsetzen«. In SAP-Leonardo-Projekten ist das Ziel, am Ende dieser Phase einen lauffähigen Proof of Concept mit Kundendaten auf einer SAP-Referenzarchitektur zu haben.

Design Zweite Phase des Design-Thinking-Prozesses in der SAP-Darstellung. In dieser geht es darum, möglichst viele Lösungsideen zur Problemstellung zu finden, einige davon für Prototypen auszuwählen, niedrig aufgelöste Prototypen zu erstellen und diese mit Nutzern zu validieren. Im Rahmen der Workshops erfolgt die Validierung in der Regel in Form von kurzen Präsentationen vor dem Team. Sofern möglich, werden auch Nutzer zur Präsentation eingeladen.

Discover Dies ist die erste Phase des Design-Thinking-Prozesses in der SAP-Darstellung. Sie umfasst die Schritte »Aufgabenstellung«, »360°-Recherche« und »Synthetisieren«. Das Ziel dieser Phase besteht darin, ein tiefes Verständnis des Problems und der Nutzer zu erreichen.

Double Diamond Eine Darstellung des Designprozesses in allgemeiner Form, herausgegeben vom britischen Design Council. Es umfasst die Phasen »Discover«, »Design«, »Develop« und »Deliver«. Der Name ergibt sich daraus, dass sich in diesem Prozess divergierendes (Discover und Develop) und konvergierendes Denken (Define und Deliver) abwechseln, sodass sich bei grafischer Darstellung eine Doppelraute ergibt.

Empathie *»Empathie ist die Fähigkeit zu kogn. Verstehen (Kognition) und affektivem Nachempfinden der vermuteten Emotionen eines anderen Lebewesens.«* (Lexikon der Psychologie: »Empathie.« In: *http://s-prs.de/670312*).

Es geht darum, sich in die Lage anderer Menschen zu versetzen, sie dadurch besser zu verstehen und passende Lösungen für ihre Anforderungen, Wünsche und Bedürfnisse zu entwickeln. Design Thinker wollen für Menschen etwas verbessern, und dazu gilt es, ebendiese Menschen zu verstehen.

Explore In einem SAP-Leonardo-Projekt bezeichnet Explore eine zusätzliche Phase vor der Discover-Phase zur Festlegung des Scopes und zur Auswahl einer geeigneten Problemstellung für den Design-Thinking-Prozess.

Nutzerinnen und Nutzer Als Nutzerinnen und Nutzer bezeichne ich die Anwenderinnen und Anwender eines Produkts oder einer Lösung, aber auch die Teilnehmerinnen und Teilnehmer an Prozessen. In der Regel geht es in meinen Workshops darum, für diese Nutzerinnen und Nutzer etwas zu verbessern, z. B.: »Wie könnten wir die Zeiterfassung für die Mitarbeitenden in der Verwaltung vereinfachen?«. Hier sind die Mitarbeitenden die Nutzerinnen und Nutzer.

Persona   Fiktiver Mensch, der vom Team als Stellvertreter für die Nutzer erfunden wird. Eine Persona sollte möglichst konkret ausgeprägt werden, d. h., von einem echten Namen und Foto, einer Berufsbezeichnung und einer Beschreibung der täglichen Aufgaben über Hobbys, Interessen und Abneigungen bis hin zu den Bedürfnissen und Zielen der Person sollten möglichst viele Aspekte der Persönlichkeit konkret ausgestaltet werden. Wichtig ist dabei, dass die Persona auf den Erkenntnissen der vorangegangenen Phasen basiert und nicht vollkommen erfunden ist. Personas ermöglichen es dem Team, sich besser in die Nutzer hineinzuversetzen und sich besser vorstellen zu können, für wen die Lösungen entwickelt werden oder warum bestimmte Aspekte ein Problem für die Nutzer sind.

Prototyp   Gemeint ist in diesem Buch eine vereinfachte Umsetzung von Ideen zur Lösung einer Problemstellung. Prototypen können mit verschiedenen physischen Materialien (bspw. LEGO, Bastelmaterial, Pappe, Papier, Zeichnungen, Comics oder Skizzen, Scenes von SAP, Storyboards, Prozessabläufen, Rollenspielen) oder mithilfe von Software (bspw. SAP Build oder Microsoft PowerPoint) umgesetzt werden. Diese vereinfachte Umsetzung umfasst üblicherweise nur einen Teil aller gewünschten Funktionalitäten oder des äußeren Erscheinungsbilds. Ein Prototyp dient der Veranschaulichung von Ideen und Hypothesen und bietet die Möglichkeit, diese zu testen bzw. zu verifizieren.

SAP Build   SAP Build ist ein cloud-basiertes Softwareprodukt zum Prototyping von modernen webbasierten Oberflächen, z. B. für SAP-Fiori-Anwendungen. Ergänzend stellt SAP Werkzeuge zum Einholen von Feedback durch Tester, den Zugang zu einer Community und Lernmaterial zu nutzerorientierter Entwicklung bereit.

SAP Leonardo   SAP Leonardo ist ein Lösungsportfolio für Lösungen rund um das Internet of Things (IoT). Der Name ist an das berühmte Multitalent Leonardo Da Vinci angelehnt, der sowohl Künstler als auch Ingenieur war. SAP Leonardo umfasst Produkte und Lösungen zu den Themenbereichen Big Data, Blockchain, künstliche Intelligenz, Machine Learning und Analytics.

Scenes   Scenes von SAP ist ein Set von vorgefertigten Illustrationen mit anpassbaren Charakteren, Hintergründen, Gegenständen und anderen Hilfsmitteln wie Sprechblasen. Scenes kann hervorragend dazu verwendet werden, mit geringem Aufwand Geschichten zu erzählen und so z. B. Lösungsideen im Rahmen eines Workshops darzustellen. Es gibt eine Variante zum Ausdrucken und Basteln von wiederverwendbaren Elementen und eine digitale Variante, die z. B. in PowerPoint-Folien genutzt werden kann.

T-Profil   Wenn sich die Kenntnisse und Erfahrungen eines Menschen in Form des Buchstaben T darstellen lassen, bezeichnet man dies als T-Profil: Es zeichnet sich durch ein stabiles Fundament und einen breiten Träger aus. Der Mensch verfügt über Kenntnisse und Erfahrungen in verschiedenen Themengebieten und kann somit verschiedene Perspektiven einnehmen und sich in der Regel auch gut mit anderen Menschen aus anderen Fachdisziplinen austauschen, da Grundkenntnisse in mehreren Bereichen vorhanden sind.

Warm-up-Spiel   Spielerisches Element, um die Teilnehmerinnen und Teilnehmer »aufzuwärmen«, miteinander warm werden zu lassen. Es gibt Spiele für fast jede Phase, z. B. für Kennenlernen und Teambuilding, um die Teilnehmenden miteinander vertraut zu machen, zur Auflockerung, zur Aktivierung und zur Entspannung. Es gibt Spiele, die die Kreativität vor einer Ideenfindungsphase fördern, oder solche, die die eigenen Denkmuster auf den Prüfstand stellen und die Spielerinnen und Spieler dazu bringen, ungewohnte Standpunkte, Verhaltens- oder Denkweisen einzunehmen und sich aus der eigenen Komfortzone herauszubewegen. Manche Warm-up-

Spiele wirken auf Außenstehende vielleicht etwas albern, doch ist ihre positive Wirkung nicht zu unterschätzen. Für mich sind sie ein unverzichtbarer Bestandteil jedes Design-Thinking-Workshops.

Wicked Problems   Probleme, die schwer zu fassen und so komplex sind, dass eine befriedigende Lösung für alle Beteiligten unmöglich erscheint. Zum Beispiel fallen viele gesellschaftliche und politische Fragestellungen in diese Kategorie. Design Thinking ist eine Methode, mit der diese Art von Fragestellungen behandelt werden kann.

WKW-Frage   Abkürzung für die »Wie-könnten-wir …?«-Frage. Diese Art der Fragestellung eignet sich sowohl für die Formulierung von Design-Thinking-Challenges als auch für die Formulierung der Kernfragen am Ende des Problemraums. WKW-Fragen sind sehr gute Ausgangspunkte für die Ideenfindung, da sie offen gestellt sind und durch den Konjunktiv das Sammeln von Lösungen ermöglichen, die nicht direkt umsetzbar erscheinen oder sind.

C   Der Autor

Manuel Busse ist seit 2006 in der SAP-Welt tätig, zunächst als Consultant für Business-Intelligence-Lösungen und Unternehmensplanung bei der itelligence AG aus Bielefeld, später dort auch als Projektleiter und Solution Designer für die Entwicklung eigener Lösungen auf Basis von SAP-Software. Seit 2016 arbeitet er für Kunden und intern als Design-Thinking-Coach, um die Methode im Unternehmensumfeld zu etablieren.

D Quellenverzeichnis

D.1 Bücher

Erbeldinger, Jürgen; Ramge, Thomas: *Durch die Decke denken*. 3. Aufl. München: Redline Verlag 2015.

Foeggen, Malte: *Der ultimative Scrum-Guide*. 3. Aufl. Darmstadt: wibas GmbH 2013.

Gerstbach, Ingrid: *77 Tools für Design Thinker*. Offenbach: GABAL Verlag 2017.

Gray, Dave; Brown, Sunni; Macanufo, James: *Gamestorming*. Köln: O'Reilly Verlag 2011.

Kelley, David; Kelley, Tom: *Kreativität und Selbstvertrauen: Der Schlüssel zu Ihrem Kreativbewusstsein*. 2. Aufl. Mainz: Verlag Hermann Schmidt 2014.

Knapp, Jake; Zeratsky, John; Kowitz, Braden: *Sprint: Wie man in nur fünf Tagen neue Ideen testet und Probleme löst*. 2. Aufl. München: Redline Verlag 2017.

Lewrick, Michael; Link, Patrick; Leifer, Larry: *Das Design Thinking Playbook*. München: Verlag Franz Vahlen 2017.

Nachmanovitch, Stephen: *Free Play*. Vollst. Neuausg. München: O. W. Barth Verlag 2013.

Rustler, Florian: *Denkwerkzeuge der Kreativität und Innovation*. 4. Aufl. Zürich: Midas Management Verlag 2016.

Tonhauser, Pauline et. al: *66+1 Warm-up, die dich als Trainer unvergesslich machen*. Books on Demand 2018.

Uebernickel, Falk; Brenner, Walter; Pukall, Britta; Naef, Therese; Schindlholzer, Bernard: *Design Thinking: Das Handbuch*. Frankfurt am Main: Frankfurter Allgemeine Buch 2015.

D.2 Artikel aus Internetquellen

3M: Die Geschichte der Marke Post-it. In: *https://www.3mdeutschland.de/3M/de_DE/post-it-notes/contact-us/about-us/* [25.02.2019]
Kurz-URL: *http://s-prs.de/670334*

Altmann, Tobias: Empathie. In: *https://m.portal.hogrefe.com/dorsch/empathie/* [25.02.2019]
Kurz-URL: *http://s-prs.de/670312*

Brown, Tim: Tim Brown über Kreativität und Spiel.
In: *https://youtu.be/RjwUn-aA0VY* [25.02.2019]

Design Council: A study of the design process.
In: *https://www.designcouncil.org.uk/sites/default/files/asset/document/ElevenLessons_Design_Council%20(2).pdf* [25.02.2019]
Kurz-URL: *http://s-prs.de/670313*

Design Thinking Coach Academy: Das Material für deinen eigenen Design-Thinking-Workshop. In: *https://designthinkingcoach.de/ressourcen/workshop-bedarf* [25.02.2019]
Kurz-URL: *http://s-prs.de/670330*

Detken, Karen: Scenes: A New Method and Tool to Create Storyboards. In: *https://experience.sap.com/skillup/scenes-new-method-tool-create-storyboards/* [25.02.2019]
Kurz-URL: *http://s-prs.de/670322*

Dietz, Douglas: Transforming healthcare for children and their families: Doug Dietz at TEDxSanJoseCA 2012. In: *https://youtu.be/jajduxPD6H4* [25.02.2019]

Doorley, Scott: Two Playlists for the Classroom. In: *https://dschool.stanford.edu/resources/two-playlists-for-classroom-use* [25.02.2019]
Kurz-URL: *http://s-prs.de/670335*

Fadell, Tony: The first secret of great design | Tony Fadell.
In: *https://youtu.be/9uOMectkCCs* [25.02.2019]

Hadassahblevy: Design thinking and a $25 incubator: A case study.
https://blog.triode.ca/2015/01/21/design-thinking-and-a-25-incubator-a-case-study/ [25.02.2019]
Kurz-URL: *http://s-prs.de/670303*

Gaikwad, Sagar: SAP Leonardo Project – All you need to know! In: *https://blogs.sap.com/2018/04/24/sap-leonardo-project-all-you-need-to-know/*) [25.02.2019]
Kurz-URL: *http://s-prs.de/670340*

HPI Academy: Was ist Design Thinking? In: *https://hpi-academy.de/design-thinking/was-ist-design-thinking.html* [25.02.2019]
Kurz-URL: *http://s-prs.de/670301*

HPI: Design als Denkweise. In: *https://hpi.de/school-of-design-thinking/hpi-d-school/hintergrund.html* [25.02.2019]
Kurz-URL: *http://s-prs.de/670325*

HPI: Die HPI Academy bietet Design Thinking für Professionals.
In: *https://hpi.de/school-of-design-thinking/professionals.html* [25.02.2019]
Kurz-URL: *http://s-prs.de/670327*

HPI: Die HPI School of Design Thinking.
In: *https://hpi.de/school-of-design-thinking/hpi-d-school.html* [25.02.2019]
Kurz-URL: *http://s-prs.de/670326*

HPI: Professional Track. In: *https://hpi-academy.de/fileadmin/hpi-academy/
Infobrosch%C3%BCren/HPI-ProTrack-d.pdf*) [25.02.2019]
Kurz-URL: *http://s-prs.de/670328*

IDEO: Big Questions. In: *https://www.ideo.com/questions* [25.02.2019]

IDEO: Creating the First Usable Mouse. In: *https://www.ideo.com/case-study/
creating-the-first-usable-mouse* [25.02.2019]
Kurz-URL: *http://s-prs.de/670302*

IDEO: Why Design Thinking.
In: *https://www.ideou.com/pages/design-thinking* [25.02.2019]
Kurz-URL: *http://s-prs.de/670345*

Kelley, David: Wie man kreatives Selbstvertrauen aufbaut. In:
https://youtu.be/16p9YRF0l-g [25.02.2019]

Kirchhof, Janine: Die besten Design Thinking Workshop Materialien. In:
http://www.janinekirchhof.com/die-besten-design-thinking-workshop-materialien/
[25.02.2019]
Kurz-URL: *http://s-prs.de/670346*

Nürnberger, Katrin: Boxenstopp im OP: Formel 1 hilft Ärzten. In: *https://www.
abendblatt.de/vermischtes/article107150001/Boxenstopp-im-OP-Formel-1-hilft-
Aerzten.html* [27.12.2018]
Kurz-URL: *http://s-prs.de/670337*

Prof. Weinberg, Ulrich: Design Thinking ist ein Change im Mindset.
In: *https://www.zukunftsinstitut.de/artikel/design-thinking-ist-ein-change-
im-mindset/* [25.02.2019]
Kurz-URL: *http://s-prs.de/670306*

Riefer, Beate: The Story of Charlie, The AppHaus Extension. In: *https://medium.com/
@beateriefer_64401/the-story-of-charlie-the-apphaus-extension-e01523bda2a9*
[25.02.2019]
Kurz-URL: *http://s-prs.de/670315*

SAP: AppHaus. In: *https://experience.sap.com/designservices/apphaus* [25.02.2019]
Kurz-URL: *http://s-prs.de/670316*

SAP: Create happy customers, inspiring them and SAP through radical empathy for users. In: *https://experience.sap.com/designservices/wp-content/uploads/sites/2/2018/08/SAP-Design_AppHaus-Services-what-we-offer_final.pdf* [25.02.2019]
Kurz-URL: *http://s-prs.de/670317*

SAP: Design Stencils. In: *https://experience.sap.com/fiori-design-web/downloads/#design-stencils-microsoft-powerpoint* [25.02.2019]
Kurz-URL: *http://s-prs.de/670321*

SAP: Design Thinking – the process to innovate.
In: *http://design.sap.com/designthinking.html* [25.02.2019]

SAP: Design Thinking bei Daimler. In: *https://news.sap.com/germany/2017/01/design-thinking-daimler/* [25.02.2019]
Kurz-URL: *http://s-prs.de/670347*

SAP: Every great experience starts with a great story.
In: *https://experience.sap.com/designservices/approach/scenes* [25.02.2019]
Kurz-URL: *http://s-prs.de/670323*

SAP: History of Design Thinking with SAP.
In: *https://youtu.be/vvu5mgocfjg* [25.02.2019]

SAP: Learn design-led development. In: *www.build.me/learning* [25.02.2019]

SAP: Mosaic. In: *https://experience.sap.com/designservices/approach/mosaic* [25.02.2019]
Kurz-URL: *http://s-prs.de/670324*

SAP: Off to New Horizons with Design Thinking – Daimler.
In: *https://experience.sap.com/designservices/work/project/designthinkingatdaimler* [25.02.2019]
Kurz-URL: *http://s-prs.de/670320*

SAP: Prepare a creative workspace.
In: *https://www.build.me/learningDetail/1716* [25.02.2019]
Kurz-URL: *http://s-prs.de/670348*

SAP: SAP Design AppHaus Design Services. In: *https://experience.sap.com/designservices/wp-content/uploads/sites/2/2018/08/SAP-Design_AppHaus-Services-what-we-offer_final.pdf*, S. 2 [25.02.2019]
Kurz-URL: *http://s-prs.de/670317*

SAP: SAP Design AppHaus Network: Locations Run by Partners.
In: *https://experience.sap.com/designservices/apphaus* [25.02.2019]
Kurz-URL: *http://s-prs.de/670316*

SAP: SAP Innovation Management. In: *https://www.sap.com/products/ innovation-management.html* [25.02.2019]
Kurz-URL: *http://s-prs.de/670329*

SAP: SAP Leonardo Design-Led Engagements Basics.
In: *https://open.sap.com/courses/dleo2* [25.02.2019]
Kurz-URL: *http://s-prs.de/670342*

SAP: SAP Leonardo Project – All you need to know! In: *https://blogs.sap.com/2018/ 04/24/sap-leonardo-project-all-you-need-to-know/*) [25.02.2019]
Kurz-URL: *http://s-prs.de/670340*

SAP: User Experience Design Services by SAP. In: *https://www.build.me/splash/ sites/default/files/SAP-DesignServices-Portfolio.pdf* [25.02.2019]
Kurz-URL: *http://s-prs.de/670349*

SAP: User Experience Value Calculator. In: *https://experience.sap.com/ designservices/uxvaluecalculator/* [25.02.2019]
Kurz-URL: *http://s-prs.de/670319*

SAP: We've learned some things along the way. In: *https://design.sap.com/about.html* [25.02.2019]

Schmoll, Nathalie: Der vegetarische Hotdog. In: *https://ikea-unternehmensblog.de/ article/2018/vegetarischer-hotdog* [25.02.2019]
Kurz-URL: *http://s-prs.de/670338*

Tagwerker-Sturm, Maria: Design Thinking als innovative Entwicklungsmethode.
In: *http://www.inknowaction.com/blog/innovationsmanagement/design-thinking- als-innovative-entwicklungsmethode-444/* [25.02.2019]
Kurz-URL: *http://s-prs.de/670305*

Temple, Hailey: SAP Leonardo Design-Led Engagements Demystified.
In: *https://open.sap.com/courses/dleo1* [25.02.2019]
Kurz-URL: *http://s-prs.de/670336*

Tim, Alex: The visible and hidden ROI of user experience. In: *https:// www.linkedin.com/pulse/visible-hidden-roi-user-experience-alex-tim* [25.02.2019]
Kurz-URL: *http://s-prs.de/670339*

Time Timer LLC: Time Timer: Visual Timer for Visual Learners.
In: *https://youtu.be/5-9ugu9pBak* [25.02.2019]

Tischler, Linda: IDEO's David Kelley on »Design Thinking«. In: *https://www. fastcompany.com/1139331/ideos-david-kelley-design-thinking* [25.02.2019]
Kurz-URL: *http://s-prs.de/670314*

Tonhauser, Pauline: Design Thinking – die wichtigsten Grundlagen für Einsteiger. In: *https://de.slideshare.net/paulinetonhauser/design-thinkingeinfuhrungslideshare* [25.02.2019]
Kurz-URL: *http://s-prs.de/670332*

Userlutions: Wie wir für E.ON das Stromablesen neu erfunden haben. In: *https://userlutions.com/referenzen/case-studies/eon-design-thinking-case-study/* [25.02.2019]
Kurz-URL: *http://s-prs.de/670304*

Von Schmieden, Karen: Feeling in Control: Bank of America helps Customers to »Keep the Change«. In: *https://thisisdesignthinking.net/2018/09/feeling-in-control-bank-of-america-helps-customers-to-keep-the-change/* [25.02.2019]
Kurz-URL: *http://s-prs.de/670311*

Wikipedia: Flow (Psychologie). In: *https://de.wikipedia.org/wiki/Flow_(Psychologie)* [25.02.2019]
Kurz-URL: *http://s-prs.de/670331*

Wikipedia: Pulse (Software). In: *https://de.wikipedia.org/wiki/Pulse_(Software)* [25.02.2019]
Kurz-URL: *http://s-prs.de/670307*

Wyzowl: The Power of Visual Communication Infographic. In: *https://www.wyzowl.com/infographic-the-power-of-visual-communication/* [25.02.2019]
Kurz-URL: *http://s-prs.de/670333*

D.3   Abbildungen

Abbildung 1.2: Muir Woods Adventure Series (Quelle: GE Healthcare. Alle Rechte vorbehalten)

Abbildung 1.3: Die Öffnung eines Magnetresonanztomographen (Quelle: GE Healthcare. Alle Rechte vorbehalten)

Abbildung 1.5: Die Phasen in der Double-Diamond-Darstellung (angelehnt an »A Study of the Design Process«, Quelle: Design Council, *https://www.designcouncil.org.uk/sites/default/files/asset/document/ElevenLessons_Design_Council%20(2).pdf*, siehe S. 6, Kurz-URL: *http://s-prs.de/670313*).

Abbildung 1.6: Der Design-Thinking-Prozess nach der HPI School of Design Thinking (Quelle: HPI School of Design Thinking, *https://hpi-academy.de/design-thinking/was-ist-design-thinking.html*, Kurz-URL: *http://s-prs.de/670301*)

Abbildung 1.7: Der Design-Thinking-Prozess in der Darstellung der SAP (Quelle: SAP-Poster »Design Thinking«)

Abbildung 2.2: Der große Raum des AppHauses in Heidelberg (Quelle: SAP, Fotograf: Viktor Georgiev)

Abbildung 2.3: Das Kaminzimmer im Stil von Sherlock Holmes (Quelle: SAP, Fotograf: Viktor Georgiev)

Abbildung 2.4: Einladende Atmosphäre im AppHaus Heidelberg (Quelle: SAP, Fotograf: Viktor Georgiev)

Abbildung 2.7: SAP Leonardo Customer Engagement Process (Quelle: openSAP-Kurs »SAP Leonardo Design-Led Engagements Basics«, *https://open.sap.com/courses/dleo2*, Kurz-URL: *http://s-prs.de/670342*)

Abbildung 2.8: Prozess für den SAP-Leonardo-Open-Innovation-Ansatz (Quelle: openSAP-Kurs »SAP Leonardo Design-Led Engagements Basics«, *https://open.sap.com/courses/dleo2*, Kurz-URL: *http://s-prs.de/670342*)

Abbildung 2.11: Mosaic-Karten mit Aktivitäten (Quelle: SAP Design, *https://experience.sap.com/designservices/wp-content/uploads/sites/2/2017/11/Mosaic_DIY.pdf*, siehe S. 15, Kurz-URL: *http://s-prs.de/670351*).

Abbildung 2.15: Beispiel für eine Learning Card von SAP Design (Quelle: *https://www.build.me/learningDetail/1716*, Kurz-URL: *http://s-prs.de/670348*)

Abbildung 3.3: Foto eines Design-Thinking-Raums bei itelligence (Quelle: itelligence AG)

Abbildung 5.1: Der Design-Thinking-Prozess in der Darstellung von SAP (Quelle: SAP-Poster »Design Thinking«)

Abbildung 6.17: Digitale Scenes-Charaktere (Quelle: SAP, *https://experience.sap.com/designservices/wp-content/uploads/sites/2/2015/10/Scenes_BasicSet.zip*, Kurz-URL: *http://s-prs.de/670350*)

Abbildung 9.1: Der Design-Thinking-Prozess in der Darstellung von SAP (Quelle: SAP-Poster »Design-Thinking«)

Index

M

N